# DIFICULDADES DE APRENDIZAGEM E INTERVENÇÃO PSICOPEDAGÓGICA

G216d  García Sánchez, Jesús-Nicasio
    Dificuldades de aprendizagem e intervenção psicopedagógica / Jesús-Nicasio García Sánchez; trad. Ernani Rosa. – Porto Alegre: Artmed, 2004.

    ISBN 978-85-363-0068-9

    1. Psicopedagogia – Dificuldades de aprendizagem. I.Título.

CDU 37.015.3:159.953.5

Catalogação na publicação: Mônica Ballejo Canto – CRB 10/1023

# DIFICULDADES DE APRENDIZAGEM E INTERVENÇÃO PSICOPEDAGÓGICA

JESÚS-NICASIO GARCÍA SÁNCHEZ
Professor na Universidade de León

**Tradução:**
Ernani Rosa

**Consultoria, supervisão e revisão técnica desta edição:**
Inajara Haubert Rodrigues
Pedagoga. Especialização em Psicopedagogia e em Saúde Pública.

Reimpressão 2007

2004

Obra originalmente publicada sob o título
*Dificultades de aprendizaje e intervención psicopedagógica*
© Editoria Ariel S.A., 2001
ISBN: 84-344-2641-2

*Capa:*
Mário Röhnelt

*Preparação do original:*
Rubia Minozzo

*Leitura final:*
Jô Santucci

*Supervisão editorial:*
Mônica Ballejo Canto

*Editoração eletrônica:*
Art & Layout – Assessoria e Produção Gráfica

Reservados todos os direitos de publicação, em língua portuguesa, à
ARTMED® EDITORA S.A.
Av. Jerônimo de Ornelas, 670 - Santana
90040-340 Porto Alegre RS
Fone (51) 3027-7000 Fax (51) 3027-7070

É proibida a duplicação ou reprodução deste volume, no todo ou em parte, sob quaisquer formas ou por quaisquer meios (eletrônico, mecânico, gravação, fotocópia, distribuição na Web e outros), sem permissão expressa da Editora.

SÃO PAULO
Av. Angélica, 1091 - Higienópolis
01227-100 São Paulo SP
Fone (11) 3665-1100 Fax (11) 3667-1333

SAC 0800 703-3444

IMPRESSO NO BRASIL
*PRINTED IN BRAZIL*
Impresso sob demanda na Meta Brasil a pedido de Grupo A Educação.

# Agradecimentos

Durante a elaboração deste livro, recebi ajuda da J. C. e L. com Fundos Sociais Europeus para os anos 1999 e 2000 (projetos de pesquisa parcialmente financiados); igualmente do CIDE-MEC para os anos 1996, 1997 e 1998 (projeto de pesquisa financiado); e da Dirección General de Investigación del Ministerio de Ciencia y Tecnologia para o período de 2001 a 2003 (projeto, em desenvolvimento, de pesquisa financiado).

# Sumário

**Introdução e apresentação** .................................................. 13

## 1 Dificuldades de aprendizagem e intervenção psicopedagógica: conceitualização, processo, história, teorias ........ 15
Os termos dificuldade de aprendizagem (DA)
e intervenção psicopedagógica (IP) .......................................... 15
    O termo dificuldade de aprendizagem (DA) ........................... 15
    O termo intervenção psicopedagógica (IP) ............................ 17
Os cinco princípios do NJCLD (1998) e o processo de intervenção ........... 22
Breve resumo histórico das dificuldades de aprendizagem na Espanha ....... 23
Teorias e modelos sobre as DAs ................................................ 28
O legado do pai das dificuldades de aprendizagem ............................ 29

## 2 Limites das dificuldades de aprendizagem. As necessidades curriculares e a diversidade de aprendizagens ............................. 35
Introdução ................................................................... 35
As dificuldades de aprendizagem diante de outros transtornos ................ 38
    Transtorno de Déficit de Atenção/Hiperatividade .................... 39
    Transtornos da Comunicação ............................................ 42
    Retardo Mental ............................................................. 47
    Transtornos Profundos do Desenvolvimento ........................... 48
Alunos com necessidades curriculares e de
diversidade de aprendizagens .................................................. 49
    Falha na resposta a protocolos validados de tratamento ............ 50
    As "dificuldades curriculares" ......................................... 52
    Dificuldades de aprendizagem e ideologia escolar .................... 54

Resposta do sistema familiar para as dificuldades de aprendizagem .... 55
Limites e superposições: uma reflexão adicional ................................. 56

## 3 O papel da inteligência nas dificuldades de aprendizagem ............... 59
Introdução ........................................................................................... 59
Papel da inteligência na conceitualização internacional e consensual ........ 60
Concepções diversas de DA segundo âmbitos culturais: evidência
de "construção social" ........................................................................ 61
Irrelevância do QI na diferenciação das DAs
diante do baixo rendimento: dados empíricos ........................................ 63
Problemas que originam a aplicação da
discrepância aptidão-rendimento ........................................................... 68
Alternativas de avaliação para o critério de discrepância ....................... 71
    Discrepância compreensão verbal-rendimento ................................. 72
    Discrepância idade-rendimento ........................................................ 72
    Disracionalia: uma ilustração hipotética de "inconsistência" .............. 73
    Fórmulas que minimizam o erro ...................................................... 74
    Discrepâncias intracognitiva, intra-rendimento, intermedidas ............. 75
    Consideração da avaliação interativa, autêntica e dinâmica ............... 77
    Alternativas para o QI ..................................................................... 78
Conclusões .......................................................................................... 81

## 4 Alternativas de intervenção psicopedagógica ao modelo
de discrepância aptidão-rendimento ..................................................... 85
Introdução ........................................................................................... 85
Alternativas de intervenção ao modelo de discrepância ......................... 86
    Resposta a protocolos validados de tratamento ................................ 86
    Avaliação clínica ............................................................................. 87
    Avaliação e intervenção no componente nuclear fonológico ............. 87
    Modelo integrativo de dificuldades em leitura .................................. 89
    Os blocos de construção de aprendizagem
    *(The Building Blocks of Learning)* ................................................. 90
    Modelo de validade do tratamento: avaliação centrada no currículo ..... 95
    Promoção da aprendizagem auto-regulada ...................................... 99
    Modelo de componentes nucleares e não-nucleares da escrita ......... 101
    Modelos de componentes da leitura ............................................... 102
    Operacionalização da definição consensual do NJCLD .................. 107

Agenda espanhola para o campo das DAs .............. 107
Conclusões .............. 107

## 5 Intervenção psicopedagógica na leitura e na escrita .............. 109
Introdução .............. 109
Avaliação e intervenção na leitura .............. 113
    O enfoque modular da leitura .............. 114
    Uma ilustração: a pesquisa de Hillis e Caramazza .............. 119
Avaliação e intervenção na escrita .............. 119
    Enfoque modular da escrita .............. 122
Apêndice. .............. 127

## 6 O enfoque psicológico da escrita e estratégias de ensino na composição escrita .............. 135
Introdução .............. 135
Problemas de escrita em alunos com DA .............. 136
    Cinco problemas básicos .............. 136
    Problemas de baixo nível e de alto nível .............. 136
    Outros problemas .............. 137
    Mudanças e vaivéns nos últimos 10 anos .............. 137
Marco teórico do enfoque psicológico da escrita como construção de significado .............. 140
    Componentes e processos da escrita .............. 140
    Desenvolvimento da escrita e padrões de dificuldades de aprendizagem .............. 141
    Que avanços ocorreram nesta linha de pesquisa? .............. 146
Processos e estratégias de intervenção na composição escrita .............. 147
    Ensino da escrita a partir de propostas globais de ensino .............. 148
    Estratégias de ensino da escrita junto a alunos com DA .............. 149
Anexo 1. IEPCE .............. 151
Anexo 2. EPP e FPE .............. 161

## 7 Intervenção psicopedagógica nas dificuldades de aprendizagem da matemática .............. 167
Introdução .............. 167
Algumas propostas internacionais recentes .............. 168
Caracterização .............. 171
Os tipos de padrão de erro nas operações matemáticas .............. 172

Intervenção psicopedagógica nas DAs da matemática .................... 173
Intervenção e ensino ............................................................................ 175
Intervenção nas diferentes etapas educacionais ................................ 177
    Prevenção/intervenção na educação infantil (0 a 6 anos) .............. 177
    Intervenção no ensino fundamental (6 a 12 anos) .......................... 179
    Intervenção no ensino médio (12 a 16 anos) .................................. 181

## 8 As dificuldades de aprendizagem e o ensino: conceitualização e ilustração ............................................................ 185
Introdução ............................................................................................. 185
Da psicologia do ensino às necessidades curriculares
e dificuldades de aprendizagem .......................................................... 185
A psicologia do ensino aplicada ao campo das dificuldades de
    aprendizagem ................................................................................. 189
Algumas estratégias de ensino bem-sucedidas .................................. 189
    Estratégias dos pares associados ................................................... 191
    Ensino efetivo de textos ................................................................. 193
    A integração do ensino em leitura e em escrita ............................. 197
    Teoria e prática da linguagem integrada ....................................... 199
    Projeto de expansão da alfabetização de Exeter (EXEL) ............... 201
    Outras estratégias eficazes ............................................................. 202

## 9 As dificuldades de aprendizagem e ensino: elementos metacognitivos e contextuais ........................................................ 207
Introdução ............................................................................................. 207
O papel da metacognição ..................................................................... 208
    Treinamento atribucional, aprendizagem
    estratégica e rendimento educativo ............................................... 208
    Lócus de controle e avaliação de contingências ........................... 210
    Habilidades metacognitivas em alunos com dotação superior e
    dificuldades de aprendizagem ....................................................... 211
    Treinamento em metacognição ..................................................... 211
Alternativas de avaliação ..................................................................... 212
    Avaliação multidimensional .......................................................... 212
    A avaliação centrada no currículo ................................................. 215
Alguns conceitos vygotskianos e contextuais .................................... 217
    Da revolução cognitiva à revolução contextual ............................ 217
    A zona de desenvolvimento proximal (ZDP) ................................ 218

Uma caixa de ferramentas diferente? ............................................. 219
As auto-instruções ................................................................... 220
Treinamento auto-instrucional e fala interior ............................... 222

## 10  Organizações e fontes de informação sobre dificuldades de aprendizagem ............................................. 227

Organizações sobre dificuldades de aprendizagem ...................... 227
    Organizações profissionais ................................................... 227
    Organizações profissionais: educação e desenvolvimento ........... 229
    Organizações profissionais: matemática .................................. 229
    Outras organizações ............................................................ 229
Fontes de informação ............................................................... 230
    Fontes de informação: tecnologia .......................................... 230
    Fontes de informação: dificuldades de aprendizagem (DAs) ......... 231
    Fontes de informação: centros de recursos ............................. 231
Fontes de informação: recursos de internet ................................. 233
Revistas profissionais e *abstracts* ............................................. 235

**Referências** ............................................................................ 261

# Introdução e Apresentação

Este livro reflete a linha seguida no campo das dificuldades de aprendizagem em nosso meio cultural na última década. Os avanços científicos e os avanços na criação de serviços educativos, além dos realizados nas universidades espanholas, justificam um caráter mais acentuado em enfoques baseados na *intervenção psicopedagógica* e com caráter mais *educacional*. Este livro examina a avaliação e a intervenção psicopedagógica nas dificuldades de aprendizagem (DAs) considerando os avanços internacionais mais recentes.

A história das dificuldades de aprendizagem, ilustrada no legado do pai do assunto, Samuel A. Kirk, recentemente falecido, enquadra a concepção e os conteúdos deste livro. O papel específico que supõe nosso marco cultural e histórico, principalmente com a criação da licenciatura de psicopedagogia, como "construção social", como aconteceu no campo das dificuldades de aprendizagem, instituído oficialmente em 6 de abril de 1963 sob a proposta de Samuel Kirk de um ano antes, e as contribuições importantes, ao longo das últimas décadas em nosso país, e principalmente na última década, matizam e definem o que há de ser este livro. Se o conceito de dificuldades de aprendizagem é propriamente norte-americano e canadense na origem, o conceito de intervenção psicopedagógica é mais nosso, e a construção social da nova licenciatura de psicopedagogia lhe serve de marco e justificação acadêmica e de cobertura para a construção científica. As pesquisas desenvolvidas nos últimos anos, principalmente a partir da psicologia da educação e também de outros ramos psicológicos, vêm contribuindo para criar a justificativa adequada para esse campo, novo mas com potenciais enormes, e que certamente fará contribuições importantes para melhorar a qualidade de vida das pessoas e de modo específico das que sofrem de dificuldades de aprendizagem. Se devemos apontar uma tendência, é a tendência psicológica, mas que compenssa o rigor e a sistematicidade que a psicologia científica proporciona.

O livro divide-se em 10 capítulos, os quais reúnem e integram os conteúdos desenvolvidos nas publicações mais recentes, com o que servem de fundamentação ao campo da *intervenção psicopedagógica (IP)* nas *dificuldades de aprendizagem (DAs)*, e desenvolvem os conteúdos, as formas de fazer, os elementos, as variáveis, a avaliação e a intervenção nas dificuldades de aprendizagem.

O Capítulo 1 conceitualiza brevemente os termos dificuldade de aprendizagem e intervenção psicopedagógica (DAs e IP), incluindo um pequeno resumo histórico das dificuldades de aprendizagem em nosso país e uma breve reflexão sobre as teorias e os modelos das DAs, além de apresentar a reminiscência das contribuições decisivas do pai das DAs após seu falecimento. O Capítulo 2 analisa os limites das dificuldades de aprendizagem e das necessidades curriculares e a diversidade de aprendizagens.

Os Capítulos 3 e 4 são de grande interesse e atualidade, porque revisam os dados em relação a um dos critérios mais utilizados para conceitualizar as DAs, o de discrepância, apontando evidências da irrelevância do QI para diferenciar os alunos com DA (discrepantes) dos de baixo rendimento sem ser discrepantes (BR), aprofundando-se nas alternativas de avaliação e principalmente de intervenção psicopedagógica para o critério de discrepância-aptidão-rendimento.

Os três capítulos seguintes – 5, 6 e 7 – examinam a intervenção psicopedagógica nas DAs da leitura e da escrita, na expressão escrita e na matemática, por meio de uma visão nova e aplicada.

Os Capítulos 8 e 9 analisam a intervenção psicopedagógica nas DAs e BR em questões mais gerais e educacionais, com ilustrações de intervenção estratégica diversa, ou nos elementos metacognitivos, na linguagem integrada, ou outros conceitos vygotskianos ou contextuais.

E por último, são apresentadas, no Capítulo 10, as organizações e as fontes de informações na área, o que pode auxiliar o leitor especializado ou o aprendiz, incluindo os pais, na pesquisa de dados, de serviços, de locais para formação mais aprofundada, etc.

Nas referências bibliográficas citadas ao longo do livro, são destacados a atualidade, a seletividade e o rigor da área que permitem ao leitor explorar, matizar ou completar a riqueza dos temas tratados.

# Dificuldades de Aprendizagem e Intervenção Psicopedagógica: Conceitualização, Processo, História, Teorias

## OS TERMOS DIFICULDADE DE APRENDIZAGEM (DA) E INTERVENÇÃO PSICOPEDAGÓGICA (IP)

Para compreender em que consiste a disciplina, analisaremos brevemente seus dois termos, o termo dificuldade de aprendizagem (DA) e o termo intervenção psicopedagógica (IP).

## O TERMO DIFICULDADE DE APRENDIZAGEM (DA)

Utiliza-se o termo dificuldade de aprendizagem no sentido internacional do DSM-IV-TR e consensual do Comitê Conjunto para as Dificuldades de Aprendizagem (ver capítulos sobre o papel da inteligência nas DAs e de alternativas de intervenção para o critério de discrepância, de aptidão e de rendimento).

O DSM-IV-TR classifica os transtornos da aprendizagem dentro dos transtornos geralmente diagnosticados pela primeira vez na infânia ou na adolescência, considerando o transtorno da leitura, o da matemática, o da expressão escrita e o transtorno da aprendizagem sem outra especificação. A classificação da American Psychological Association (APA, 1995a, b) é compatível com a inclusão das dificuldades de aprendizagem como um tipo transtorno de desenvolvimento, e em relação a outros trantornos que aparecem ao longo do desenvolvimento e que necessitam de intervenção psicopedagógica (García, 1999).

Segundo a conceitualização internacional, as dificuldades de aprendizagem se caracterizam por um funcionamento substancialmente abaixo do esperado, considerando a idade cronológica do sujeito e seu quociente intelectual, além de interferirem significativamente no rendimento acadêmico ou na vida cotidiana, exigindo um diagnóstico alternativo nos casos de déficits sensoriais. Assumem-se, portanto, um *critério de discrepância* entre a aptidão e o rendimento e um *critério de exclusão*, além do *baixo rendimento* e da *interferência na vida cotidiana*. Esses critérios de exclusão e de discrepância foram e ainda são muito discutidos. A partir daí, surgem propostas de intervenção psicopedagógica e modelos baseados nos processos nucleares das habilidades de leitura, de escrita e de matemática (ver Capítulo 4).

A conceitualização do Comitê Conjunto sobre Dificuldades de Aprendizagem está na mesma linha, ao sugerir que as dificuldades de aprendizagem são algo heterogêneo, supõem problemas significativos na conquista das habilidades da leitura, de escrita e/ou de matemática, que se acredita ser intrínsecas ao indivíduo, é possível encontrar superposição com outros problemas que não se devem a influências extrínsecas. Esta conceitualização (NJCLD, 1988; 1998a, b), presente na América do Norte (Estados Unidos e Canadá), é a mesma utilizada neste livro.

Linda S. Siegel (1999) reflete recentemente sobre a problemática da definição e do diagnóstico das dificuldades de aprendizagem à luz dos alunos universitários, focalizando-a em torno de quatro questões importantes: a) Quem são os estudantes com dificuldades de aprendizagem? b) Como podem ser avaliadas as dificuldades de aprendizagem? c) Quem está autorizado e qualificado para tomar a decisão sobre se um indivíduo tem ou não tem dificuldades de aprendizagem? d) E que adaptações podem ser feitas nas instituições após o ensino médio e como serão as seleções? A proposta de Linda S. Siegel para determinar se há dificuldade de aprendizagem inclui: o uso de testes padronizados de rendimento em leitura, soletramento, cálculo aritmético, solução de problemas matemáticos, como algo essencial; o uso de amostras escritas, tanto de escrita como de matemática, como algo importante; outros testes segundo o interesse ou a investigação como algo não-essencial – por exemplo, o QI é irrelevante, não é útil e pode ser discriminatório; a análise de erros sistemáticos como algo essencial; a conversa com o aluno, como algo essencial, para determinar os pontos fracos e fortes. As dificuldades de aprendizagem podem ocorrer em alunos com verdadeiro talento na arte, na dança, na mecânica, na música e/ou no esporte. Podemos tomar como exemplo Agatha Christie e W.B. Yeats, que tinham dificuldades de aprendizagem, e ninguém duvida de que apresentavam considerável talento. Estes pontos podem ajudar muito no projeto das adaptações educativas (Siegel, 1999).

Não é aceitável a concepção de dificuldades de aprendizagem como uma espécie de "via final comum", como se estabelecia no Diseño Curricular Básico (DCB), ao entender que, independentemente de qual seja a causa do atraso ou do problema que origina a limitação de aprendizagem, quando isso ocorre, teria de se pensar em um aluno com necessidades educativas especiais. É a concepção do informe Warnock e do modelo inglês (citado por O'Hara e Sperlinger, 1997). Em geral, no modelo inglês se identificam as *dificuldades de aprendizagem gerais* com o retardo mental e se fala de dificuldades de aprendizagem leves, moderadas, graves e profundas. O termo *dificuldades de aprendizagem específicas* seria reservado para as dislexias, as disgrafias, as disortografias ou as discalculias. No modelo espanhol (Jiménez e Hernández, 1999), as dificuldades de aprendizagem não têm entidade específica nem predomina nas universidades espanholas, nas quais se assume o modelo internacional e consensual.

As possibilidades e os prognósticos das dificuldades de aprendizagem são variáveis (Klinger et al., 1998) e têm relação com a intervenção. Assim, há em todo o livro uma ênfase na superação dos problemas ou intervenção psicopedagógica.

O nosso objetivo aqui não é conceitualizar as dificuldades de aprendizagem, o que se faz ao longo de todo o livro e principalmente no segundo capítulo, além de já ter sido feito em outro lugar (García, 1998) e de ser impossível fazê-lo rapidamente. Queremos apenas iniciar algumas reflexões e deixar assentadas algumas idéias básicas que guiaram a elaboração deste livro e a seleção de seus conteúdos e temas. Podem ser encontrados outros livros em espanhol (García, 1997, 1998, 2000; González-Pienda e Núñez, 1998; Jiménez, 1999; Miranda, Vidal-Abarca e Soriano, 2000; Sánchez, 1997; etc.) ou em inglês (Obrzut e Hynd, 1991; Wong, 1991; 1996), em que se matizam diferentes questões relacionadas à conceitualização das dificuldades de aprendizagem.

## O TERMO INTERVENÇÃO PSICOPEDAGÓGICA (IP)

Ao longo deste livro, a intervenção psicopedagógica é entendida como fazendo parte integral das dificuldades de aprendizagem. As DAs só podem ser entendidas em relação à intervenção. Na realidade, as diferentes partes do livro se referem de forma integrada às DAs e à IP. O desenvolvimento deste livro (ver capítulo respectivo), assim como os conteúdos dos diversos capítulos, reflete esta concepção integral das DAs e da IP.

O campo da *intervenção psicopedagógica* (Beltrán et al., 1993) é muito mais amplo do que o das DAs, já que a IP também se refere aos problemas do desenvolvimento, à orientação em geral, à educação e a outros muitos campos que são objeto de estudo de outras disciplinas próximas. Aqui o que interessa é a avaliação e a melhora das pessoas com DA. Enfim, a orientação deste livro tem um sentido aplicado e de intervenção, já que não faz sentido falar de DAs e não relacioná-las com a avaliação e a melhora, quer dizer, com a intervenção psicopedagógica. Realmente, a conceitualização consensual das DAs propõe uma análise dos princípios nos quais se baseia, seguidos da proposta do processo de intervenção (NJCLD, 1998). São muitos os elementos que devem ser considerados e muitos os focos nos quais se concretiza (Beltrán et al., 1993).

A *intervenção psicopedagógica* foi conceitualizada em relação aos problemas do desenvolvimento (García, 1999, seguimos esta referência própria neste item), e é aplicável aqui em grandes traços.

Falar de intervenção é falar de intervenção mais ou menos especializada, mas sempre fundamentada cientificamente em modelos teóricos e que supõe, em geral, uma implementação tecnológica. Partindo de modelos teóricos mais ou menos amplos, chega-se a desenvolvimentos tecnológicos ou aplicados, de forma rigorosa e controlada. A intervenção, portanto, é de caráter *intencional e planejado*, exigindo um certo nível de *estruturação* e de *formalização*.

Quando se faz a intervenção por meio *de outros*, como no caso da intervenção familiar precoce para a linguagem (Clemente e Linero, 1997), suas características são diferentes das características da intervenção realizada por um profissional, pois sua eficácia consistiria em monitorar o processo de forma que se ajustasse às características naturais e informais da interação mãe-pai-criança no desenvolvimento normal.

Do mesmo modo, a intervenção que o profissional realiza por meio dos professores ou pelo manejo da instituição educacional, familiar ou comunitária teria essas características de *naturalidade* e de ser *indireta*. A intervenção é facilitadora, estabelece pontes *(bridging)* e ajudas com andaimes *(scaffolding)* que devem ser progressivamente retiradas para facilitar a autonomia.

A intervenção se situaria ao longo de um *contínuo* de graduação em alguma dessas características: poderá ser *direta* ou *indireta, especializada* ou não, *formal* ou *informal, intencional* ou *incidental, planejada* ou *espontânea, global* ou *específica, sistêmica* ou *parcial*. Embora elas possam apresentar certas superposições quando realizamos as intervenções concretas, e nem sempre seja fácil sua diferenciação, essas características dão uma idéia da complexidade diante da qual nos situamos.

Uma questão fundamental é que a intervenção não só segue os princípios de modelos teóricos, e portanto de aplicação tecnológica, como também é guiada por princípios e valores filosóficos importantes, como é o caso do "princípio da normalização" ou de outros princípios deduzidos do anterior e determinados pelas administrações públicas, como o de setorização dos serviços ou o de integração escolar, social e profissional, para dar apenas um exemplo paradigmático.

Outra questão de grande interesse é o fato de que a intervenção não só parte das necessidades apresentadas pelas pessoas com dificuldades de aprendizagem e por suas famílias, como também das necessidades que, em relação a isso, manifestam as pessoas do meio em que participam ou com quem interagem.

Assim como as dificuldades de aprendizagem foram fruto de uma *construção social* (Fierro, 1997), a **psicopedagogia** é uma disciplina recente quanto à sua organização acadêmica nas universidades da Espanha, pois se estabeleceu como licenciatura de ensino superior em meados da década de 1990, supondo a interseção da psicologia e da pedagogia; é uma construção social, já que se estabelece em função de uma decisão administrativa, e fruto de uma demanda social.

Isso, porém, não desmerece suas possibilidades científicas, que partem de modelos teóricos e produzem desenvolvimento tecnológico. Se esses modelos e o desenvolvimento são coerentes e elaborados de forma própria e característica, poderíamos falar de uma disciplina diferenciada ou de um grande campo diferenciado e que intervém em âmbitos específicos, e também muito amplos, como o das *dificuldades de aprendizagem* (García, 1995, 2000; González-Pienda e Núñez, 1998; Jiménez, 1999; Miranda et al., 2000) ou o dos *Transtornos Globais do Desenvolvimento* (García, 1993; 1996; 1999; García e Alonso, 1985), seja nos contextos escolares, vocacionais, familiares, comunitários, profissionais, etc., ou se concretiza em disciplinas de ensino, como a *psicologia do ensino* (Beltrán, 1993; Beltrán e Genovard, 1996, 1999; Genovard, Beltrán e Rivas, 1995; Genovard e Gotzens, 1997), e que se considera fundamental e prévia ao estudo das dificuldades de aprendizagem (DAs).

O profissional denominado, em outros momentos, "psicólogo escolar" ou "psicólogo" que agia em âmbito educacional, ou o "pedagogo" que focalizava sua atuação nessa mesma área, seriam os antecessores imediatos dessa situação.

Como existe uma grande complexidade na resposta que pode ser obtida da psicologia ou da educação, a disciplina que surge desta interseção é oriunda desta mesma situação.

Assim como as respostas de cada uma das disciplinas estão fundamentadas cientificamente, as da psicopedagogia também.

Uma primeira fonte de compreensão da intervenção com o qualificativo de *psicopedagógica,* portanto, é dada pelas contribuições disponíveis da psicologia e da pedagogia ou educação. Mas, como toda disciplina, persegue uma construção própria, à qual deverá ser desenvolvida nos próximos anos.

Uma ilustração dessa forma de intervenção paradigmática, que denominamos *atuação evolutiva e educativa* (García, 1990), gira em torno da atuação na avaliação, da atuação no programa de integração escolar, da atuação de tipo consultiva, da atuação na formação de professores, da atuação na orientação e da atuação preventiva do fracasso escolar. Todos esses níveis de atuação incidem na melhoria da qualidade do ensino e são de caráter especializado, intencional e planejado, que supõem um modelo integrador de conhecimentos psicológicos e educativos.

Uma contribuição muito importante e frutífera no mundo anglo-saxão é a proveniente da psicologia da educação *(educational psychology)*. De certa maneira, o "psicopedagógico" em países de língua espanhola e portuguesa se assimila ao âmbito da *educational psychology*. Os conhecimentos e as contribuições procedentes destes avanços, portanto, teriam de ser integrados aqui.

A questão é que o psicopedagógico é mais amplo e rico, pois concebe situações não só de "psicologia do ensino" ou de "psicologia escolar" ou até mesmo da "psicologia clínica escolar", como também situações de aspectos educativos, manejando claramente variáveis organizativas (Cantón, 1999), de qualidade educativa (Marchesi e Martín, 1998), de contexto familiar e social, incluindo a educação não-formal e a perspectiva do ciclo vital.

A *psicopedagogia*, que surge em torno de determinadas figuras de profissionais; que é constituída a partir do Poder Público quando define que é necessária formação de nível superior; que tem suas raízes na tradição da psicologia e da pedagogia; que reúne a tradição anglo-saxã da psicologia educacional e outras tradições, como o aconselhamento e a orientação psicológica no âmbito escolar, a psicologia clínica escolar – como a de Lightner Whitmer – e as tradições educacionais mais gerais como a da educação especial; começa a cobrar vida própria e demanda uma construção como disciplina independente. Esse caminho em construção pode ser ilustrado ao ser abordado o tema da *intervenção psicopedagógica*. Ao falar, pois, de *intervenção psicopedagógica*, não se faz senão definir profissional e cientificamente um tipo de intervenção (García, Cantón e García, 1990). A intervenção psicopedagógica é a que os psicopedagogos realizam, e, portanto, é especializada, intencional e planejada. Mas é também a que se realiza a partir dos modelos teóricos e tecnológicos respectivos, que surgem da disciplina psicopedagógica.

As contribuições educacionais que implementam o uso de melhores estratégias (Kovach, 1999); os enfoques da autodeterminação (Field, 1996; Field e Hoffman, 1998a, b, c), da aprendizagem auto-regulada (Butler, 1995; 1998a, b; 1999; Roces e González, 1998), da potencialidade do planejamento como na escrita (Graham, 1997; Graham et al., na imprensa; Mather e Roberts, 1995; Sexton, Harris e Graham, na imprensa; Sorenson, 1997; Wong, 1997, 1998; Wong et al., 1996, 1997), de superação do fracasso e baixo rendimento (Goldstein e Mather, 1998) ilustram a aplicação ao campo das dificuldades de aprendizagem dos conhecimentos mais atuais procedentes da psicologia científica e, basicamente, da psicologia cognitiva e do ensino. Representam formas de intervenção que podemos catalogar de psicopedagógicas.

Os enfoques centrados nas *necessidades curriculares* (Baker et al., na imprensa; Ellis, 1998; García, 1997b) e *na diversidade de aprendizagem* (Álvarez e Soler, 1997) também são importantes na intervenção psicopedagógica, incluindo as acomodações educativas (McGuire, 1998). Também são aspectos de intervenção, importantes para a àrea de dificuldades de aprendizagem, quando se concretizam em âmbitos específicos, como o da consciência fonológica (Jiménez e Ortiz, 1998), o da leitura (Rueda, 1995, 1998), o da compreensão da leitura (Sánchez, 1998; García Madruga, 1997; García Madruga et al., 1999), o da leitura e escrita precoces (McLane e McNamee, 1999), o da resolução de problemas matemáticos (Garrido e Prieto, 1997) ou de atribuições causais (G. Cabanach e Valle, 1998) ou de diferentes situações pessoais do aluno (González-Pienda, 1996; González-Pienda e Núñez, 1997; González-Pienda et al., 1998; Núñez e González-Pienda, 1994), o do tipo de estratégias de aprendizagem e o autoconceito (Núñez, González-Pienda et al., 1998a, b, c; Núñez et al., 1995), o da auto-eficácia (Hampton, 1998), o das atribuições (Tur-Kaspa, Weisel e Segev, 1998), o da metacognição (Justicia, 1996), o da motivação (Valle e G. Cabanach, 1998), o das realizações sociais das pessoas com dificuldades de aprendizagem (Vaugh et al., 1998); quando se concretizam nos problemas de atenção e de controle de impulsos (Miranda e Presentación, 1997), do uso estratégico na sala de aula (Monereo et al., 1994, 1997; Nisbet e Schucksmith, 1987); quando se concretizam a partir de diferentes modelos de inteligência para o desenvolvimento educacional (Castelló, 1995) e para o incentivo do desenvolvimento do pensamento (Pérez, Bados e Beltrán, 1998; Prieto, 1995) ou para o incentivo da estratégia de solução de conflitos (Beltrán, 1999b).

O conhecimento dos processos cognitivos envolvidos nas diferentes áreas curriculares (Beltrán e Genovard, 1999) é obrigatório para o projeto da intervenção psicopedagógica (ver Capítulos 8 e 9 deste livro). A criação de modelos de intervenção psicopedagógica rigorosos e científicos é uma necessidade básica para a conquista da linguagem (Vila, 1999), das ciências sociais (Rivera, 1999), das ciências (Beltrán, 1999a), da matemática (Lago e Rodríguez, 1999; Maza, 1991a, b, 1995), do setor esportivo e da educação física (García Correa e Marrero, 1999), dos valores sociais (Beltrán, 1999b), e para sua aplicação no campo das dificuldades de aprendizagem e dos conhecimentos da psicologia cognitiva e de sua aplicação por meio da psicologia do ensino. O uso de técnicas específicas, como a de análise de tarefas para o projeto de ensino (Castejón, 1999) ou o foco da conduta docente e sua otimização (Aymerich e Gotzens, 1999), incluída a do próprio professor universitário (Genovard, Castelló e Gotzens, 1999), devem ser consideradas como elementos da intervenção psicopedagógica que se realiza em relação às dificuldades de aprendizagem. Os conhecimentos educacionais, enfim, devem ser implementados tanto nos contextos reais e da aula (Stone, 1998) como também em relação às pessoas com dificuldades de aprendizagem.

A assunção dos professores e dos profissionais em relação às realizações das pessoas com dificuldades de aprendizagem também é importante na intervenção (Simmons et al., 1998), assim como pode ser fundamental seguir um enfoque construtivista e ativo (Spivey, 1997) da aprendizagem e de suas dificuldades, permitindo uma intervenção que valoriza a aquisição de conhecimentos ativos e autoregulados pelos próprios alunos, e não enfatizando somente a prática necessária para superar as dificuldades. Os modelos de ensino universitário (Rivas e Descals, 2000), e que incidem na formação dos futuros profissionais, como os psicopedagogos, também são uma via que permite melhorar a qualidade da docência universitária (Genovard, Castelló e Gontzens, 1999).

## OS CINCO PRINCÍPIOS DO NJCLD (1998) E O PROCESSO DE INTERVENÇÃO

A definição consensual do NJCLD baseia-se em cinco princípios que são desenvolvidos no documento que comentamos:

1. As DAs são heterogêneas, inter e intra-individualmente.
2. As DAs pressupõem dificuldades significativas na aquisição e no uso da compreensão, na fala, da leitura, da escrita, do raciocínio e/ou das habilidades matemáticas.
3. As DAs são intrínsecas ao indivíduo.
4. As DAs podem ocorrer de forma concomitante com outros problemas que constituem por si mesmos uma DA.
5. As DAs não se originam por influências extrínsecas.

Por causa dos problemas originados para sua aplicação, o NJCLD (1998b), na última versão, recomenda o uso de um sistema em quatro fases como forma de operacionalizar a definição para diagnosticar uma DA e intervir conseqüentemente, proporcionando uma educação especial e outros serviços relacionados. Em cada uma das fases se faz uma descrição delas, se analisa o objetivo, as questõeschave que devem ser respondidas, o processo a ser seguido, as alternativas de tomada de decisões e uma síntese das mesmas. Neste processo se admite que possa haver DA com ou sem discrepância entre aptidão-rendimento (NJCLD, 1998b, p. 190-191):

> Considerar toda evidência, incluindo os dados qualitativos e as diferenças intraindividuais dentro dos pontos fortes e fracos do aprendiz. As discrepâncias

entre *aptidão cognitiva/rendimento* devem ser usadas com precaução, porque *uma DA pode existir quando não há discrepância numérica*. Tais comparações podem ajudar no diagnóstico do processo. Os avaliadores cuidadosos examinam toda a informação e reconhecem os fatores do desenvolvimento, incluindo a idade e a experiência acadêmica, na determinação do valor de tais discrepâncias (grifo meu).

A primeira fase indica a *descrição dos problemas de aprendizagem antes da derivação para a avaliação formal*, que consiste basicamente em um processo de apoio e de solução de problemas, como uma espécie de avaliação informal e de intervenção inicial no contexto de sala de aula e com os recursos ordinários do sistema.

A segunda fase é a identificação dos *indivíduos com DA*. Essa fase, que diagnostica e identifica, deveria acontecer uma só vez na vida de uma pessoa – habitualmente.

A terceira fase consiste na *determinação da escolha para educação especial e serviços relacionados*. Essa determinação pode ser feita muitas vezes ao longo da vida de uma pessoa com DA.

A quarta fase implica a *conexão* – bridge – *da avaliação com as acomodações e o ensino especializado*. Quer dizer, o desenvolvimento do plano concreto de intervenção, por exemplo, o PDI – *Individualized Education Plan,* IEP – em um processo cooperativo, como todas as quatro fases (para as características de um processo cooperativo desta natureza, ver Reid et al., 1999).

Essa operacionalização supõe um avanço, já que o conceito de discrepância não é um requisito obrigatório, a menos que ocorram *dificuldades significativas*, mas a presença das mesmas deve ser considerada, o que na prática pode ser um dado importante na tomada de decisões. Basear-se em uma primeira fase de avaliação formal e de introdução de adaptações e buscas de soluções supõe uma aproximação aos modelos baseados na validade do tratamento, mas se tratando de um "proclama" de muitas organizações – afirmam-no nove organizações –, não desce a modelos específicos, que é exigível ao nível em que estamos fazendo a reflexão, como podem ser as propostas da medição baseada no currículo (CBM) ou em outras que se delineiam depois.

## BREVE RESUMO HISTÓRICO DAS DIFICULDADES DE APRENDIZAGEM NA ESPANHA

O campo das dificuldades de aprendizagem, como se conceitualiza neste livro, surgiu e se desenvolveu nos Estados Unidos e no Canadá, desde a famosa reunião de 6 de abril de 1963, em um hotel de Chicago, em que um grupo de pais se reuniu para a ocasião em torno de diferentes profissionais e pesquisadores apadrinhados por Samuel Kirk, que utilizou pela primeira vez o termo *learning disabilities* ou dificuldades de aprendizagem, propondo o modelo do ITPA para a avaliação e intervenção conseqüente e servindo de justificação teórica e para a identidade do campo recém-criado. À parte grandes exceções, essa conceitualização não é assumida de forma generalizada na Espanha até a década de 1990 ou, o que dá na mesma, na última etapa da história da área. (Para uma apresentação extensa da história das dificuldades de aprendizagem internacionalmente pode-se consultar García, 1998.)

No entanto, como muito bem citam Santiuste e Beltrán (1998) no prólogo de seu recente livro sobre dificuldades de aprendizagem, a literatura psicopedagógica espanhola contém diferentes exemplos desta preocupação, como o livro do psicólogo E. Mira, que, em 1947, publicou uma obra intitulada *A criança que não aprende*. Essa obra foi objeto de preocupação por meio de estudos e contribuições de J. García Yagüe na área da linguagem na década de 1960, área que hoje é considerada a de origem do campo das dificuldades de aprendizagem. Os exemplos de E. Mira, no momento prévio à configuração oficial das dificuldades de aprendizagem, final da década de 1940, e de García Yagüe, na de 1960 ou origem oficial da área, ilustram a conexão de nossa melhor tradição pedagógica e psicológica com as transformações internacionais – hoje falaríamos de tradição psicopedagógica.

Na décadas de 1960 e 1970 surgiram diversas publicações em espanhol procedentes dos países latino-americanos e que tiveram muita influência, como as de Julio B. de Quirós e M. Della Cella, por exemplo, com o livro *La dislexia en la niñez*, publicado em Buenos Aires por Paidós em 1965, com a segunda edição em 1971, a terceira modificada em 1972, e a quarta em 1974. Nesse livro, aceita-se uma base lingüística nos problemas disléxicos, a dislexia é conceitualizada junto à disfasia, fundamentando os problemas nas bases neuropsicológicas, bases lingüísticas nas crianças pré-disléxicas, e se utiliza com profusão a conceitualização de "reeducação psicopedagógica básica" (Capítulo 16) e de "ensino da leitura e escrita para criança disléxica" (Capítulo 17). As obras de Benjamín Sánchez *Lectura. Diagóstico, enseñanza y recuperación* e *Lenguaje escrito. Diagnóstico, enseñanza y recuperación*, publicadas por Kapelusz, de Buenos Aires, em 1972, seguem a linha do que hoje denominaríamos "intervenção psicopedagógica" e "ensino da leitura e da escrita".

Margarita Nieto, catedrática da Escola Normal de Especialização e fundadora da Escola para Crianças Disléxicas, escreveu *El niño disléxico* (com o "e" central invertido e indicativo do sintoma patognomônico, que, se acreditava nessa época, era representado pelas inversões em espelho), publicado por *La Prensa Médica Mexicana* em 1975 (com a segunda edição em 1978). A autora recolheu, de forma muito didática, as características, a exploração e a terapêutica pedagógica, evolutiva e direta da leitura e da escrita.

Nessas duas décadas surgiram também as traduções de publicações européias, principalmente belgas, francesas e suíças, mas na tradição inglesa, como o livro de Andréa Jadoulle, *Aprendizaje de la lectura y dislexia* (original em francês, publicado em 1962, pelo editor de Lieja Georges Thone), com a tradução em espanhol publicada em 1966 por Kapelusz, de Buenos Aires; o de Michel Lobrot, *Alteraciones de la lengua escrita y remedios* (original em francês, 1972, Les Éditions ESF), traduzido para o espanhol em 1974 por Fontanella de Barcelona; ou os livros de André Inizan, *Cuándo enseñar a leer. Batería predictiva. Determinación del momento oportuno de la lectura y de la duración probable de este aprendizaje* (com prólogo de René Zazzo, original em francês editado em 1963 por Éditions Bourrelier) – na linha do de 1937 de Lourenço Filho, *Los Testes ABC*, por Kapelusz –, traduzido para o espanhol em 1979 pelo editor Pablo del Río. Este autor também publicou, em 1978, seu famoso *Método de lectura André Inizan, 27 frases para enseñar a leer*, adaptado para o espanhol por Elena Huerta e Antonio Matamala e lançado em dois volumes, em 1980, por Pablo del Río. Há ainda os livros do espanhol J. de Ajuriaguerra, que desenvolveu seu trabalho em Genebra, *La escritura del niño. La evolución de la escritura y sus dificultades* (vol. I); *La reeducación de la escritura* (vol. II), originalmente publicados por Delachaus et Niestlé em 1964, a primeira edição em espanhol surgiu em 1973, por Laia, de Barcelona. No campo da matemática encontramos, o livro de Gaston Mialaret.

Na Espanha, foram muito importantes na década de 1970 os livros de F. Fernández Baroja, A. Mª. Llopis Paret e C. Pablo de Riesgo, psicólogas do Instituto Nacional de Pedagogia Terapêutica de Madri, que publicaram, por exemplo, em 1974, *La dislexia – Origen, diagnóstico y recuperación,* pela Editorial CEPE de Madri, junto com as *Fichas de recuperación de la dislexia, Nivel de Iniciación, Nivel Escolar* e *Nivel de Afianzamiento* –, em 1976. Três livros com uma estrutura em torno de exercícios de atividade mental, de linguagem, de leitura – reconhecimento e leitura de sílabas inversas e compostas –, de grafia e percetivo-motoras. Algumas traduções inglesas também foram muito influentes, como a de Daniel P. Hallahan e James M. Kauffman, *Las dificultades en el aprendizaje* – do original de 1976, de Prentice-Hall Inc., publicada em 1978 por Anaya, de Salamanca. Esse livro, apesar de não ter sido muito difundido, começou a ser reconhecido por psicólogos e por pedagogos interessados na área das dificuldades de aprendizagem e reflete a nossa "posição oficial".

Na década de 1980, apareceram muitos livros e muitas publicações de forma específica sobre dificuldades de aprendizagem. Francisco Rivas (1984), conceitualizou em um capítulo as "deficiências na aprendizagem". Carmelo Monedero, por exemplo, publicou em 1984 seu livro com orientação neuropsicológica pela editora Pirámide. Ana Miranda (1986, 1988; Miranda e Santamaría, 1986) começou a lecionar dificuldades de aprendizagem na Universidade de Valência no curso de psicologia e colaborou com Francisco Rivas. Ignacio Alfaro (1986) lecionou no curso de pedagogia na Universidade de Valência, colaborando com Francisco Secadas. Juan E. Jiménez, em psicologia, na Universidade de La Laguna (1988a, b; e Artiles, 1989). Escoriza (1986) falou sobre maturidade leitora, e E. Ferreiro e A. Teberosky (1979), sobre escrita em Barcelona. E. Huerta e A. Matamala (1984), ou Portollano (1983), sobre disgrafias em Madri, produzindo muitos materiais de trabalho e de intervenção. É possível notar a pesquisa pioneira na área das dificuldades de aprendizagem da matemática de González-Pienda (1983), junto com elaborações posteriores (González-Pienda e Martín del Buey, 1989). Também é importante a pesquisa de Leal (1979) sobre a passagem do símbolo ao signo. A orientação e o aconselhamento psicológico no domínio da aprendizagem da leitura e da escrita (Montane 1982a, b, c, d) ou no campo do cálculo (Monereo, 1982) se destacam no início da década de 1980, apresentando uma orientação clara na intervenção, após uma boa fundamentação científica. Os estudos do espanhol J. Alegría na Universidade Livre de Bruxelas criaram escola, e ele se tornou um dos autores mais citados internacionalmente quando o assunto era enfoque psicolingüístico ou cognitivo da leitura e suas dificuldades (Alegría, 1985). O desenvolvimento de provas diagnósticas também ocorreu na década de 1980 (por exemplo, González Portal, 1984), com implicações para a recuperação. A orientação didática de Santiago Molina na Universidade de Zaragoza também foi pioneira no campo das dificuldades de aprendizagem (Molina e García, 1984) e da educação especial em geral.

Na década de 1990, generalizou-se a licenciatura em psicopegadogia, e conseqüentemente, o desenvolvimento de materiais, de manuais e de pesquisas sobre o campo das dificuldades de aprendizagem e na intervenção psicopedagógica.

Na Universidade de La Coruña, Barca e G. Cabanach (1991), Cabanach e Valle (1998a, b) desenvolveram um estudo com um enfoque baseado na intervenção psicopedagógica. Na Universidade de Oviedo – em psicologia –, Cuetos (1990, 1991) apresentou um enfoque cognitivo e na neuropsicologia cognitiva. E ainda Núñez e González-Pienda (1994), González-Pienda e Núñez (1998) desenvolveram um enfoque educacional e de intervenção psicopedagógica em torno de determinantes do rendimento acadêmico, em torno dos déficits emocionais e motivacionais nos alunos com dificuldades de aprendizagem (Núñez e González-Pumariega, 1998) e em torno das dificuldades de aprendizagem da matemática (González-Pienda, 1998). A Universidade de Valência segue a linha de Miranda (1996; Miranda e Presentación, 1997; Miranda et al., 1999; Presentación et al., 1999) em psicologia, focalizando principalmente os problemas de atenção, e os problemas da matemática (Miranda, Fortes e Gil, 1998). Na Universidade de La Laguna, as contribuições e pesquisas de Jiménez são de projeção internacional e muito importantes no campo da leitura (Jiménez e Ortiz, 1998; Jiménez e Hernández, 1999; Jiménez e García Espinel, 1999; Jiménez et al., 1999) e da psicologia das dificuldades de aprendizagem (Jiménez, 1999). Na Universidade de Valladolid, Carbonero (1993, 2000; Carbonero e Crespo, 1998) se centra na matemática e no conhecimento-base dentro do curso de psicopedagogia. Na Universidade de Málaga, em psicologia, Romero (1993) e González Valenzuela (1997) se voltam para a leitura e para os problemas sociais das pessoas com dificuldades de aprendizagem. Na Universidade de León, García (1995, 1997, 2000) desenvolve estudos em torno dos processos de planejamento da escrita e de outros fatores psicológicos, no curso de psicopedagogia. Na Universidade Complutense de Madri, Santiuste e Beltrán (1998) e Santiuste (1998) abrangem a linguagem e o enfoque estratégico (Beltrán, 1998), além da matemática e de suas dificuldades (Bermejo, Lago e Rodríguez, 1997, 2000; Lago e Rodríguez, 1999). Na Universidade de Salamanca, o destaque é para a leitura e a compreensão da leitura (Rueda, 1995, 1998; Sánchez, 1997, 1998) e para matemática (Orrantia, 1997), nos cursos de psicologia e de psicopedagogia. Na Universidade de Santiago de Compostela, Suárez-Yáñez (1996), é desenvolvido um método integral de intervenção, assim com Deaño (1994, 1998), que faz o mesmo com as dificuldades na matemática. Em Barcelona, Escoriza Nieto (1991) desenvolve um estudo sobre os níveis de conhecimento fonológico e sobre os problemas de composição do discurso escrito (Escoriza, 1998). Na Universidade Autônoma de Madri, Maldonado trabalha sobre a avaliação e o tratamento do atraso na leitura (Maldonado, Sebastián e Soto, 1992), e Simón trabalha sobre a leitura em pessoas com deficiência visual (Simón, 1994). Na Universidade de Zaragoza, Molina (1997a, b; Molina et al., 1998) continua uma linha muito frutífera em pedagogia, iniciada na Espanha nos primeiros tempos, como o trabalho na elaboração de adaptações curriculares individualizadas. Na Universidade de Murcia, o interesse pelo raciocínio e pelas dificuldades de aprendizagem (Prieto, 1998), assim como por outras questões, como a solução de problemas, processos de pensamento e as teorias sobre a inteligência, representa linhas com grandes possibilidades (Garrido e Prieto, 1997).

Isto é apenas para mostrar o importante avanço que ocorreu nos últimos anos nas diferentes universidades da Espanha. Um fato que ilustra bem esse movimento é a criação da Seção de Dificuldades de Aprendizagem dentro da Associação Espanhola de Psicologia, Educação e Psicopedagogia, que vem organizando os Congressos Internacionais de Psicologia e Educação, cujo presidente é o catedrático Jesús Beltrán Llera. Atualmente, as publicações em espanhol referentes ao tema estão no nível das edições internacionais (Beltran, 2000).

## TEORIAS E MODELOS SOBRE AS DAs

Assim como em outras áreas de problemas, há diversos modelos teóricos que desenvolvem, de uma forma mais ou menos coerente, as dificuldades de aprendizagem. A explicação detalhada de cada uma das teorias mais importantes pode ser vista em García (1998).

No recente trabalho publicado por Jiménez (1999) há uma síntese das perspectivas teóricas das dificuldades de aprendizagem em torno de três tipos de enfoque. O *enfoque do processamento da informação*, que está sendo o predominante nas últimas décadas em psicologia em geral e na psicologia das dificuldades da aprendizagem em particular. O *enfoque interativo ou ecológico*, no qual estão incluídas a análise do contexto familiar e escolar e as dificuldades de aprendizagem. E por último a *perspectiva sócio-histórico-cultural*, que se desenvolveu nos últimos anos de forma notável, como mostramos na obra de García (1998, cap. 5). Esses enfoques, de uma forma ou de outra, estão refletidos ao longo de todo o livro.

O enfoque predominante, no entanto, não deixa de ser o do *processamento da informação*, se bem que é necessário incluir e integrar as contribuições de outros enfoques, principalmente quando se considera a intervenção psicopedagógica a partir de um modelo integral (García, 1999). A essas perspectivas haveria de se acrescentar a *neuropsicológica*, que é muito frutífera e desempenha um papel importante desde o começo do tema na Espanha (Monedero, 1984), e que, em nível internacional, principalmente norte-americano e canadense, é uma perspectiva relevante para compreender a importância da interdisciplinaridade que sempre revelou o campo das dificuldades de aprendizagem.

Também são importantes as propostas de Miranda (1986), seguidas e atualizadas por Romero (1983), as quais fazem uma análise exaustiva das teorias e dos modelos sobre as dificuldades de aprendizagem. Esse esforço classificatório e de ordenação da complexidade das explicações e das contribuições na área das dificuldades de aprendizagem aclara e mostra que se debruçar sobre essa área implica fazê-lo a partir de perspectivas multidimensionais e multiparadigmáticas, e que não se deve limitar de maneira parcial nossa formação e enfoque. Queiramos ou não, é predominantemente psicológico, ou, se se prefere, psicopedagógico.

Miranda (1986) divide as diferentes teorias em quatro grupos: 1) as *voltadas para o sujeito*; 2) as *interacionistas*; 3) as *centradas na tarefa;* e 4) as *ambientais*.

Romero (1993) divide-as em três grandes blocos: 1) os *modelos centrados na pessoa*; 2) os *modelos centrados na tarefa e no meio educativo;* e 3) os *modelos integradores*.

Os *modelos centrados na pessoa* se referem às explicações neurofisiológicas ou os modelos médicos, as teorias genéticas, etc., como as neuropsicologias de Bakker ou de Rourke; às explicações baseadas em déficits nos processos subjacentes, seja nos processos perceptivos, como no caso de Kephart, seguidor de Strauss, seja nos processos psicolingüísticos do pai das dificuldades de aprendizagem, Samuel Kirk; às explicações baseadas no atraso na maturidade ou nas lacunas no desenvolvimento, seja do tipo neurológico, seja da atenção seletiva, como a de Ross, seja do tipo verbal, como a de Vellutino – déficit verbal –, ou seja, no processamento ativo e espontâneo da informação ou do modelo das deficiências, como a de Torgesen – ao aprendiz passivo.

Os *modelos centrados na tarefa e no meio educativo* reúnem: as teorias centradas na tarefa ou na análise de tarefas e as teorias as centradas no meio sociológico e educativo.

As explicações *dos modelos integradores* incluem: os enfoques integradores, que abordam os processos psicológicos subjacentes, e os enfoques integradores, que apresentam as deficiências no processamento da informação.

Suárez-Yáñez (1996) analisa as seguintes orientações teóricas: 1) *biomédica e psicométrica*; 2) *ambientalista;* 3) *condutual* e de modificação da conduta; 4) *cognitiva e metacognitiva* e a modificação de conduta cognitiva; 5) a orientação *curricular;* e 6) a *dinâmica e humanística-holística*. É acrescentado ainda um modelo próprio *integrador* de diagnóstico e de intervenção.

## O LEGADO DO PAI DAS DIFICULDADES DE APRENDIZAGEM

Recentemente, após o falecimento do "pai das dificuldades de aprendizagem", Samuel A. Kirk, diversos artigos foram publicados, tornando acessíveis as importantes contribuições que Samuel Kirk realizou na área das dificuldades de aprendizagem e da educação especial em geral (Bos e Vaughn, 1998; Gallagher, 1998; Mather, 1998; Minskoff, 1998). O trabalho de Samuel A. Kirk nos serve para situar este livro dentro do devenir e do legado de um profissional excepcional internacionalmente e que muito representa na área das dificuldades de aprendizagem.

Farei agora uma breve reflexão sobre esse legado.

As contribuições do pai das dificuldades de aprendizagem são muito bem sintetizadas por Nancy Mather, uma destacada discípula que teve sua tese de doutorado orientada por ele. Nancy Mather não só julga Samuel A. Kirk como também o considera o pai contemporâneo da educação especial. A seguir, o dispositivo mnemônico resume suas contribuições (Mather, 1998):

S: *Scientific Inquiry* (Investigação científica)
A: *Assessment* (Avaliação)
M: *Mainstreaming* (Integração)
U: *Underlying Processes* (Processo de base)
E: *Early Intervention* (Intervenção precoce)
L: *Learning Disabilities* (Dificuldades de aprendizagem)
K: *Kinesthesis and Phonics Methods* (Métodos Fonológicos e Cinestésicos)
I: *Illinois Test of Psycholinguistic Abilities* (ITPA: Teste Illionois de Aptidões Psicolingüísticas)
R: *Remediation* (Remediação)
K: *Kirk, Winifiried* (sua esposa)

Nancy Mather (1998) descreve Samuel A. Kirk como uma pessoa muito exigente com seus alunos (esperava muito deles), mas aos quais dava muito de si e de seus conhecimentos.

A orientação que Samuel Kirk seguiu foi a *verificação científica*, exigindo não só a validade de seus métodos, como também a documentação e a verificação de que funcionavam. A investigação e a experiência foram seus guias.

Os benefícios da *intervenção precoce* foram assumidos desde o começo de suas contribuições na década de 1950, entendendo que a intervenção seria muito mais eficaz se assim fosse produzida. A crença nas possibilidades de otimização e aceleração do desenvolvimento, na difusão da educação universal e nos programas de saúde em termos de educação infantil o levou a colaborar com o programa Head Start – os programas Crescer e Progredir na Espanha seguiriam esta linha (Dosil, 1995).

Trabalhando com crianças com retardo mental, observou que havia crianças que não apresentavam uma inteligência baixa, mas sim *problemas específicos de aprendizagem*. Essa constatação o levou a formular o termo que deu nome à área, "dificuldades de aprendizagem", em 6 de abril de 1963. Mas Samuel Kirk já havia usado o termo, em 1962, para se referir a um grupo heterogêneo de problemas específicos – de linguagem e/ou de fala, de leitura, de escrita, de matemática ou de outras áreas escolares – e que era diferente de retardo mental.

As várias dificuldades de aprendizagem dos alunos o levou a postular uma diferenciação dos que sofriam um baixo rendimento – ou fracasso escolar – devido a causas extrínsecas, como ensino inadequado ou insuficiente, baixa motivação e fatores econômicos, dos que sofriam dificuldades de aprendizagem originadas por fatores intrínsecos *(underlying processes)*, manifestados pelas discrepâncias significativas no desenvolvimento dos processos psicológicos, como a percepção, a atenção ou a memória. Embora hoje essas descobertas tenham de ser muito trabalhadas, elas estabeleceram um avanço importante ao apresentar os problemas sobre novas bases, psicológicas, diante de modelos médicos imperantes até então.

Os esforços de Samuel Kirk foram enormes na *construção de provas*, tanto padronizadas como não-padronizadas ou informais, que permitissem avaliar os fatores intrínsecos e extrínsecos que determinassem o desempenho dos alunos. Sua preocupação foi sempre ajudar os professores a encontrarem a situação mais adequada para a criança, assim como desenvolver programas educativos que se ajustassem às necessidades da criança.

Uma ilustração paradigmática dessa atividade constitui o ITPA, que serviu para a avaliação e a intervenção nos supostos processos psicolingüísticos, os quais formariam a base das dificuldades de aprendizagem. Foi um instrumento, no início do desenvolvimento da área, da construção de sua identidade.

A *remediação* foi uma preocupação explícita e notável em Samuel Kirk. O desenvolvimento de programas educativos teria de ajudar a melhorar a qualidade de vida das pessoas com dificuldades e a compreensão de suas dificuldades e tentar obter uma independência econômica para essas pessoas – além de ajudá-las a alcançar uma adaptação social adequada.

O ensino teria de utilizar métodos eficazes diversos, principalmente na leitura. Quando estavam em voga os métodos sinestésicos – o de Fernald – e a ênfase no *fonológico*, foram potenciados de forma importante. Comprovou que o reconhecimento da palavra e o uso da recuperação da informação da memória eram bons veículos para ajudar os alunos com dificuldades na leitura. Os métodos sinestésicos contribuíram para a captação global da palavra.

Sempre pensou que as pessoas com problemas (retardo mental, dificuldades de aprendizagem) deveriam receber atenção especializada e profissional pertinente, mas, ao mesmo tempo, apoiou decididamente o movimento da "corrente principal" ou *mainstriaming*, proporcionando aos professores e às escolas comuns os recursos necessários e suficientes. A necessidade de planejamento cuidadoso da integração, definindo os papéis dos professores comuns e especializados, é algo que se deve exigir para que a integração não fracasse.

A esposa de Samuel Kirk colaborou com ele em muitos projetos, como o ITPA ou as *Phonic Remedial Reading Lessons*, dando-lhe apoio e base para seu trabalho.

Esther H. Minskoff (1998) se lembra de ouvir sistematicamente de Samuel Kirk que "o diagnóstico e a remediação são inseparáveis". As contribuições que Minskoff recolheu de Samuel Kirk são as seguintes: a operacionalização do enfoque de diagnóstico prescritivo – ou enfoque de diagnóstico e remediação, ou ensino diagnóstico, ou ensino clínico –, a avaliação, os processos cognitivos, a intervenção.

O *diagnóstico prescritivo* é baseado em quatro passos: 1) A avaliação das necessidades especiais da criança, sejam físicas, intelectuais, sociais, emocionais ou educativas; 2) A determinação do QUE deve ser o foco educacional do desenvolvimento dos objetivos anuais e a curto prazo do Programa de Desenvolvimento Individual; 3) Decidir COMO há de se proporcionar a educação mediante a utilização da análise de tarefas (apud Castejón, 1999) e o uso de técnicas educacionais especializadas (apud. Beltrán e Genovard coords., 1999); 4) Medir os progressos da criança após a aplicação de programas de educação especial.

A *avaliação* é centrada em três áreas principais: 1) A avaliação compreensiva de necessidades completas da criança; 2) O diagnóstico mediante testes de áreas de habilidades e déficits; e 3) Análise dos padrões e dos *perfis* das diferenças individuais, sejam inter ou intra-individuais. Pensava-se que ambos os tipos de diferença estavam na base das dificuldades de aprendizagem.

Os *processos cognitivos* sempre foram uma preocupação recorrente de Samuel Kirk, participando na conceitualização das dificuldades de aprendizagem. E, nas concepções atuais, os processos de consciência fonológica ou funções mais gerais, como a memória e o pensamento, desempenhando um papel importante, assim como a avaliação desses processos. Pensemos atualmente no PROLEC de Cuetos e colaboradores (1996) ou nas provas de consciência fonológica de Jiménez e colaboradores. Embora hoje não seja aceitável, o ITPA representou um ponto do qual não se podia retornar e um ponto de avanços importantes no campo das dificuldades de aprendizagem e da educação especial em geral.

A *intervenção* ou o aspecto prescritivo do enfoque de diagnóstico prescritivo é um dos focos prioritários da obra de Samuel Kirk. Essa preocupação esteve presente desde o início de seu trabalho, destacando publicações de 1936 sobre exercícios para a recuperação da leitura (Minskoff, 1998) e sua ênfase em aspectos que hoje denominaríamos consciência fonológica.

Candace S. Bos e Sharon Vaughn (1998) aprofundaram importantes contribuições de Samuel Kirk no *campo da leitura* e sua atualidade no momento presente. Os estudos sobre ensino precoce da leitura são fundamentais para a forma de pensar e de ensinar no campo das dificuldades da leitura. Sua influência foi decisiva na formulação da primeira definição federal de dificuldades de aprendizagem. Concebia a conquista da leitura, já em 1940 (Bos e Vaughn, 1998), em três etapas. Uma primeira etapa da leitura de totalidades *(reading wholes)* implica a consciência da palavra como um todo, ou do que agora denominaríamos *fase visual*. Uma segunda etapa de aprendizagem dos detalhes *(reading details)* ou o que agora denominaríamos *fase fonológica* ou estudo da palavra. E uma terceira etapa de leitura sem consciência dos detalhes *(reading without awareness of details)* e que agora poderíamos denominar *fase ortográfica*. A compreensão por parte de quem (professores) pratica essa seqüência poderia levar à concepção de materiais de ensino precisos e adequados para cada caso.

Nesse contexto há uma grande preocupação com *o ensino de aptidões de pré-leitura* e que, em 1940, já incluía a maturidade mental, o desenvolvimento da linguagem oral, a memória de idéia e de frase, a discriminação e as memória visuais, a aptidão motora, a maturidade visual e a motivação. É evidente que houve avanços importantes nos 60 anos no campo da leitura, mas está claro que as propostas de Samuel Kirk foram uma novidade e abriram caminhos importantes na intervenção.

Segundo elas, *o ensino* deveria ser *sistemático, explícito* e com a incorporação de mudanças mínimas e freqüentes, apoiando a prática distribuída. Queria assegurar o êxito na aprendizagem dos alunos, mediante o acoplamento do ensino às necessidades da criança.

As idéias de Samuel Kirk supuseram, politicamente, a aceitação e a criação de um novo campo de educação especial, o das dificuldades de aprendizagem (Gallagher, 1998), resultando na criação de serviços especializados; na formação de professores e de profissionais; na pressão por parte dos pais diante do poder público para a criação de leis que reconhecessem as características diferenciais das pessoas que se encaixavam nos grupos de educação especial, de problemas no desenvolvimento, conhecidos, mas que não aprendiam, que fracassavam na escola sem motivo aparente, e que precisavam de uma educação especializada e de qualidade. Suas idéias foram assumidas pela U.S. of Education e têm sido muito respeitadas. Até mesmo um de seus adversários mais ferrenhos, Donald Hammil – fonoaudiólogo nessa época e hoje empresário e proprietário da prestigiosa editora Pro-ed –, teve de reconhecer o papel impressionante que Samuel Kirk desempenhou e de considerá-lo o pai do campo das dificuldades de aprendizagem quando revisa a história do campo.

# 2
# Limites das Dificuldades de Aprendizagem. As Necessidades Curriculares e a Diversidade de Aprendizagens

## INTRODUÇÃO

As dificuldades de aprendizagem se diferenciam de outros problemas e transtornos, e isso recorrendo à conceitualização consensual (NJCLD, 1998) ou à internacional do DSM-IV (APA, 1995a, b). A diferenciação mais importante tem de ser estabelecida em relação aos diferentes transtornos do desenvolvimento, em relação a outras disciplinas próximas e em relação a outras concepções, como a que se desprende do DCB na Espanha ou em relação à inglesa, que não fazem mais do que refletir que são uma construção social (Fierro, 1997; Sleeter, 1998).

As dificuldades de aprendizagem representam um tipo de Transtorno do Desenvolvimento como mostramos com clareza em García (1999a), classificadas pelo DSM-IV como Transtornos da Aprendizagem. Trata-se, pois, de diferenciá-las dos demais transtornos do desenvolvimento, embora se reconheça a possibilidade de sobreposição de diagnósticos e de problemas. São de grande interesse diferenciá-las do retardo mental, dos transtornos profundos, do transtorno de déficit de atenção/hiperatividade e dos transtornos da comunicação, fundamentalmente.

A diferenciação do retardo mental nos leva à problemática do *papel da inteligência* e da *adaptação* nas dificuldades de aprendizagem, questão tratada em alguns pontos dos dois próximos capítulos. As dificuldades de aprendizagem são independentes da inteligência e das habilidades adaptativas, núcleos básicos em que se conceitualiza o retardo mental, daí que se deve diferenciá-lo com clareza, pelo menos teoricamente, embora na prática seja difícil nos casos de "baixo rendimento" associado a baixas habilidades adaptativas e intelectuais. A confusão da terminologia inglesa de substituir o nome "retardo mental" e utilizar o de *incapacidade de aprendizagem* (learning disabilities) ou *dificuldades de aprendizagem* não faz mais do que complicar em vez de esclarecer os termos, não sendo aceitável de nenhum ponto de vista, embora possa ter certa justificação pela ênfase que se vem dando às habilidades adaptativas a partir da publicação da nova definição de retardo mental em 1992 (apud García, 1999).

A diferenciação em relação aos transtornos profundos é mais clara, pode-se dizer, embora o problema possa oferecer certas dúvidas nos limites de gravidade extrema das pessoas com dificuldades de aprendizagem, principalmente o subtipo não-verbal. Um diagnóstico e uma avaliação compreensiva tornarão clara a questão, pois a gravidade da lesão generalizada e profunda no desenvolvimento social que se opera nas pessoas com transtornos profundos do desenvolvimento não é a mesma que acontece entre as pessoas com dificuldades de aprendizagem.

O transtorno de déficit de atenção/hiperatividade oferece mais problemas de diagnóstico diferencial, principalmente quando se observa uma sobreposição variável e muito significativa (descreveu-se a partir de um a dois terços dos casos com dificuldades de aprendizagem). A constatação de que o transtorno de déficit de atenção/hiperatividade pode ocorrer na ausência de problemas na aprendizagem, na ausência de problemas para aprender no subtipo hiperativo-impulsivo, embora com problemas de conduta e de adaptação, ou a resposta eficaz ao tratamento farmacológico do TDAH e não das dificuldades de aprendizagem sem TDAH, são todos eles argumentos para considerá-los problemas e transtornos diferentes, mesmo que possam se sobrepor de forma freqüente (Presentación, Miranda e Amado, 1999; Miranda, Presentación e Jarque, 1999). Essa sobreposição freqüente ocorre também em outros transtornos do desenvolvimento, como por exemplo, no retardo mental e nos transtornos profundos (García, 1999). O que se costuma observar às vezes é que são incluídos temas do TDAH nos manuais sobre dificuldades de aprendizagem (Sánchez, 1997), mas que aqui estão inseridos na disciplina de *Intervenção Psicopedagógica nos Transtornos do Desenvolvimento*, dado que não constituem, segundo a conceitualização consensual nem a internacional do DSM-IV, um transtorno da aprendizagem.

Os transtornos da comunicação costumam estar na base ou até mesmo representar os antecedentes de muitas dificuldades de aprendizagem. Nossa opção, semelhante às publicações e aos critérios utilizados nos programas da disciplina de DA na Espanha, é incluí-los na disciplina *Intervenção Psicopedagógica nos Transtornos do Desenvolvimento*. São muitas as razões desta opção. Por um lado, é possível diagnosticar de forma diferente as DAs, pois podem surgir precocemente e seus efeitos são mais devastadores no desenvolvimento futuro da pessoa. A comunicação é adquirida, pela maioria das crianças, de forma espontânea e natural e é algo no qual o componente biológico e inato é inegável, posto que, no devir filogenético da espécie humana, a comunicação e a linguagem estão enraizadas a partir das próprias origens da espécie. A leitura, a escrita e o cálculo *são aprendidos* de forma intencional e formal dentro do sistema educacional. Conquistá-los exige um grande esforço, embora isto seja variável e esteja inserido nas diferenças humanas. Essas habilidades escolares ainda não se generalizaram, nem fazem parte das raízes filogenéticas da espécie humana. Há muitas pessoas que ainda não tiveram acesso a sua conquista. É evidente que a importância para o desenvolvimento e o esforço cultural para sua conquista e construção são diferentes. E ainda que a lógica da conceitualização dos transtornos da comunicação seja similar – por exemplo, atraso significativo da linguagem expressiva, ou receptiva e expressiva, ou do desenvolvimento fonológico, etc. – às DAs, as classificações internacionais, como o DSM-IV, conceitualizam-na de outra forma, e isso sabendo das hipóteses que supõem um contínuo entre os problemas de comunicação nos primeiros anos de vida e os da aprendizagem nos anos posteriores.

Outra questão de interesse é o estabelecimento da *delimitação de outras disciplinas*, fundamentalmente a de transtornos do desenvolvimento, a de psicologia do ensino ou a de educação especial – disciplinas que os alunos de psicopedagogia ou de outras faculdades de educação e/ou de psicologia, devem cursar. Caberia incluí-la claramente dentro da disciplina de *transtornos do desenvolvimento*, mas a densidade, a profundidade e a especialização a que chegou o movimento das DAs e dada a decisão social de que sejam duas disciplinas diferentes, assim o determinam. Estão intimamente unidas, e muitos dos avanços, dos conhecimentos e das estratégias de ensino nos diferentes campos dos transtornos do desenvolvimento podem ser aplicados nos problemas das DAs e vice-versa. Muitos dos transtornos do desenvolvimento (TDs) apresentam atraso escolar, o que significa que os núcleos que se desenvolvem nas DAs também podem ter alguma utilidade nos transtornos do desenvolvimento, representando áreas de grande interesse, e nas quais veremos um grande avanço nos próximos anos, como, por exemplo, as dificuldades de leitura em pessoas com deficiência visual, as dificuldades de escrita em pessoas com deficiência auditiva, as dificuldades em matemática nas pessoas com retardo mental, etc. Todas essas áreas apresentam interesse mútuo para as DAs e para os TDs. A coincidência, no caso específico da Universidade de León, na qual o mesmo professor leciona ambas as disciplinas (12 créditos da de TD, 9 créditos da de DAs), permite uma intercomunicação maior, com um desenvolvimento que é impossível de ser apresentado neste livro, mas que se pode ver ilustrado no recente manual que coordenei, publicado na Editora Pirámide sobre o tema (García, 1999).

Outras disciplinas psicológicas também são interessantes, como *a Psicologia do ensino*. É preciso ressaltar que o enfoque que predomina na disciplina de DAs é fundamentalmente psicológico. Nesse sentido, poderíamos ter denominado a disciplina na direção de Jiménez (1999) como *psicologia das dificuldades de aprendizagem, uma disciplina científica emergente*. O enfoque educacional e estratégico, principalmente, predomina, como se pode ver, ao longo de todo este livro, e principalmente nos Capítulos 8 e 9, na disciplina de DAs, a qual também mostramos recentemente (García, 2000) e que é comum em publicações de prestígio na Espanha e em outras universidades, como a de Oviedo (González-Pienda e Núñez, 1998). Utilizar as contribuições da psicologia do ensino, porém, não pode levar a confundir ambas as disciplinas. A psicologia do ensino serve de preparação prévia para a de dificuldades de aprendizagem.

A concepção do DCB como uma espécie de "via final comum", independentemente do transtorno, não cria senão confusão no campo. É necessário elaborar propostas alternativas em que o campo específico das dificuldades de aprendizagem dentro e fora do sistema educacional seja reconhecido e seja reforçada a criação de serviços especializados que permitam melhorar as condições de vida dessas pessoas. É evidente que essa concepção revele a ênfase educativa, mas não pode nos fazer esquecer que a complexidade das DAs vai além do educativo e, por outro lado, apresenta características específicas e especializadas como mostramos ao longo deste livro. A disciplina *Educação Especial*, que os estudantes de psicopedagogia também cursam, permitirá fundamentar essas questões, assim como os enfoques educativos globais que interessam bastante às DAs. O fato de a disciplina se denominar *Dificuldades de Aprendizagem e Intervenção Psicopedagógica* não faz mais do que ligá-la com a ênfase educativa, mas também psicológica. A disciplina de DAs está direcionada para a intervenção não só educativa como também psicológica, de forma imbricada (García, 1999a).

## AS DIFICULDADES DE APRENDIZAGEM DIANTE DE OUTROS TRANSTORNOS

Seguimos, neste e nos próximos capítulos, o que foi publicado em García (1997b; 1998a, b), mas de forma revisada e atualizada para este livro.

Uma das questões que, neste momento, parece bem-aceita de forma geral é a de que as dificuldades de aprendizagem devem ser diagnosticadas de forma diferencial em relação a outros transtornos próximos, embora, na presença de uma dificuldade de aprendizagem e de outro transtorno em uma mesma pessoa, seja necessário classificar ambos os transtornos, sabendo que se trata de dois transtornos superpostos.

Alguns desses exemplos são (APA, 1995a, b): 1) o transtorno de déficit de atenção/hiperatividade; 2) os transtornos da comunicação e os transtornos da fala não classificados em outros lugares, como tartamudez e a linguagem confusa (no DSM-III-R); 3) outros transtornos da infância e da adolescência, como o mutismo seletivo e o transtorno por déficit de atenção e hiperatividade indiferenciado; 4) o retardo mental e os transtornos globais do desenvolvimento.

O TDAH não faz parte das dificuldades de aprendizagem. Mas, como em geral essas pessoas apresentam algum tipo de problema escolar e acadêmico, esses aspectos poderiam encaixar-se dentro das dificuldades de aprendizagem (apud. Anastopoulos e Barkley, 1992).

Questões como a diferenciação das dificuldades de aprendizagem de outras dificuldades, como as curriculares ou as denominadas *variedade jardim*,\* ainda não estão bem-resolvidas e deverão ser estudadas futuramente (García, 1997; 1998b).

## TRANSTORNO DE DÉFICIT DE ATENÇÃO/HIPERATIVIDADE

O DSM-IV (APA, 1995a, b) classifica os transtornos de déficit de atenção/ hiperatividade junto com os transtornos de déficit de atenção e de comportamento disruptivo incluídos nos transtornos geralmente diagnosticados pela primeira vez na infância ou na adolescência . Trata-se de um padrão de conduta apresentado por crianças e adolescentes relacionados com dificuldades no desenvolvimento da manutenção da atenção, no controle dos impulsos, assim como na regulação da conduta motora em resposta às demandas da situação (Anastopoulos e Barkley, 1992).

Historicamente, esse tipo de criança foi classificado dentro de categorias como: *a lesão cerebral mínima*, crianças com *hipersinesia*, no DSM-III transtorno de déficit de atenção com ou sem hiperatividade (Miranda e Presentación, 1997; Presentación, Miranda e Amado, 1999).

Um exemplo desse problema, dentro da grande profusão de livros relativos às *crianças hipersinéticas*, é a obra de Velasco (1976), que tem como subtítulo *As síndromes de disfunção cerebral*. Isso reflete a confusão com as dificuldades de aprendizagem, hoje, por sorte, superada, pelo menos conceitualmente. Os diferentes nomes usados historicamente não fazem mais do que refletir mudanças em sua conceitualização.

---

\*N. de R.T. De acordo com Anne Hout e Françoise Estienne (*Dislexias*. Porto Alegre: Artmed, 2001, p.17), é um transtorno "secundário de leitura", também chamado de "variedade comum", no qual as causas são menos determináveis.

Anastopoulos e Barkley (1992) recolhem alguns dados históricos a esse respeito. Parece que os primeiros casos de TDAH na metade do século XIX não variavam, embora as primeiras tentativas de enquadramento teórico não tenham surgido até o século XX, em 1902, com Still, sendo considerados, até então, como problemas de "inibição voluntária" e originados por "dificuldades do controle moral".

Na década de 1930, recuperou-se o interesse com Childers ou Levin, mas centrando-se no componente da inquietação motora, considerando-se que tinham origem em alterações neurológicas, segundo Strauss e Lehtinen em 1947.

A idéia do componente motor como sendo central para o transtorno sobreviveu durante as décadas de 1950 e 1960, originada por alterações neurológicas ou, até mesmo, como o extremo delas ao longo de um *continuum* dentro da variabilidade normal. Esse fato apontou para uma mudança de nome de "lesão cerebral mínima" para "disfunção cerebral mínima", ou até mesmo abandonando o aspecto causal e assumindo o lado da conduta de inquietação motora, denominação que, em 1968, foi recolhida pelo DSM-II (síndrome hipersinética infantil e reação hipersinética infantil).

Na década de 1970, reconheceu-se que o problema de atenção ou do controle dos impulsos era ainda mais importante do que a inquietação motora.

Isso influiu na mudança ocorrida em 1980 no DSM-III ao propor *o transtorno de déficit de atenção com e sem hiperatividade*. Mas como o debate acerca de o déficit de atenção ser o núcleo do transtorno continuou, seguiram-se explicações alternativas segundo as quais o núcleo do transtorno estava nas dificuldades na regulação da conduta às demandas situacionais, na autodireção de instruções, na autoregulação do *arousal* às demandas do meio ou da conduta governada por regras.

Coincidindo-se, em geral, na crença de que as funções executivas supõem um problema central, a inquietação motora voltou a ser considerada um componente do transtorno, e o DSM-III-R propôs o TDAH e, nos casos em que não houvesse hiperatividade, eram classificados como transtornos de déficit de atenção indiferenciados. No DSM-IV-TR, transtorno de déficit de atenção/hiperatividade, com os seguintes subtipos: tipo combinado, tipo predominantemente desatento, tipo predominantemente hiperativo-impulsivo e sem outra especificação. O debate, no entanto, continua (Goldstein, 1995b; Miranda e Presentación, 1997; Presentación, Miranda e Amado, 1999).

Segundo Anastopoulos e Barkley (1992), os sintomas primários seriam a *desatenção*, a *impulsividade* e a *hiperatividade*, além de outros sintomas, mas que não seriam tão amplamente aceitos como os déficits na *conduta governada por regras* ou a *variabilidade nos processos executivos*.

A prevalência estimada, segundo os critérios do DSM-IV, estaria entre 3 e 5%, sendo estável em diferentes grupos socioeconômicos e culturais, embora seja comum encontrar seis meninos para cada menina diagnosticada de TDAH; além disso, em estudos com mostras baseadas em comunidades, a média é de três meninos para cada menina, e até mesmo, médias que ficam entre 4:1 e 9:1, conforme os estudos sejam da população em geral ou da população clínica.

Igualmente (Anastopoulos e Barkley, 1992) foram detectados outros problemas secundários ou comórbidos, tais como:

1. *Problemas de conduta* que parece estar entre 40 e 60% dos casos; por exemplo, de transtorno desafiador de oposição (Barkley et al., 1991) ou entre 20 e 40% de outras condutas, como vandalismo, etc. (Szatmari et al., 1989).
2. *Implicações emocionais*, como hipersensibilidade, baixa auto-estima, baixa tolerância à frustração e até mesmo sintomas de depressão e ansiedade.
3. *Problemas de socialização* (Murphy, Pelham e Lang, 1992).
4. *Problemas familiares*; dificuldades no *desempenho acadêmico*, apresentando rendimentos menores do que os esperáveis por seu potencial estimado, sendo classificáveis entre 20 e 30% também como disléxicos ou com outras dificuldades de aprendizagem (Barkley, DuPaul e McMurray, 1990); assim, muitas das crianças com TDAH devem receber algum tipo de ajuda de programas de educação especial.
5. *Habilidades cognitivas e lingüísticas*. Muitos apresentam dificuldades nas tarefas de resolução de problemas complexos ou nas habilidades organizativas e também apresentam freqüentemente problemas de fala e linguagem.
6. Dificuldades com a *saúde* em uma proporção maior do que as crianças normais ou até mesmo uma maior incidência dos denominados "sinais neurológicos menores ou brandos".

Hoje é aceito que se trata de um problema diferente ao das dificuldades de aprendizagem, embora durante o curso do transtorno apareçam poucas realizações acadêmicas. Contudo, a falta de atenção, a impulsividade e a inquietação motora ou até mesmo os problemas nos processos executivos ou nas condutas governadas por leis devem permitir fazer o diagnóstico diferencial. No caso de superposição do transtorno com dificuldades de aprendizagem, deve-se incluir o duplo diagnóstico. Esses problemas, ao contrário do que se aceitou amplamente, não são atenuados com a adolescência ou com a idade adulta (Barkley et al., 1991). No entanto, as dificuldades de aprendizagem que apresentem podem ser abordadas de forma específica semelhante às DAs, pelo que podem se beneficiar dos avanços na área das DAs, ao menos nos aspectos acadêmicos.

## TRANSTORNOS DA COMUNICAÇÃO

Embora as dificuldades de aprendizagem ou transtornos da aprendizagem possam ser conceitualizados dentro dos transtornos do desenvolvimento (García, 1999a), e a base dos mesmos tenha sido associada, muitas vezes, a problemas, em última instância, de ordem verbal, é preciso diferenciá-los dos transtornos da comunicação seguindo os critérios do DSM-IV (APA, 1995a, b) e de outros transtornos próximos ou com os que guarda certa superposição, como a classificação utilizada por Rapin e Allen (García, 1998a; 1999e). Seguindo os critérios do DSM-IV, que permitem certa comparabilidade em termos internacionais, cabe incluir nos transtornos da comunicação o transtorno da linguagem expressiva, o transtorno misto da linguagem receptiva e expressiva, o transtorno fonológico e o transtorno da comunicação sem outra especificação (como os de voz).

Os critérios que se seguem para as dificuldades de aprendizagem, no entanto, são equiparáveis aos transtornos da comunicação, como os critérios de discrepância ou os que produzem um efeito na adaptação social, escolar ou profissional; trata-se de transtornos que é preciso considerar de forma diversa. São igualmente aplicáveis as possibilidades de superposição de transtornos quando cada um deles, separadamente, não abrange todos os problemas apresentados por uma pessoa.

Os transtornos da comunicação, em geral, costumam ocorrer antes dos transtornos da aprendizagem e podem ser diagnosticados nos primeiros anos de vida. Seu efeito é mais devastador do que os da aprendizagem, ainda que muitas vezes tenha-se aceitado que ocorram em conjunto (Stanovich e Stanovich, 1996); no desenvolvimento inicial trata-se de transtornos da comunicação e depois, quando em muitos casos os problemas são superados, reaparecem na escola. Embora a situação seja muito mais complexa, há dados que apóiam essa idéia.

Outra hipótese importante a ser considerada é a de que se *adquire* a linguagem, e sua conquista aparece como algo natural e rápido na maioria das crianças, que, com grande motivação e carga emocional em interação com o adulto, adquirem de forma muito eficaz, em situações negociadas e de necessidade, a linguagem da comunidade (Clemente e Linero, 1997).

A leitura, a escrita, a matemática ou outras áreas acadêmicas não são adquiridas habitualmente, são *aprendidas*, daí a diferença substancial. Essa aprendizagem nem sempre está tão carregada emocionalmente, tão baseada na necessidade, tão motivadora, tão gratificante. Assim, esse tipo de dificuldades para aprender apresenta características diferentes das de comunicação. Outra questão é a de que a linguagem é parte integral e necessária para a maioria das aprendizagens escolares. Por meio da linguagem se transmite a maioria dos conhecimentos escolares explícitos e implícitos, e a transmissão verbal pelo professor ou por meio de textos expositivos aumenta com o decorrer da escolaridade. Certas dificuldades com a linguagem, que inicialmente não aparecem, começam, portanto, a ser evidentes à medida que aumentam os níveis educativos.

A observação da prevalência do transtorno da linguagem expressiva (entre 3 e 5%), do transtorno misto (3%), e do transtorno fonológico (de 2 a 3%) em crianças em idade escolar representa um total de 8 a 11%, o que coincide com a prevalência das dificuldades de aprendizagem (entre 2 e 10%) segundo o DSM-IV, tornando-se um dado expressivo de ser analisado (APA, 1995a).

O *transtorno da linguagem expressiva* implica uma discrepância entre o nível de linguagem expressiva e o resto do desenvolvimento, incluindo o receptivo, além de produzir efeitos na adaptação social, profissional ou acadêmica. Eles ocorrem bem antes dos transtornos da aprendizagem e, dependendo da gravidade, podem deixar seqüelas que se manifestam posteriormente em forma de dificuldades de aprendizagem, não só da leitura ou da escrita, como também da matemática. Grande parte das dificuldades de aprendizagem da matemática, por exemplo, se caracteriza por dificuldades com a linguagem matemática (Bermejo, Lago e Rodríguez, 1997).

O *transtorno mistos da linguagem* é mais grave e costuma deixar seqüelas posteriormente, também em forma de dificuldades de aprendizagem da leitura, da escrita e da matemática. Além disso, os problemas de adaptação social são importantes, sendo necessária uma intervenção nessa área. É preciso levar em conta que os transtornos da comunicação são geradores de outros transtornos psicológicos, como os problemas de conduta, os problemas de atenção, os problemas de ansiedade, etc. Assim, à medida que as pessoas com esses problemas crescem é preciso uma avaliação e intervenção integrais (García, 1999a; Reid et al., 1999).

O *transtorno fonológico* é uma ilustração do núcleo do problema que apresenta a maioria das dificuldades de aprendizagem, principalmente de leitura. A assiduidade deste problema nas dificuldades de aprendizagem deve ser explorada. Sabemos que o transtorno fonológico, com a intervenção adequada, pode ser parcialmente superado. Mas é interessante que o núcleo dos problemas de aprendizagem seja o que Uta Frith havia denominado como *P (phonology)*, como iremos mostrando ao longo da exposição. Como se sabe, aproximadamente de quatro em cada cinco casos de dificuldades de aprendizagem são de leitura (APA, 1995a), e se sabemos que o núcleo básico costuma ser em dificuldades fonológicas, a natureza do problema nos ajuda a considerar ambos os transtornos ao longo de um *continuum* com manifestações diferentes em momentos diversos.

Em geral, o *diagnóstico diferencial* não oferece dúvidas, pois a avaliação do desenvolvimento da linguagem receptiva e expressiva, da fonologia e de seus diferentes componentes (García, 1999e) ajudará a esclarecer a situação. No caso de os problemas de linguagem não abrangerem todos os problemas de aprendizagem, existe a possibilidade de um diagnóstico superposto de Transtorno da Comunicação e da Aprendizagem. O importante é que a avaliação e a intervenção conseqüente sejam compreensivas e abordem todos os problemas da pessoa.

Como se trata de delimitar os conteúdos e os problemas que se incluem na disciplina de DAs (de 9 créditos) diante dos que se incluem na de transtornos do desenvolvimento, e dada às limitações de tempo, espaço, etc., desde o começo tomei a decisão de excluir das DAs os transtornos da comunicação, os de atenção e os de coordenação motora, e lecioná-los na disciplina de transtornos do desenvolvimento (com 12 créditos – García, 1999). Além disso, há necessidade de uma intervenção mais global e não tão específica como para o caso das DAs, embora isto também seja muito discutível, principalmente quando nos deparamos com os apresentados pelas pessoas que apresentam DAs de um ou outro tipo.

Não podemos nos esquecer de que uma DA produz efeitos na adaptação do indivíduo dentro e fora da escola, na personalidade – sentimentos de fracasso, dificuldades para reagir, baixa auto-estima –, na motivação – padrões atribucionais inadaptados –, na interação social – habilidades sociais –, etc., o que complica muito a situação e também exige uma resposta global.

A *tartamudez* é considerada um transtorno caracterizado pela presença de repetições ou prolongamentos freqüentes dos sons ou das sílabas, dificultando a fluência da fala. Deve se diferenciar da *falta de fluência verbal* em crianças de menos de dois ou três anos, da *linguagem confusa*, já que esta apresenta um ritmo rápido e ininteligível e não-consciente, e da *disfonia espástica*, que é semelhante à tartamudez, mas de natureza neuromotora com respiração anômala. Diferentemente das dificuldades de aprendizagem, normalmente se relaciona com o transtorno fonológico, com o transtorno da linguagem expressiva, com o transtorno de déficit de atenção/hiperatividade e com os transtornos de ansiedade (Echeburúa, 1993; Echeburúa et al., 1999; Santacreu e Froján, 1993; López Soler e García Sevilla, 1997; Miranda, Presentación e Jarque, 1999; Salaberría, Echeburúa e Amor, 1999).

O transtorno inicia como uma manifestação das excessivas repetições, dentro da normalidade, nos ensaios da criança para adquirir a linguagem expressiva e o desenvolvimento fonológico. Ao se tornar consciente, começa a desenvolver o medo de falar – logofobia – e uma grande *ansiedade* nas situações que implica fluência verbal, levando a mecanismos compensatórios para não gaguejar, como os *mecanismos lingüísticos* de modificação do ritmo da linguagem, evitação das situações comunicativas, rodeios ou circunlóquios verbais ou evitação de palavras ou sons. Além disso, aparecem *movimentos corporais* – gagueira – diante da falta de fluência, como piscadas, tiques, tremor labial ou facial, sacudir a cabeça, movimentos respiratórios, golpear com o punho, etc.

O transtorno aparece entre os 2 e os 7 anos, e principalmente aos 5 anos, apresentando-se em 98% dos casos antes dos 10 anos. Em geral, 80% dos casos são recuperados, sendo que 60% de forma espontânea.

Pode ocorrer uma alteração da vida social provocada pela ansiedade comunicativa, pela frustração e pela baixa auto-estima. Nos adultos, pode limitar a escolha vocacional e dificultar a promoção profissional.

A prevalência é de 5% nas crianças, e apenas 1% nos adultos. Ocorre em uma proporção de três meninos para cada menina. Além disso, há um forte componente de incidência familiar (pode chegar até 50% nos familiares de primeiro grau).

O tratamento condutual parecer ser o mais eficaz (Santacreu, 1990; Santacreu e Froján, 1993).

A *linguagem confusa*. O DSM-III-R se referia à *linguagem confusa* – o DSM-IV já não a inclui – como uma alteração da fluência verbal com alta freqüência, ritmo verbal errático e pouca inteligibilidade, com padrões gramaticais alterados, explosões verbais ou grupos de palavras sem relação com a estrutura da frase. A pessoa não tem consciência de sua dificuldade.

Costuma ocorrer junto com o transtorno fonológico (omissões, substituições ou transposições de sons ou sílabas), transtorno da linguagem expressiva (omissão de partes da oração), dificuldades de aprendizagem escolar, transtornos de déficit de atenção/hiperatividade, além de alterações audioperceptivas e visuomotoras.

O transtorno inicia-se depois dos sete anos, embora mal se tenha conhecimento do curso, da deterioração, das complicações ou dos fatores de pré-disposição ou da prevalência ou da incidência em cada sexo. Sabe-se que é mais freqüente entre os familiares do que na população em geral, exatamente como a presença de transtornos na linguagem oral e escrita. Este transtorno não se inclui no DSM-IV.

O *diagnóstico diferencial* tem de ser estabelecido em relação à *falta de fluência normal nas crianças* com menos de dois anos e à *disfonia espástica com tartamudez* de origem neuromotora e acompanhado de ansiedade, o que não ocorre na linguagem confusa.

A APA (1990a, p.107; 1990 b) apresenta os seguintes *critérios diagnósticos:*

Um transtorno da fluência verbal que afeta a freqüência e o ritmo da linguagem e que se caracteriza por sua falta de inteligibilidade. A linguagem é errática e sem ritmo, manifestando-se por uma explosão rápida e entrecortada que normalmente inclui padrões gramaticais errados (por exemplo, pausas alternantes e explosões verbais que produzem grupos de palavras não-relacionadas com a estrutura gramatical da frase).

O *mutismo seletivo*. É claramente diferente das dificuldades de aprendizagem. O DSM-IV (APA, 1995a, b) o classifica dentro do transtornos diagnosticados pela primeira vez na infância ou na adolescência.. O *mutismo seletivo* é de natureza emocional e consiste em uma recusa insuperável de falar com pessoas estranhas em situações sociais específicas, como no ambiente escolar, mas não em casa. A criança com este transtorno não costuma apresentar dificuldades de compreensão nem de expressão verbal. A comunicação pode realizar-se por gestos, por negação ou por afirmação, ou com o emprego de monossílabos ou de frases curtas. Podem, no entanto, surgir algumas dificuldades na linguagem expressiva e na articulação da linguagem.

Em outra obra, refletimos sobre este transtorno em relação ao autismo (apud. García, 1992c, p. 125-126; 1999b, c, d). Identificado por Kussmaul em 1877, o nome foi dado por Tramer em 1934. Foram descritos vários subtipos. Igualmente, parece que existe certa associação deste problema em relação a dinâmicas familiares discutíveis com excessivo uso do abuso físico e sexual, embora essa questão seja problemática pelas implicações que possa ter ao atribuir a culpa aos pais, e naturalmente isto não é abordado no DSM-IV. Sugerem-se também fatores de aprendizagem social pela proporção de meninas que o apresentam.

Podem-se associar outros transtornos de linguagem, como o transtorno fonológico, transtorno da linguagem expressiva, transtorno misto da linguagem receptivo-expressiva ou ainda transtornos orgânicos da articulação. Em uma terminologia clássica, costuma se falar das *disglosias* para se referir às dificuldades de articulação por efeito de alguma má-formação ou defeito no aparelho fonador, tais como lábio leporino ou palato ogival. Em troca, costuma-se empregar a terminologia *disartrias* quando é de natureza neuromotora, como no caso da paralisia cerebral infantil (PCI). Do mesmo modo, podem-se associar grande timidez, isolamento social e retraimento, rejeição escolar, compulsões, negativismo, personalidade instável ou condutas de oposição no lar. Alguns destes traços tornam necessário um diagnóstico diferencial com outros transtornos, como o autismo.

O mutismo seletivo inicia-se antes dos cinco anos, ou ao entrar na escola, e dura um tempo mais ou menos longo, podendo chegar a anos. Quando perdura, pode alterar a atividade social e escolar, dando lugar ao *fracasso escolar* e podendo tornar a criança o *bode expiatório* para os colegas.

Parecem ser fatores de pré-disposição a superproteção materna, a presença de transtornos de linguagem ou de retardo mental, além de situações de imigração, de hospitalização ou de traumas nos três primeiros anos de vida.

O transtorno é raro, parece se dar em menos de 1% da população infantil em instituições clínicas ou escolares. Para o DSM-IV, ocorre mais em meninos do que em meninas; em troca, alguns estudos dizem o contrário (García, 1992c; 1999a, b, c, d).

É preciso efetuar o *diagnóstico diferencial* do retardo mental grave ou profundo, dos transtornos globais do desenvolvimento, como o autismo; e do transtorno da linguagem expressiva. Nesses casos, pode-se dar "ausência" de fala, mas que o seria em "todas as situações", e não como no mutismo seletivo, que seria nas situações "fora de casa" ou na presença de estranhos.

Os critérios conforme o DSM-IV-TR são cinco: a) Incapacidade persistente para falar em situações sociais específicas (nas quais existe a expectativa para falar, por exemplo na escola), apesar de falar em outras situações. b) A perturbação interfere na realização educacional ou ocupacional ou na comunicação social. c) Duração mínima de 1 mês (não limitada ao primeiro mês de escola). d) A incapacidade para falar não se deve a um desconhecimento ou desconforto com o idioma exigido pela situação social. e) A situação não é mais bem explicada por um transtorno da comunicação (por exemplo, tartamudez), nem ocorre exclusivamente durante o curso de um transtorno global do desenvolvimento, esquizofrenia ou outro transtorno psicótico.

O tratamento mais adequado é o condutual no ambiente natural (Echeburúa e Espinet, 1990; Santacreu e Froján, 1993).

RETARDO MENTAL

Embora o *retardo mental* possa dar lugar a diversas dificuldades de aprendizagem, é preciso diferenciá-lo delas, a não ser que o rendimento esteja significativamente defasado do esperável por sua capacidade, com o que haveria de classificar ambos os transtornos.

O retardo mental, segundo o DSM-IV, caracteriza-se por uma capacidade intelectual geral significativamente abaixo da norma, isto é, abaixo de dois desvios-padrão nos testes de inteligência, apresentando-se junto dificuldades significativas na capacidade adaptativa e aparecendo antes dos 18 anos. Podem ou não se dar transtornos orgânicos ou outros transtornos mentais.

Existem quatro níveis de gravidade: o retardo mental leve (entre 50-55 e 70 de QI), o retardo mental moderado (entre 35-40 e 50-55 de QI), o retardo mental grave (entre 20-25 e 35-40 de QI) e o retardo mental profundo (de 20-25 de QI). Ao mesmo tempo, quando se obtinha na versão anterior do DSM entre 71 e 84 de QI (entre um e dois desvios-padrão nos testes individuais de inteligência), não se falava de retardo mental, mas de *capacidade intelectual limite*. Isso significa que é necessária uma avaliação pormenorizada para estabelecer o diagnóstico diferencial com o retardo mental leve (Zigler e Hodapp, 1991) e considerando sempre a capacidade adaptativa do sujeito (DSM-IV).

## TRANSTORNOS PROFUNDOS DO DESENVOLVIMENTO

A diferenciação das dificuldades de aprendizagem em relação aos *transtornos globais ou profundos do desenvolvimento*, como o transtorno autista, o transtorno de Rett, o transtorno desintegrativo infantil, o transtorno de Asperger ou os TGDs sem outra especificação, não costuma oferecer dificuldades, como tampouco as oferece quanto ao retardo mental (García, 1999b, c, d).

Embora se tenha traduzido do DSM-IV para o castelhano o termo como TGD, talvez o conceito mais acertado seja o de *transtornos profundos do desenvolvimento*. O que ocorre é que nos limites externos das dificuldades de aprendizagem mais graves e dos TGDs de melhor nível surgem, às vezes, dificuldades no diagnóstico diferencial.

De qualquer modo, as dificuldades de aprendizagem costumam apresentar dificuldades em uma área específica ou em várias, seja na leitura, na escrita ou na matemática, o que não acontece nos TGDs sem outra especificação, nem no transtorno autista. As pessoas com autismo apresentam: 1) Um comprometimento qualitativo na interação social da comunicação e das atividades imaginativas. 2) Um repertório muito restrito nas atividades e nos interesses; 3) E aparece na infância ou na meninice; além de outra sintomatologia associada que lhes transforma em "pessoas estranhas".

Isto não acontece com as dificuldades de aprendizagem e, embora no autismo se dêem dificuldades de aprendizagem graves, elas ocorrem devido a outras causas, entre elas a associação do autismo com o retardo mental.

## ALUNOS COM NECESSIDADES CURRICULARES E DE DIVERSIDADE DE APRENDIZAGENS

Um primeiro problema que surge quando tentamos compreender o campo das dificuldades de aprendizagem é como conceitualizá-lo e como estabelecer seus limites (García, 1998a).

Como acontece de as pessoas apresentarem necessidades educativas diversas ao longo de suas vidas, podendo manifestar, em algum momento, dificuldades e problemas em relação à aprendizagem, a questão é como separar as dificuldades extraordinárias das ordinárias, sabendo principalmente que os modelos educacionais que se desenvolvem com determinados tipos de criança podem ser levados em conta para todos os alunos em algum momento de suas vidas.

Isso foi assim em outros âmbitos e parece admitido o fato de que quando se estudam, por exemplo, pessoas com determinados transtornos, como os do desenvolvimento, pode-se aprender muito com o desenvolvimento normal e sugerir modelos de intervenção úteis para toda a população e, ao contrário, modelos elaborados a partir da população geral – por exemplo, projeto curricular e educacional da aula – podem ser aproveitados para populações específicas, como as de pessoas com dificuldades de aprendizagem.

Uma das áreas que, recentemente, mais tem-se desenvolvido quanto à magnitude de provisão de serviços educativos e quanto à quantidade de pesquisas é a das dificuldades de aprendizagem (*learning disabilities*) (Goldstein, 1995a), que gerou muita confusão terminológica associada a práticas educativas diversas e que afeta segmentos que vão desde 2 a 20% da população (por exemplo, nos Estados Unidos). Os esforços na provisão de serviços educativos e de outra índole, em pesquisa aplicada em sala de aula, em situações de integração escolar e fundos postos em jogo pelos sistemas educacionais, estão permitindo chegar a algumas conclusões sobre onde se deve mudar neste terreno.

Parece pertinente, pois, que aclaremos as conceitualizações em torno das dificuldades de aprendizagem, principalmente as que se levantam como alternativas operativas diante das classificações internacionais consensuais (García, 1998a, b) na busca de critérios diretrizes consistentes para a ação educativa.

Hoje se admite uma distinção entre os critérios estatísticos ou baseados na discrepância entre aptidão e rendimento (Schuerholz et al., 1995), os critérios educativos e de estudos de subgrupos, os critérios taxonômicos – por exemplo, da DSM-IV (APA, 1995a, b) – e os critérios dos professores que buscam uma fundamentação prática. E haveria até mesmo de diferenciá-lo dos critérios administrativos e dos utilizados para pesquisa. Está claro que múltiplos propósitos condicionam a seleção dos sujeitos. Rótulos como o de baixo rendimento *(underachieve-*

*ment*), retardos médios ou leves (*mildly handicapped*), transtornos da linguagem, da leitura, da escrita, da matemática, ou motores, ou problemas mais gerais, como dificuldades de aprendizagem ou transtornos de déficit de atenção/hiperatividade, etc., representam problemas diversos, nem sempre coincidentes nem fáceis de unificar.

Como, além disso, os enfoques teóricos de base são diversos – sobrevivendo modelos hoje superados –, isso dá lugar a um aumento notável na confusão, até mesmo em revisões recentes nas quais o "lastro" do modelo da ITPA de Kirk – baseado em supostos processos que explicariam as dificuldades – é patente nas classificações de categorias de habilidades acadêmicas e de níveis de processamento relacionados às dificuldades de aprendizagem (Goldstein, 1995a, p. 44, 46).

Um aspecto importante tem a ver com a aceitação geral de que as dificuldades de aprendizagem representam uma *grande heterogeneidade – garden variety –*, o que permite o estudo de subgrupos, apesar de se reconheçer que 80% das dificuldades de aprendizagem estão relacionadas às dificuldades da leitura ou à dislexia (Lyon, 1995). Isso há de levar necessariamente à conceitualização dos diversos subgrupos em termos precisos, sob o grande guarda-chuva que são as dificuldades de aprendizagem e em relação a um conceito menos estigmatizador, como *necessidades curriculares e de diversidade de aprendizagens* (Baker, Kameenui e Simmons, na imprensa; Simmons et al., 1994).

## FALHA NA RESPOSTA A PROTOCOLOS VALIDADOS DE TRATAMENTO

Partindo de uma crítica com fundamento à definição das dificuldades de aprendizagem em termos de discrepância aptidão-rendimento, Berninger e Abbott (1994) propõem alternativas operativas mais funcionais.

Basicamente, propuseram quatro tipos de discrepância aptidão (QI)-rendimento para decidir a inclusão de um aluno dentro da categoria de dificuldades de aprendizagem (Berninger e Abbott, 1994): 1) desvio do nível de grau; 2) fórmulas que comparam o nível de grau observado com o esperado; 3) diferenças nas pontuações-padrão simples; e 4) modelos de análise de regressão-padrão.

Todos eles foram questionados ao se constatar influências bidirecionais entre a aptidão e o rendimento: o maior rendimento, maior QI, do mesmo modo que o maior QI resulta em maior rendimento e, inversamente, o QI limita o rendimento tanto como o baixo rendimento limita o QI. Isso levou à busca de medidas de aptidão distintas às do QI, mais adequadas às pessoas com dificuldades de aprendizagem, como a proposta por Stanovich de "compreensão auditiva", mas carentes de instrumentos validados, o que não acontece com o QI, ou inclusive, e isso parece uma alternativa mais viável, se postulou a *avaliação dinâmica* baseada no conceito de zona de desenvolvimento proximal de Vygotsky e manifestada pelo denominado "dispositivo de avaliação do potencial de aprendizagem" (Burden, 1994) como oposto à avaliação estática.

Segundo a definição da avaliação dinâmica em relação às dificuldades de aprendizagem, haveria de se conceitualizá-las como uma falha na resposta ao longo do tempo a protocolos de intervenção validados, incluindo uma diversidade de áreas de desenvolvimento múltiplo diante de um único critério na determinação do nível de rendimento esperado (Berninger e Abbott, 1994). Dessa perspectiva, as dificuldades de aprendizagem só ocorram quando se forneceram as "adequadas oportunidades para aprender" e quando o aluno não aprende. Parte-se da idéia de que as dificuldades de aprendizagem se devem a uma interação entre as influências genéticas e as influências ambientais, que se concretizam nas oportunidades apropriadas para aprender. Não existem oportunidades apropriadas para aprender se ocorrer: uma preparação inadequada dos professores em métodos de ensino e na compreensão dos limites neuromaturacionais; uma carência de recursos financeiros para individualizar a educação; um fracasso na disseminação das pesquisas básicas; uma carência de pesquisas adequadas sobre métodos de ensino alternativos.

Assim, se falaria de dificuldades de aprendizagem quando, resolvidas as deficiências em proporcionar oportunidades apropriadas para aprender e testados diversos protocolos de tratamento educacional validados – válidos e confiáveis – cientificamente, o aluno não respondesse a nenhum deles. Nesse caso, os alunos são chamados de não-responsivos ao tratamento e, portanto, de alunos com dificuldades de aprendizagem. Se os alunos respondem ao ensino, não podem ser considerados como tendo dificuldades de aprendizagem.

Esses protocolos educacionais validados – *avaliação dinâmica* – supõem submeter-se a uma medida da mudança interna e interindividual no contexto de outros constructos mensuráveis – avaliação inicial *estática* – dos sistemas cerebrais funcionais relevantes de Luria, propondo-se 11 eixos de desenvolvimento que permitem apreender as dificuldades de aprendizagem nas áreas da leitura e da escrita (Berninger e Abbott, 1994) (ver quadro 2.1). Essa conceitualização tem, além disso, a vantagem de se basear em critérios de exclusão para definir as dificuldades de aprendizagem diante das de exclusão que predominam nas classificações em uso, como as mais atuais do DSM-IV (APA, 1995a, b) ou CIE-10 (Who, 1993).

## AS "DIFICULDADES CURRICULARES"

Os alunos que apresentam "diversidade de aprendizagem" podem ser considerados do ponto de vista das "dificuldades curriculares" (*curriculum disabilities*) e das ações para sua eliminação. Especificamente, podemos enfocar o estudo e a compreensão dos alunos com dificuldades de aprendizagem, ou, em geral, "diversidade de aprendizagens", como um problema curricular, com o qual o problema passa da criança para a escola ou, se se prefere, de um problema pessoal de um aluno a um problema educativo, no qual a ação didática ou o projeto curricular vai desempenhar um papel-chave. Por que determinados alunos fracassam diante de determinadas aprendizagens, como a da leitura, a da escrita, a da matemática ou de outras? Dado que a ênfase, no passado, foi dada ao aluno "possuidor de um problema", que possibilidades nos oferece uma análise desde outra vertente, desde o papel do professor, desde o papel dos elementos do currículo, desde o uso de estratégias e ajudas organizadas e guiadas, desde a instituição educacional e pelos agentes sociais, educativos e os "outros"? Que importância tem o "apoio" do professor? Mudando assim de lado, até onde podem mudar as coisas para o aluno com dificuldades de aprendizagem ou com diversidade de aprendizagens?

Carnine (1994) explorou a possibilidade de os alunos com "diversidade de aprendizagens" poderem apresentar *dificuldades curriculares*, sendo preciso algumas modificações para sua superação. As ações precisas para sua eliminação podem partir de: uma mudança no uso dos instrumentos educativos, tais como os livros-texto e materiais (livros, *software*, vídeo), a tecnologia eletrônica e outros "media"; a impressão de alguns traços alternativos ao tradicional projeto curricular em relação à "diversidade de aprendizes" (*diverse learners*), como estudo das idéias principais diante da quantidade de informação, educação explícita de estratégias, andaime (*scaffolding*) e revisão.

Entre o currículo oficial, o currículo ensinado, o currículo avaliado e o currículo aprendido nem sempre há pontos em comum. Isso seria diferente se fossem introduzidas mudanças significativas na sala de aula com o fim de revisar os instrumentos educativos utilizados e se fossem mudadas as características do projeto curricular. Por exemplo, em relação ao uso de instrumentos educativos, parece necessário que se investiguem as propriedades dos instrumentos atuais e as necessidades dos alunos com diversidade de aprendizagem, que se analise as inconsistências do currículo oficial e dos altos níveis de exigência e de abstração para os alunos com diversidade de aprendizagens e que se desenvolvam pesquisas centradas no uso de instrumentos educativos para o ensino de alunos com diversidade de aprendizagens (Carnine, 1994).

**Quadro 2.1** Eixos de avaliação estática dos sistemas cerebrais funcionais relacionados com a aprendizagem escolar

| HDR | HDR | HDR | HDR | HDR | HDR | HDR | HDR | HDR | ou HLC | ou HLC |
|---|---|---|---|---|---|---|---|---|---|---|
| **I. Atenção** | **II. Memória** | **III. Motor fina (função digital)** | **IV. Linguagem oral (receptiva/ expressiva)** | **V. Ortografia (símbolos alfanuméricos)** | **VI. Funções executivas** | **VII. Social/ emocional** | **VIII. Motivação** | **IX. Cognição** | **X. Leitura** | **XI. Escrita (precisão e taxa)** |
| Vigilância Contínua (não-distratores) Contínua (distratores) Seletiva Dividida Alternante | Curto prazo Trabalho Longo prazo Esquema (via cognitiva) Pares associados (via condutual) | Manobras seqüenciadas Manobras não-seqüenciadas | Fonema Rima Sílaba Lexical (fonética/ semântica) Sintaxe Discurso | 1. Codificação • Letras • Grupo de letras • Palavra 2. Imaginação • Representações específicas de palavras | Planejamento Monitoração Organização Regulação Metacognição | Afeto Cognição social Habilidades interacionais Sistema de aula Sistema familiar | Atribuições (lócus de controle interno/externo) Objetivos Estratégias pró-ativas História de êxito | Nível de abstração Raciocínio e resolução de problemas Processos construtivos | Dificuldades de precisão • Mecanismos específicos da palavra (palavras reais) • Subpalavras (não-palavras) Dificuldades de compreensão *Priming* semântico • Antecipação do texto Cômputo de sentenças Resposta a perguntas Memória de textos | Dificuldades escrita à mão Dificuldades de soletrar Dificuldades composição |

Eixos I a IX: Habilidades de desenvolvimento relacionadas (HDR) *(co-variantes)*.
Eixos X e XI: Habilidades de rendimento componentes (HRC) *(critérios de inclusão)*.
(Adaptado de Berninger e Abbott, 1994, p. 172-173).

O currículo oficial assume enfoques como o do construtivismo, a aprendizagem por descoberta, etc., que devem ser implementados em relação aos alunos com diversidade de aprendizagens. Como são os educadores que tomam as decisões educacionais, que uso fazem dos instrumentos educativos, etc., em relação aos alunos com diversidade de aprendizagens? São questões que paracem mais pertinentes e mais úteis. Carnine (1994) aposta na *educação explícita* dos alunos com diversidade de aprendizagens, na qual a inovação e a direção do professor (e não a do próprio aluno, como nas idéias construtivistas) estejam baseadas em experiências e na qual sejam interativas.

Igualmente, as práticas de ensino efetivas representariam um *continuum* em relação aos níveis de execução dos alunos nos tipos concretos de atividades de aprendizagem. Em um pólo do *continuum*, estaria *a educação explícita e efetiva para o estudante novato* (ensino aberto, dirigida pelo professor, estimulado, baseado nas habilidades e nos problemas inventados), que seria mediada pelo *(scaffolding)* para chegar ao outro pólo em que o andaime *seria eliminado para os estudantes adiantados* (ensino encoberto, dirigido pelo estudante, não-estimulado, integrado e com problemas reais) (Carnine, 1994).

## DIFICULDADES DE APRENDIZAGEM E IDEOLOGIA ESCOLAR

O campo das dificuldades de aprendizagem pode ser visto como um instrumento no contexto social e político concreto de apoio e justificação da ideologia da escolarização.

As dificuldades de aprendizagem desempenham um papel na manutenção do *status quo*, no qual a distribuição desigual de bens sociais aparece como "natural", resultante de uma meritocracia "igualitária". Trata-se de fortalecer o papel dos alunos com dificuldades de aprendizagem para que eles possam confrontar-se de forma ativa com as desigualdades procedentes da escolarização e da sociedade, que se concretiza na idéia de que as escolas são de e para os que triunfam nelas.

Uma análise do discurso social neste tema apoiaria esta idéia, segundo Dudley-Marling e Dippo (1995). A ênfase na aprendizagem cooperativa diante do competitivo, da flexibilização da escolarização e a ênfase na assunção de que os alunos vão à escola com fundos intelectuais muito diferentes ajudaria nesta linha de superação do discurso das escolas que produz marginalização e priva de possibilidades os alunos com dificuldades de aprendizagem.

## RESPOSTA DO SISTEMA FAMILIAR PARA AS DIFICULDADES DE APRENDIZAGEM

Quando aparece uma criança com dificuldades de aprendizagem em uma família, é produzida uma reação em todo o sistema familiar que medeia as experiências de aprendizagem e a afeta.

O sistema familiar pode interagir de forma adaptativa, protetora, funcional, ameaçadora, incômoda, etc., condicionando as experiências de aprendizagem do aluno mediante as funções que cumpre, assim como pelas percepções da natureza do problema (Falik, 1995).

A mediação enfoca o problema, afeta-o, transcende-o e leva em si sentimentos de competência. Os padrões de resposta familiar dependem de muitos fatores, como o momento de detecção, a idade, a história de intervenções, a cronicidade, etc., do problema de aprendizagem no filho. Poderia se definir em: "sei que alguma coisa não vai bem"; "se não acontecesse nada de ruim com meu filho"; você é o especialista e o conhece melhor do que eu". Assim, se tratará de intervir no sistema familiar mediando as aprendizagens do aluno e mediando as reações familiares para torná-las flexíveis e adaptadas (Falik, 1995).

Foram pesquisados também aspectos específicos desde a perspectiva dos pais, como o tema dos *deveres de casa*. Em um estudo feito por Kay e colaboradores (1994) sobre pais de uma zona rural com filhos com dificuldades de aprendizagem integrados, descobriu-se que os pais não se sentem preparados para ajudar a fazer os deveres em casa, desejam ter mais informação acerca das expectativas do professor em relação a seus filhos e de seus papéis como pais para auxiliá-los com os deveres, querem prestar uma ajuda individualizada a seus filhos em casa com os deveres, valorizam o fato de poderem lidar com o tema dos deveres de casa, gostariam que toda a família pudesse participar, desejam muito ter um *feedback* do professor ou da equipe educativa.

As *atitudes dos pais* não parecem diferir em relação ao gênero de seus filhos quanto ao rendimento pós-acadêmico (Levine e Edgar, 1995).

Igualmente, as interações entre mães e filhos com dificuldades de aprendizagem na realização de tarefas refletem menor responsividade e menor adaptação de sua comunicação às demandas da tarefa do que nas interações entre mãe e crianças normais. A comunicação nas diferentes tarefas variou muito pouco nas interações com as crianças com dificuldades de aprendizagem; em troca, a variação era grande nas interações com as crianças normais (Lyytinen et al., 1995). As interações entre pais e filhos é um campo com muitas possibilidades de análise, embora seja complexo e de difícil utilização pelos profissionais da educação como professores (Majoney, Spiker e Boyce, 1996), se bem que seja mais fácil mediante às técnicas escalares (Munson e Odom, 1996).

## LIMITES E SUPERPOSIÇÕES: UMA REFLEXÃO ADICIONAL

Os estudos de subtipos permitiram identificar grupos homogêneos de dificuldades de aprendizagem, embora muitas perguntas continuem sem resposta.

Quando se tentam delimitar essas dificuldades em relação a outros problemas, a questão se complica, pois ocorrem certas superposições e diluição de limites nos extremos de outras dificuldades, como o TDAH, o autismo de alto nível de funcionamento e/ou o transtorno de Asperger (Myles, Simpson e Becker, 1995), ou mesmo com a inclusão ou não dos NLD* (Rourke e Tsatsanis, 1996) dentro ou fora das dificuldades de aprendizagem, ou com o fracasso escolar em geral, ou com os "sujeitos com baixos níveis de aprendizagem" ou com os que obtêm rendimentos escassos *(low lerners or underachievement)* por motivo não bem-definido e que dá lugar à grande confusão ao não utilizar critérios administrativos precisos e generalizáveis por todos (Ross, 1995), ou as crianças com dotação superior ou talentos com dificuldades de aprendizagem, como o caso que Moon e Dillon (1995) descrevem de um menino superdotado nas áreas verbais, mas com dificuldades de aprendizagem em matemática e com problemas crônicos de saúde (apud Palomo, 1997).

Uma amostra da preocupação recente por esse tema é o livro de Schopler e Mesibov (1995) sobre dificuldades de aprendizagem em pessoas autistas.

Nessa mesma linha, deve ser feita uma diferenciação entre as *dificuldades de aprendizagem como entidade independente* das *manifestações por efeitos de outros problemas*, como o retardo mental ou algum tipo de deficiência que as crianças possam apresentar nas situações educativas, com o que se complica o quadro. Nesse sentido, iria a diferenciação de Suárez-Yáñez (1996) entre as dificuldades de aprendizagem em sentido amplo e as dificuldades de aprendizagem em sentido restrito. Minha proposta é aceitar unicamente o sentido restrito, porque o de sentido amplo acaba se confundindo com a "via final comum", defendida pelo DCB após o conceito de necessidades educativas especiais.

Da mesma maneira, questões como a diferenciação de subtipos dentro ou ao longo das dificuldades de aprendizagem são um problema que, dentro dos limites, torna difícil sua solução, como é o caso da suposta continuidade das dificuldades

---

*N. de R. NLD: *Nonverbal learning disabilities* (dificuldades de aprendizagens não-verbais).

de aprendizagem da linguagem ou disfasias e a posterior aparição das dificuldades de aprendizagem da leitura ou dislexia (Njiokiktjien, 1993, 1994).

Parece não haver dúvida de que as dificuldades de aprendizagem da leitura ou da matemática, por exemplo, são produtos da interação de fatores genéticos e ambientais (Light e DeFries, 1995), exatamente como os componentes da linguagem nas dificuldades de aprendizagem (Lyon, 1995b) ou nas dificuldades de leitura e de soletramento (Segal e Topoloski, 1995). Assim, a simplificação neste campo ou na delimitação em relação a outras entidades de dificuldades parece fora de lugar. E como as crianças com dificuldades de aprendizagem se situam entre 10 e 15% da população escolarizada e representam cerca de 50% da população que recebe educação especial (por exemplo, nos Estados Unidos), a magnitude do problema é evidente (Lyon, 1995b).

Uma diferenciação interessante é a dos alunos com dotação superior ou superdotados e que apresentam problemas de aprendizagem *(learning-disabled gifted students)* (Hannah e Shore, 1995). Hoje parece aceitável que se pode dar superposição de diagnósticos entre dificuldades de aprendizagem e retardo mental ou entre surdez e dificuldades de aprendizagem, etc., sempre que a discrepância aptidão-rendimento assim o justifique, ou que outra conceitualização o confirme, como a ausência de resposta a protocolos validados de tratamento, falando-se, neste caso, de dois transtornos, ou no caso dos superdotados, de duas situações, uma de transtorno (dificuldade de aprendizagem) e outra de aceleração do desenvolvimento (dotação superior).

De outro ponto de vista, há quem considere que o importante é a avaliação compreensiva das características dos alunos e não a preocupação demasiada com os rótulos diagnósticos, pois, no final das contas, o que existem são pessoas ou alunos diferentes. É, pois, necessário utilizar uma matriz ampla de pontos de avaliação das dificuldades de aprendizagem que ajudará na tomada de decisões (Keogh, 1994), do mesmo modo que se consideram as condições etiológicas como antecipadoras das dificuldades escolares (Keogh e Bernheimer, 1995).

Fizeram-se muitos estudos de subtipos com a finalidade de encontrar grupos mais homogêneos de dificuldades de aprendizagem, utilizando diferentes variáveis de agrupamento, tal como reunimos em outro lugar (García, 1998a). Uma ilustração desse tipo de estudos é utilizar o isolamento e o ajuste escolar como critérios de agrupamento, encontrando-se quatro subgrupos de alunos com dificuldades de aprendizagem: dois grupos sem isolamento, dentre estes um com adaptação condutual, outro com falta de adaptação externalizante; e dois grupos com grande isolamento, sendo um com grande desajuste externalizante, outro com grande desajuste internalizante (Margalit e Levin-Alyagon, 1994).

A confusão terminológica é notável em muitas ocasiões ao se mesclar, por exemplo, as dificuldades de aprendizagem graves e profundas com o retardo mental (Lancioni, 1994; Lewis, 1995; McGill e Mansell, 1995). Falar de manifestações de dificuldade escolar em alunos com transtornos diversos é diferente de falar das dificuldades de aprendizagem como entidade e campo de estudo e de aplicação, o que exige uma definição terminológica para permitir a comunicação entre os profissionais.

# O Papel da Inteligência nas Dificuldades de Aprendizagem    3

## INTRODUÇÃO

A importância deste tema para as DAs é fundamental, como mostraremos neste e no próximo capítulo (seguimos nos dois capítulos a recente revisão própria publicada em García, 2000d, 2001).

O papel da inteligência na definição e na conceitualização das dificuldades de aprendizagem vem sendo analisado praticamente desde antes da origem do campo, em 1963. Samuel Kirk já estava convencido, em seu programa fundacional de ensino da leitura para alunos com atraso na leitura, em 1940, de que estes estavam sendo incorretamente classificados dentro do retardo mental (Bos e Vaughn, 1998), postulando uma nova categoria de excepcionalidade, as DAs específicas (Gallagher, 1998) e diferentemente de outros transtornos do desenvolvimento (García, 1999), se bem que, nas duas últimas décadas – principalmente na última –, o debate se acirrou em torno da problemática da *discrepância aptidão-rendimento* ou QI-rendimento (Aaron, 1997; Fletcher et al., 1998), alguns chegando a postular (Stanovich e Stanovich, 1996) que não tem nenhuma utilidade diferenciar pessoas com autênticas DAs das que apresentam baixos rendimentos, por exemplo, na leitura, que representariam entre 60 e 80% de todas as DAs (Lyon, 1995; Wong, 1996), o que haveria de levar à busca de alternativas a partir da investigação.

O objetivo básico deste capítulo é refletir sobre esta problemática em torno das seguintes questões concretas:

1. A aceitação das definições internacionais (DSM-IV, 1994) e consensuais (NJCLD, 1988) do critério definido de discrepância para diagnosticar as DAs. Junto a isso, se dá uma inexistência de homologação terminológica entre os diferentes países. Assim, na Grã-Bretanha, as DAs são sinônimo de retardo mental (apud, por exemplo, O'Hara e Sperlinger, 1997). Na Espanha, a questão é mais

complexa, se isso é possível, ao se aceitar, desde a administração no DCB, um conceito de dificuldade de aprendizagem não-específico e distante dos usos norte-americano e canadense (Jiménez e Hernández, 1999), que se traduz em uma espécie de "via final comum" de qualquer incapacidade ou disfunção que resulta em problemas para aprender dentro do sistema educacional.

A proposta de considerar enfoques multidimensionais da *aprendizagem*, como o modelo *building blocks of learning* (Goldstein e Mather, 1998) e baseados na realidade da aula, como a "avaliação centrada no currículo" (Hargis, 1995) e da *inteligência*, como a noção de inteligências múltiplas de Gardner ou da "inteligência bem-sucedida" de Sternberg (1996), pode ser uma via adequada, que analisaremos no próximo capítulo.

2. Os dados empíricos sobre o papel discriminante dos testes de QI entre as DAs e o baixo rendimento em geral – "variedade jardim"; "necessidades curriculares especiais"; "leitores fracos"; *underachievement* – não encontram utilidade na noção de discrepância. A discrepância entre idade cronológica e rendimento não é pior do que a de QI-rendimento.

A proposta de Stanovich sobre novas formas de dificuldades de aprendizagem, como a "disracionalia" ou as possibilidades de admitir outras formas de DAs, além das puramente acadêmicas, mostra a "inconsistência" e a impossibilidade de "testar" o conceito de DA. A consideração das DAs em torno da *hipótese do continuum de problemas de linguagem* iria na busca de soluções a respeito.

A necessidade de alternativas torna a investigação obrigatória, o que tratamos neste capítulo, para abordar no próximo as alternativas baseadas na intervenção.

## PAPEL DA INTELIGÊNCIA NA CONCEITUALIZAÇÃO INTERNACIONAL E CONSENSUAL

A conceitualização internacional do DSM-IV (APA, 1994), como a denominada "consensual" pelo Comitê Nacional Conjunto para as Dificuldades de Aprendizagem (NJCLD, 1998), incluindo os avanços e a operacionalização atual (NJCLD, 1998a), inclui o *critério de discrepância aptidão-rendimento* para a identificação das dificuldades de aprendizagem, que, na maioria dos casos, se concretiza na discrepância QI-rendimento, sendo a avaliação predominante do QI pelo WISC (Wechsler Intelligence Scale for Children) para as crianças e pelo WAIS (Wechsler Adult Intelligence Scale) para os adultos.

## CONCEPÇÕES DIVERSAS DE DA SEGUNDO ÂMBITOS CULTURAIS: EVIDÊNCIA DE "CONSTRUÇÃO SOCIAL"

Essas conceitualizações representam sérios problemas, sendo a de *discrepância aptidão-rendimento* uma das que mais se põe em dúvida. Como foram realizadas uma operacionalização e uma definição em fórmulas de discrepância em diferentes países (Estados Unidos ou Canadá), muito díspares entre si (Lester e Kelman, 1997), para identificar uma pessoa com DA diante do simples rendimento escasso ou baixo, as possibilidades de receber atenção especializada em forma de educação especial é variável conforme a área geográfica ou até mesmo conforme o momento do desenvolvimento e a etapa educacional em que se encontra o aluno, como nas variações nos critérios e nas fórmulas de discrepância (Lester e Kelman, 1997), nas normas nacionais e locais (Gronna et al., 1998), e na disparidade de métodos, diagnósticos, instrumentos para a medição do QI e para a medição do rendimento, etc., com critérios diversos para a investigação, para a educação, para incluir a recepção de educação especial. Devido a "tal complexidade", chegou-se a postular a *eliminação do critério de discrepância aptidão-rendimento para a identificação de DA*, e realmente se apontava para esta solução na última operacionalização de critérios e do processo avaliador na identificação de DA do NJCLD (1998b). É curioso que, apesar desta diversidade entre Estados e desta problemática, está se dando um aumento do uso do critério de discrepância para identificar uma DA (Mercer et al., 1996).

A definição consensual de DA (González-Pienda e Núñez, 1998) não deixa de ser "política" (Kauffman, Hallahan e Lloyd, 1998), uma "construção social" (García, 1998b), mas, como diz Sleeter (1998), o que não é? Também o é nossa "Psicopedagogia" (García, 1999). O papel que é atribuído a nós, profissionais, cientistas, estudiosos do tema, é o de fazer propostas alternativas "viáveis" que permitam melhorar a qualidade de vida das pessoas que apresentam dificuldades para aprender, mas esperando que essas contribuições e esses avanços "rigorosos" e "validados" influenciem nas decisões administrativas e beneficiem todos os alunos, contribuindo na melhora da qualidade educativa e dos serviços em geral que são proporcionados a essas pessoas.

Quando se comparam conceitualizações procedentes de diferentes países, podemos fazer idéia da disparidade de posturas, das implicações que têm para a *identificação* e para a apresentação de *serviços* e soluções educacionais.

No Reino Unido, por exemplo, as *dificuldades de aprendizagem* são identificadas com o retardo mental (O'Hara e Sperlinger, 1997), pelo que não deixa de ser um eufemismo a mais, ao lado de tantos eufemismos na história da educação especial, se bem que se tenta situar dentro da nova conceitualização do retardo mental baseado na "capacidade adaptativa", o que supõe um avanço em relação ao simples QI. Mas a substituição pura e simples do nome (nominalismo) e falar de DA leves ou graves ou profundas não muda a essência do que se aborda, além de *introduzir uma nova confusão* no campo das DAs.

Na Espanha, longe da conceitualização internacional do DSM-IV ou da consensual do NJCLD (Jiménez e Hernández, 1999), entendem-se as dificuldades de aprendizagem como uma espécie de *"via final comum"* de qualquer tipo de problemas, como se apresenta no DCB (García, 1998a). Para considerar qualquer aluno como tendo necessidades educativas especiais, deve-se verificar que "não ocorre a aprendizagem adequada independentemente da causa que a produza", com o que se introduz uma *grande confusão* ao misturar o retardo mental; as deficiências visuais, auditivas ou motoras; os problemas atencionais com as DAs e o baixo rendimento ocasionado por qualquer fator, seja motivação, falta de escolaridade, "diversidade de aprendizagens", etc. Essa colocação exige uma proposta alternativa que introduza clareza e coerência no campo das DAs.

Como se pode deduzir, tanto no modelo inglês como no espanhol, ao contrário do norte-americano e do canadense, o *critério de discrepância aptidão-rendimento* não é considerado. No caso espanhol, o que se avalia é o problema na aprendizagem para receber educação especial. Na prática, costuma se traduzir em que os alunos com DA são considerados como tendo "necessidades educativas transitórias" diante das "permanentes" de outros transtornos do desenvolvimento, o que implica não receber atenção especializada em muitos casos em que necessitam.

Dada a confusão no campo e dadas as implicações para a intervenção e a educação, parece pertinente analisar primeiro o problema do critério de discrepância e a seguir propor alternativas que se estão ensaiando, mantendo a integridade da categoria de DA como uma "construção social" necessária e que se operacionaliza em forma de "princípios" (NJCLD, 1998b) em relação direta com a educação. Para o caso espanhol, propõem-se a consideração dessas alternativas e a necessidade de estabelecer uma agenda de atuações que esclareça o papel do campo das DAs e sirva de base para a tomada de decisões educativas e na criação e no desenvolvimento de serviços.

## IRRELEVÂNCIA DO QI NA DIFERENCIAÇÃO DAS DAs DIANTE DO BAIXO RENDIMENTO: DADOS EMPÍRICOS

Foi Linda Siegel que, em um artigo memorável, à luz da evidência acumulada até então, afirmou que o QI é irrelevante para a definição de DA (Siegel, 1989). O trabalho pioneiro de Ysseldyke e colaboradores, de 1982 (apud Algozzine, Ysseldyke e McGue, 1995), relacionado com a avaliação e a intervenção na área das DAs, analisando as semelhanças e as diferenças na execução psicométrica de alunos com DA e com baixo rendimento (BR), havia demonstrado, com clareza meridiana, que os testes psicométricos por si só são insuficientes para estabelecer um diagnóstico diferencial DA *vs*. BR. E isso foi repetido em grande quantidade de pesquisas. Alguns, ainda, na expressão de Ysseldyke e colaboradores (1995), pensaram que a inteligência tem relação com o tamanho do pé, em clara alusão às críticas de Kavale, Fuchs e Scruggs (1994), pondo em dúvida esses resultados e as contra-réplicas de Kavale (1995), acusando-os de tirar conclusões, guiados por considerações diferentes de como deve ser vista a educação especial, afirmando Sleeter (1998) que: "O que não é política?".

As origens do debate estão nos estudos pioneiros da Ilha de Wight de Rutter e Yule em 1975 (apud Fletcher et al., 1998, para uma revisão atualizada), nos quais se encontram perfis diferenciados entre as pessoas com *atraso específico da leitura* (specifc reading retardation: SRR) ou dislexia e os de *atraso geral da leitura* (general reading backwardness: GBR) ou aprendizes lentos. Se os que apresentam discrepância aptidão-rendimento recebem atenção especializada, por exemplo, educação especial, e os de baixo rendimento não, o problema tem conotações éticas e sociais evidentes. Este mesmo critério pode ser aplicado às pessoas com atraso na linguagem ou nas habilidades motoras, por exemplo, e igualmente não só para a leitura, como também para a escrita e o cálculo (APA, 1994). Mas os dados empíricos e os controles psicométricos não permitiram repetir esses resultados (Fletcher et al., 1998).

Isso levou à tentativa de validar, desde diferentes perspectivas, a classificação diferencial em dois grupos, os discrepantes em QI diante dos de baixo rendimento, sem resultados positivos (Fletcher et al., 1994; Satanovich e Siegel, 1994).

Fletcher e colaboradores (1994), em um *projeto de idade*, não encontraram diferenças significativas ou estas eram muito pequenas nos perfis cognitivos relacionados à leitura entre as pessoas com baixos rendimentos em leitura, fossem discrepantes quanto ao QI (DA) ou não o fossem (BR). Mais ainda, os mesmos dados foram obtidos quando se compararam os rendimentos em compreensão de leitura, cálculo matemático ou resolução de problemas matemáticos. As diferenças entre os de baixo rendimento, fossem ou não discrepantes quanto ao QI em relação aos com rendimento normal, eram grandes, e uma diferença fundamental se deu na *consciência fonológica*, à margem de que o atraso na leitura se defina em termos de discrepância com o QI (DA) ou não (BR), o que sugere, com fins de avaliação e intervenção, atuar de forma precoce e preventiva nesses processos nucleares, levando ao desenvolvimento de alternativas de avaliação e intervenção conseqüentes (Foorman et al., 1998) e ao desenvolvimento de instrumentos de detecção precoce (Scott et al., 1998a, b, c), mantendo a avaliação a cargo do *continuum* da intervenção. A identificação de DA se situaria em um segundo momento ao longo do processo e não somente antes de iniciar a educação, o que resolve o problema ético e social dos que têm direito à intervenção especializada e os que não têm, já que "todos" os alunos de risco seriam objeto de intervenção e inclusive de forma preventiva, todos os alunos dos níveis iniciais: educação infantil e séries iniciais do ensino fundamental.

Stanovich e Siegel (1994), em um *projeto de nível de leitura*, que melhora com o nível de idade, e seguindo a lógica da análise de regressão, analisam os perfis de sub-habilidades de leitura de leitores fracos com discrepância aptidão-rendimento diante dos sem. Foram comparadas tarefas fonológicas, ortográficas, de memória e de processamento da linguagem. Os resultados indicaram que as diferenças estavam fora do *módulo de reconhecimento da palavra*, e se deu apoio ao núcleo do problema no *processamento fonológico*, não ocorrendo uma relação única e específica dos perfis cognitivos que diferenciem os leitores de baixo rendimento em razão da discrepância ou não com o QI. Essa lógica comparativa não foi aplicada somente à leitura, mas a outros domínios, como a aritmética, a leitura e o soletramento de pseudopalavras, a codificação fonológica, a codificação ortográfica, a memória de trabalho, a memória de curto prazo e as várias tarefas de linguagem não-fonológicas. Tentaram-se, igualmente, diversos métodos de criação de discrepância junto ao baseado na regressão. As diferenças não foram clinicamente relevantes nem muito significativas. Nos domínios que não eram a leitura, o soletramento ou o processamento fonológico, os de BR renderam menos do que os com DA – discrepantes em QI ou QI mais alto –, como o processamento ortográfico, a memória de curto prazo e de trabalho, a aritmética e as tarefas de linguagem não-fonológicas, embora, quando se calcularam os "efeitos do tamanho" (*size effects*), tenha-se comprovado que essas diferenças eram pequenas e dependentes em parte das relações do prognóstico com o QI. A convergência de resultados também se deu nos métodos utilizados de cálculo da discrepância: uso de pontuações-padrão e métodos baseados na regressão.

A acumulação de evidências empíricas recentes levou *a propor a eliminação do critério de discrepância aptidão-rendimento na conceitualização de* DA (Aaron, 1997; Algozzine, Ysseldyke e McGue, 1995; Fletcher et al., 1998; Stanovich e Stanovich, 1996).

Fletcher e colaboradores (1998), na recente revisão sobre a validade da hipótese da discrepância ou dos grupos (D*A* vs. BR), concluíram:

> A evidência da hipótese dos dois grupos recebe pouco apoio. Estes estudos eram transversais e longitudinais, incluindo ambos os tipos de projeto: o de idade cronológica e o de igualação do nível de leitura. Os estudos que comparam discrepantes e de baixo rendimento utilizaram uma variedade de medidas de aptidão, incluindo testes de QI verbal e não-verbal. Os estudos enfocaram a leitura, mas incluíram avaliações de habilidades de decodificação e de compreensão de leitura, soletramento, cálculo aritmético e habilidades de raciocínio matemático – cinco das áreas na definição federal de dificuldades de aprendizagem.
> As outras duas áreas – linguagem oral e compreensão verbal – não são habilidades acadêmicas formais. De fato, habitualmente se propôs a compreensão verbal como uma alternativa de avaliação da aptidão nos modelos de discrepância [...]. Os transtornos da linguagem oral podem ser considerados de forma mais apropriada dentro dos problemas de linguagem e de fala. Aqui é interessante que o modelo de discrepância, a que os profissionais da fala e da linguagem se referem geralmente como de "ênfase cognitiva", foi criticado por carecer de evidência empírica a validade de separar crianças com problemas de linguagem oral com QI discrepante e não-discrepante [...] se demonstra a inexistência de evidência para a eficácia do tratamento em crianças com problemas de linguagem oral discrepantes ou não em relação às pontuações do QI. Vellutino et al. (1996) referem a inexistência de relação do prognóstico com a pontuação do QI em um estudo de intervenção de crianças com problemas de leitura (Fletcher et al., 1998, p. 196; o itálico é meu).

Aaron (1997) faz uma revisão do modelo de discrepância e das evidências até o momento em torno das hipóteses ou assunções em que se concretiza o modelo: 1) a existência de diferenças qualitativas entre os leitores fracos com e sem DA; e 2) a resposta diferencial às estratégias educacionais de remediação. A resposta de Aaron (1997) é que não se dá apoio à validade dessas duas assunções, daí que se propõe o abandono deste modelo e o apoio a um modelo alternativo denominado Modelo de Componentes da Leitura ou procedimento alternativo para o diagnóstico e a remediação dos problemas de leitura para todas as crianças nas escolas elementares.

1) Não se dá apoio à validade da assunção da existência de diferenças qualitativas entre as crianças com baixo rendimento com e sem DA. As crianças com baixo rendimento com e sem DA fariam parte de um *continuum*. Parece que as mudanças intra-individuais nas habilidades de leitura tampouco diferenciam ambos

os grupos. Inicialmente, foram estudados *critérios de diferenciação extrínsecos,* como o nível de rendimento, anormalidades na distribuição estatística, porcentagem por gênero e prognóstico educativo, que não apoiaram a diferenciação em dois grupos e o centraram em *critérios intrínsecos* em termos de componentes que constituem o processo de leitura, como são os reconhecimentos da palavra, em forma de habilidades de decodificação e de reconhecimento visual da palavra, e a compreensão (Aaron, 1997).

2) Os estudos de intervenção referentes a leitores fracos com DA em programas especiais de remediação – aulas de apoio, aulas de EE (Educação Especial), aulas de integração, apoio especial fora da aula – ou a leitores fracos com e sem DA que recebem tratamentos educacionais especiais diferenciais – comparação da eficácia da aula de integração diante de apoio, etc. – não validam a crença diferencial. Não se produz um ganho educativo maior entre os que são treinados de forma especial do que entre os que são treinados na aula de integração. A política de classificar os alunos entre os de baixo rendimento com e sem DA não se sustenta. Além disso, o fato de separá-los para o ensino, por exemplo, os com DA em aulas de EE ou de apoio, dá lugar a efeitos negativos pela limitação de experiências com a leitura ou *efeito Mateo* de Stanovich, o que leva a encontrar uma correlação negativa entre o tempo dedicado na aula de apoio e o rendimento na leitura (Aaron, 1997).

Apesar do apoio majoritário à não-diferenciação entre DA e baixo rendimento (Aaron, 1997; Fletcher et al., 1998; Scott et al., 1998a, b, c), existem alguns que argumentam e apóiam a diferenciação qualitativa nos perfis cognitivos de BR *vs.* DA (Kavale, Fuchs e Scruggs, 1994; Kavale, 1995), ou a diferenciação AD e TDAH (Prifitera e Dersh, 1993), ou a diferenciação DA e transtornos do desenvolvimento da linguagem (Rose, Lincoln e Allen, 1992). Mas essas reflexões e esses estudos ou não consideram uma análise correta dos dados estatísticos, como mostram Algozzine, Ysseldyke e McGue (1995) contra os argumentos de Kavale; ou não são tão específicos; ou faltam controles adequados ao se tratar de projetos de idade somente e não de nível de rendimento; ou se dão excessos de superposições, com o que é pouco firme a diferenciação; ou não se validam com estratégias diferentes de tratamento (Stanovich e Stanovich, 1996).

Outros estudos apóiam o argumento básico de *não-validade do modelo de discrepância.* Por exemplo, Mayes, Cahoun e Crowell (1998) não observam perfis muito diferentes com o WISC-III em alunos com e sem DA. Igualmente, Phelps (1966), mediante análise funcional discriminantes, não diferencia as crianças com DA das com TDAH em provas de rendimento e de QI – WRAML, WISC-III e WJ-R. Por outro lado, a complexidade dos perfis e das correlações entre as medidas de QI e de rendimento não proporciona dados claros a respeito (apud, por exemplo, Slate, 1994, 1995a, b, c; 1996, 1997; Slate e Jones, 1995). O mesmo encontram Smith e Smith (1998), além de aparecerem problemas de medição, pois se observam diferenças entre o WISC-III e o WISC-R, com pontuações mais baixas na última revisão, o WISC-III (Slate, Jones e Saarnio, 1997). Se o QI é o critério de discrepância utilizado para a identificação de uma DA, mas sua medida *é instável* ao longo do tempo, como, por exemplo, o WISC-R (Bauman, 1991; Carlton e Sapp, 1997; Bolen et al., 1995), que *validade* tem essa discrepância? Então, melhor não usá-la para o diagnóstico de DA. Ocorrendo uma grande complexidade das relações entre as provas de rendimento e o WISC-III (Gridley e Roid, 1998), *como tomar uma decisão única sobre a discrepância...?* E este dado se confirma invariavelmente. Por exemplo, o WISC-III dá pontuações mais baixas que o WISC-R (Saap et al., 1997). Ou, por exemplo, a análise de perfis do WISC-III (por exemplo, o SCAD) não é um indicador diagnóstico válido nem um previsor importante do rendimento acadêmico (Watkins et al., 1997).

Na Espanha, Jiménez González e García Espinel (1999) demonstram que o critério baseado na discrepância QI-rendimento não parece ser relevante para a diferenciação entre as crianças com DA em matemática e as de baixo rendimento em matemática ou de variedade jardim. O mesmo achado é feito em relação às dificuldades de aprendizagem da leitura (Jiménez e Rodrigo, na imprensa). Isso confirma a linha de Linda Siegel, que se reafirma em suas colocações iniciais para o caso das dificuldades de aprendizagem em universitários (Siegel, 1999).

Os estudos sobre as *bases neurobiológicas* não encontraram, até o momento, validade na diferenciação entre alunos com "variedade jardim" e com DA (discrepantes) (Bigler, Lajiness-O'Neill e Howes, 1998). Nesta revisão de estudos com as diferentes técnicas neuropsicológicas, como a tomografia computadorizada, as imagens de ressonância magnética, as técnicas de imagens metabólicas, as eletrofisiológicas, o EEG computadorizado, os potenciais evocados, os potenciais evocados relacionados a sucessos, a análise de EEG ou a tomografia por emissão de positrons, *não se apóia a validade da hipótese dual* de baixo rendimento em discrepantes diante dos não-discrepantes. Encontraram-se, sim, irregularidades e anormalidades nas pessoas com DA, mas nenhuma pesquisa sistemática demonstrou anormalidades que apóiem o diagnóstico específico e diferencial (Bigler et al., 1998).

Por outro lado, as *diferenças individuais* entre as pessoas com DA são grandes ao nível *cognitivo,* como a inteligência, a memória, a percepção ou a linguagem, postulando-se a identificação de subgrupos e a busca de pontos fortes e fracos dentro desses domínios e sua relação específica com o desempenho acadêmico (Feagans e Merriwether, 1993).

Brownell e colaboradores (1993), em um estudo que analisava as diferenças na aprendizagem e na transferência da aprendizagem entre alunos com problemas de aprendizagem discrepantes (DA) e não-discrepantes (BR), utilizando tarefas de solução de problemas e avaliação dinâmica, obtêm diferenças de resultados inconsistentes. Quer dizer, não há diferenças entre os alunos com DA e com BR, o que acumula dados contra o modelo de discrepância.

Em adultos com DA, o problema se complica, e é preciso buscar alternativas para o WAIS-R (Hishinuma, 1998).

Como muito bem se afirma, os testes servem para os psicólogos, mas não para guiar os problemas de aprendizagem (Niemi e Tiuraniemi, 1995).

## PROBLEMAS QUE ORIGINAM A APLICAÇÃO DA DISCREPÂNCIA APTIDÃO-RENDIMENTO

Um problema grave que origina a discrepância aptidão-rendimento, à parte da problemática já recolhida de *subidentificação* ou *superidentificação* de DA segundo se ache o QI nos níveis baixos ou altos, é o relacionado com a idade em que se produz a identificação, que costuma ser em torno dos 10 anos, quando a "discrepância" é clara. Isso implica que os melhores anos em que a eficácia do tratamento é maior ficam relegados, daí que as propostas de se basear no núcleo do problema, por exemplo, o processador fonológico, e nos fatores de risco e intervir de forma preventiva e precoce parecem uma alternativa digna de consideração, e isso inclusive "antes" de se falar de DA (Fletcher et al., 1998).

A crença de que comparar pontuações de dois instrumentos dará lugar a dois grupos de alterações é baseada em dados instáveis – pouca estabilidade temporal – para a classificação (Bauman, 1991), centrados nos extremos da distribuição que, com o tempo, pode refletir o fenômeno de regressão para a média, agravado com as baixas de pontuação no QI da revisão anterior – WISC-R – diante da atual – WISC-III – (Bolen et al., 1995; Carlton e Sapp, 1997). É possível que se possa identificar crianças com DA com base no critério de discrepância, mas de nenhum modo pode-se classificá-las, pois nada garante que as crianças não-incluídas conforme o critério de discrepância e que apresentem problemas de baixo rendimento sejam diferentes acadêmica ou cognitivamente. Do mesmo modo, não existe nenhuma utilidade para a intervenção (Fletcher et al., 1998). Os alunos com DA ou com BR se situam, academicamente, ao longo de um *continuum*, e estabelecer qualquer ponto de corte é completamente arbitrário. O foco deve ir não na identificação ou na classificação, seja ao nível dos perfis cognitivos ou ao nível de habilidades acadêmicas estabelecidas ao longo de um *continuum*, mas na prevenção e na intervenção precoce, sendo o núcleo do problema o que haverá de ser objeto da mesma, como mostram de forma eficaz os estudos de Foorman e colaboradores (1998) ou de Scott e colaboradores (1998a, b, c).

Outro problema importante é a pouca utilidade do critério de discrepância para a classificação de adultos com DA (Fletcher et al., 1998).

Não é estranho que o Board of Trustees of the Council of Learning Disabilities em 1986 desenvolvesse um manifesto, opondo-se ao uso de fórmulas de discrepância para a identificação – a única coisa realmente válida do critério de discrepância segundo Fletcher e colaboradores (1998), e não a classificação ou a intervenção – de pessoas com DA (García, 1998a, p. 19).

Os problemas originam o *conceito de aptidão geral*, em forma de fator "g" ou de "QI", diante das habilidades cognitivas específicas (McGrew et al., 1997); os tipos de inteligência, como as múltiplas de Gardner ou a bem-sucedida de Sternberg (1996); os tipos de medição do QI que dão lugar a resultados de identificação diferentes e a medidas de intervenção diferentes, como a nova versão WISC-III diante da anterior WISC-R em que diminuem as pontuações e, portanto, apresentam "maiores déficits" (Ackerman et al., 1995; Lyon, 1995). A crença de que o fator "g" ou o QI é uma medida do "potencial" não é sustentável. A medição do potencial e a concordância do rendimento de acordo com este potencial são de uma complexidade tal que não parece válida essa aceitação da discrepância (Stanovich e Stanovich, 1996). Uma ilustração é de grande interesse: o caso das crianças hiperléxicas, ou crianças com retardo mental que dominam o código e podem ter sérios problemas com a leitura – pelas dificuldades de compreensão. Como alternativa, pode-se buscar um déficit específico nos processos fonológicos e, quando encontrado, se falaria de DA, e, quando não, embora ocorressem problemas de aprendizagem, se falaria de BR (Stanovich e Stanovich, 1996). Igualmente, seria possível postular DAs específicas diversas, seguindo a analogia com a leitura, com a escrita e com a matemática, se, em nível social, se considerasse suficientemente relevante e generalizado para incluí-lo como DA, tais como as DAs nas habilidades sociais – esta categoria inclui a definição canadense (Wong, 1996) –, nas motoras – isto inclui o DSM-IV, embora se afaste das DAs –, na música – ? –, na arte –? –, na história – ? –, na linguagem – isso já se observa, se bem que se costume considerar dentro dos Transtornos da Comunicação –, na memória – ? –, na metacognição – ? –, etc. Isso nos leva a um acúmulo enorme de problemas, sem considerar a diversidade de conceitualizações conforme os países – no Reino Unido, DA: retardo mental; na Espanha, o não-rendimento significativo e que precisa de recursos "extraordinários", o que seria uma necessidade educacional especial. Stanovich e Stanovich (1996) chegam, inclusive, a propor o conceito de *dysrationalia* ou problema de racionalidade em relação à inteligência como sendo muito mais útil (ironicamente). Transformar os estudantes de todos os níveis em pessoas mais racionais parece um objetivo mais útil do que o que desenvolve um suposto potencial geral, como o QI, que tem pouco a ver com a preparação para a vida. Mediante a análise dessa suposta nova DA, põem-se em evidência as incoerências a que dá lugar o modelo de discrepância.

O *conceito de rendimento* é diverso, seja o que dá os testes, seja o que se obtém das classificações dos professores, o mesmo que o de QI e mais o de inteligência. Isso pode dar lugar ao uso de fórmulas muito diferentes para determinar a discrepância aptidão-rendimento (Berninger e Abbott, 1994). A insuficiência do uso de pontos de corte no rendimento são dados que abundam na invalidade do modelo de discrepância aptidão-rendimento para crianças e menos ainda para adultos (Fletcher et al., 1998).

Os dados procedentes da genética da conduta, embora apóiem os fatores genéticos do atraso na leitura ou na matemática (Gayán et al., 1999; Knopik, Alarcón e DeFries, 1997), não encontram diferenças entre os discrepantes e os não-discrepantes com a inteligência (DeFries e Alarcón, 1996; DeFries e Light, 1996).

É nula a utilidade do conhecimento da discrepância para a intervenção e a educação com os alunos com baixo rendimento sem DA diante dos com DA, que representam os mais baixos dentro do *continuum* de baixo rendimento em uma sala de aula, escola, área geográfica, estado, comunidade, país, etc, ao não se dar diferenças qualitativas com base nas provas psicométricas, e ao se observar muitas áreas de sobreposição. Os esforços deverão focalizar-se nas variáveis educativas relevantes e na educação dos alunos que fracassam nas escolas (Algozzine et al., 1995).

Os problemas para a intervenção (Spear-Swerling e Sternberg, na imprensa) são de uma gravidade enorme. O fato de que uma pessoa receba educação especializada ou não depena de que ocorra discrepância com seu QI é de uma grande injustiça e não vem avalizado por dados de pesquisa. A proposta de modelos baseados no *desenvolvimento dos componentes específicos* parece uma via adequada dirigida a todos os alunos e de forma preventiva aos com risco de ter problemas de aprendizagem, além da separação entre discrepantes (DA) e não-discrepantes (BR) (Spear-Swerling e Sternberg, na imprensa).

A intervenção psicopedagógica nas pessoas com DA é a via adequada (Santiuste e Beltrán, 1998), como se ilustra desde o enfoque estratégico, tanto para alunos com DA como para os sem, e naturalmente de uma grande eficácia nas pessoas com baixos rendimentos (BR). As adaptações de acesso também são uma via de grande interesse (Álvarez et al., 1999).

## ALTERNATIVAS DE AVALIAÇÃO PARA O CRITÉRIO DE DISCREPÂNCIA

Há maneiras "suaves" de resolver os problemas da discrepância aptidão-rendimento ao buscar fórmulas que minimizem o erro e que tenham máxima validade discriminante (Berninger e Abbott, 1994), mas mantendo a idéia da discrepância. Agora, o realmente interessante são as alternativas que propõem substituir o QI ou substituir a medição do rendimento e centrá-lo em "avaliações autênticas" ou "reais" na sala de aula, e inclusive os modelos completos que implicam a avaliação e a intervenção em enfoques do desenvolvimento ou de componentes específicos, ou modelos causais, para chegar a alternativas que consideram a "validade do tratamento ou do ensino" como critério decisivo para identificação de uma DA.

Algumas alternativas se baseiam na *substituição do QI* por outras medidas, como a compreensão verbal ou a idade cronológica (Fletcher et al., 1998; Stanovich e Stanovich, 1996); medidas de potencial (Carver e Clark, 1998); medidas para a obtenção de discrepâncias intracognitivas e intra-rendimento (Mather, 1993); medidas clínicas (Frederiksen e Reason, 1995) ou medidas alternativas da inteligência, como a bem-sucedida de Sternberg (1996), a emocional de Goleman (1995), as inteligências múltiplas de Gardner ou o PASS de Das e colaboradores (Das, 1987; Das e Abbott, 1995; Das et al., 1995; Kirby, 1991; Naglieri e Das, 1997; Naglieri e Gottling, 1997), sendo este último um modelo completo de avaliação e intervenção.

Igualmente, a proposta de modelos ou de *componentes* é de grande interesse, pois supõe uma alternativa completa ao critério de discrepância aptidão-rendimento (por exemplo, os modelos baseados no desenvolvimento para compreender e identificar uma DA, como o caso de Spear-Swerling e Sternberg [1994, na imprensa] em relação à leitura, postulando um modelo de componentes que explicam problemas em diferentes níveis, sem considerar em nada o QI). O *modelo causal* de leitura e de compreensão verbal de Carver e Clark (1998) determina igualmente quatro escalões organizados hierarquicamente para explicar os problemas de decodificação e de compreensão da leitura.

A proposta de avaliar diretamente o componente nuclear ou os processos fonológicos, o que permite intervir de forma precoce, é de grande interesse (Scott et al., 1998a, b, c).

Outras alternativas mais radicais se focalizam na *intervenção* ou na *educação*, sendo esta educação a que proporciona as chaves para a determinação das DAs, como conceito de resposta a protocolos validados de tratamento (Berninger e Abbott, 1994) ou a noção de enfoque validado de tratamento em torno das medidas baseadas no currículo (Fuchs e Fuchs, 1998).

## DISCREPÂNCIA COMPREENSÃO VERBAL-RENDIMENTO

Com o fim de atenuar os problemas originados pelo QI foi proposta sua substituição, na hipótese de discrepância, pela *compreensão verbal*, baseando-se em uma discrepância significativa entre o rendimento e a compreensão verbal (Fletcher *et al.*, 1998; Stanovich e Stanovich, 1996). Esta substituição não parece ter utilidade, posto que não diferencia claramente os grupos discrepantes – seja conforme o critério de regressão ou seja com o critério de corte mais o de regressão – dos não-discrepantes com baixos rendimentos nos perfis cognitivos (Fletcher et al., 1994). Além disso, esse estudo detecta uma superidentificação quando se utiliza este critério de discrepância compreensão verbal/compreensão da leitura.

Essa medida, dentro de um modelo causal hierárquico de leitura (*reading*) e de compreensão verbal (*auding*), é utilizada de forma sofisticada por Carver e Clark (1998), com uma lógica promissora e sugestiva.

## DISCREPÂNCIA IDADE-RENDIMENTO

Diante dos problemas ocasionados pelo critério de discrepância aptidão-rendimento, Linda Siegel tinha proposto, em 1988, a utilização, simplesmente, de um critério de corte ou, o que dá na mesma, baseá-lo no rendimento em relação ao esperado pela idade cronológica (Fletcher et al., 1998) sem considerar o potencial cognitivo. A vantagem desta definição, baseada no baixo rendimento, de se parecer com a de retardo mental, é puramente dimensional, podendo considerar que haja ainda QIs mais baixos neste grupo e deixando de fora as pessoas com QI alto, mas discrepantes. Além disso, podem surgir outros problemas com estas definições centradas no baixo rendimento (Fletcher et al., 1998). As pessoas com QIs altos mas "discrepantes", porque rendem abaixo de sua capacidade no nível do grupo de idade, ficariam sem ser identificadas, mesmo se utilizando avaliações específicas de domínio que não detectam capacidade geral superior. O problema com o QI baixo e problemas de rendimento é sua distinção do retardo mental. Se o ponto de corte se estabelece em 80 ou 75, ou até mesmo 70, sabemos que é puramente arbitrário, portanto é recomendável a utilização de dimensões de adaptação (melhor do que o QI) para sua diferenciação, de acordo com a nova definição de retardo mental da AAMR e integrada no DSM-IV, baseada na adaptação

(García, 1999). Isso permitiria classificar como DA com QI baixo diante do retardo mental leve se fossem cumpridos os critérios – além do mais – de deficiências em pelo menos duas áreas adaptativas: comunicação, cuidado pessoal, vida doméstica, habilidades sociais/interpessoais, utilização de recursos comunitários, autocontrole, trabalho, lazer, saúde e segurança e não só as habilidades acadêmicas funcionais – critérios do DSM-IV. O problema da gravidade dos problemas acadêmicos é palpável em relação à consideração da idade cronológica. Desde a análise da avaliação centrada no currículo, por exemplo, Hargis (1995) comenta de forma gráfica como em cada grupo de idade ou "grupo-classe" podem estar coexistindo pelo menos três níveis evolutivos diferentes: um terço que se ajusta ao nível médio da classe e acompanha bem o ritmo; um terço que "se chateia" porque está acima; e um terço que não o alcança, acumulando atrasos, frustrações e problemas acadêmicos e pessoais. A única solução que o sistema educacional determinou é a cama de ferro de Procrustro: quem não cabia de ponta a ponta era "estirado" e quem sobrava era cortado com um machado (Hargis, 1995). A proposta para compreender a gravidade seria considerar o problema de forma contínua e como a classificação dimensional de transtornos em medicina – hipertensão, obesidade, etc. –, aplicando-o ao rendimento acadêmico, e basear a decisão no nível da intervenção. Haveria de intervir quando houvesse risco de problemas e não se já fomos capazes de diagnosticar uma DA ou um BR, que, por outro lado, seria muito difícil fazer antes da 5ª série do ensino fundamental (Fletcher et al., 1998). A intervenção educacional não pode esperar pelo diagnóstico, deve-se adiantar e proporcionar a todos os alunos, e em especial aos de risco, educação nos processos fonológicos e nos componentes da aprendizagem do domínio de que se trate.

## "DISRACIONALIA": UMA ILUSTRAÇÃO HIPOTÉTICA DE "INCONSISTÊNCIA"

Stanovich e Stanovich (1996), que haviam proposto o conceito de compreensão verbal, ou o de idade – ponto de corte absoluto no rendimento –, para substituir o QI dentro do modelo de discrepância, propõem o conceito de racionalidade, apesar de algumas objeções a resolver. Segundo eles, a respeito da racionalidade, pode-se dizer que:

1. Poderia ser medida de forma operacional.
2. Podem-se desenvolver provas padronizadas de racionalidade com tarefas relativas à solução de problemas; ao uso de informação com probabilidade; à detecção de co-variação; ao isolamento de variáveis; à detecção de in-

consistência nas crenças; ao uso de estratégias de falsificação; à coordenação de teoria e evidência. Algumas destas já estão sendo desenvolvidas.
3. É certo que algumas das DAs se relacionam com problemas escolares, mas outras não (habilidades sociais, compreensão verbal, raciocínio, etc.). O mesmo ocorreria com a *racionalidade*.
4. A racionalidade, assim como as habilidades sociais, o raciocínio ou a compreensão verbal, é básica e fundamental para o funcionamento em uma grande variedade de áreas, incluindo os meios acadêmicos – muito mais no nível universitário.
5. Não seria maior a superposição com a inteligência do que a que ocorre com a compreensão verbal, por exemplo. Por que não explorar as dissociações da racionalidade com a inteligência?
6. O fato de que a disracionalidade não tenha sido citada em nenhuma das definições não é diferente de vários dos pressupostos em que se baseia a concepção atual de DA – no resultado de influências extrínsecas; intrínseco ao indivíduo; devido à disfunção do SNC –, mas com a grande vantagem de que não é um conceito confuso e que seria elaborado a partir da pesquisa atual e futura.
7. Não é importante o nível absoluto de racionalidade, como não era da discrepância do QI. As discrepâncias racionalidade/inteligência ou *disracionalia* se referem a aspectos importantes e seguem a analogia de outras "discrepâncias".

Deste mesmo modo, os problemas do modelo de discrepância, ao se analisar esta "nova" DA, levam ao conceito de DA para a *incoerência*, para a conclusão de que o conceito de DA é instável (Stanovich e Stanovich, 1996). A insustentável diferenciação entre o BR e as DAs no caso da leitura – em que há maiores e mais claras evidências – sugere considerar o atraso na leitura em um *continuum* de *transtornos do desenvolvimento da linguagem* (Stanovich e Stanovich, 1996).

## FÓRMULAS QUE MINIMIZAM O ERRO

O uso de critérios consensuais permite a comunicação e a comparação de resultados, como foi na linha dos estudos de subtipos; nos estudos de perfis do WISC-R ou sobre as funções psicológicas e habilidades do desenvolvimento relacionadas e critérios de discrepância respectivos (Berninger e Abbott, 1994); nos perfis neuropsicológicos, como os de Rourke e colaboradores (Rourke e Fuerst, 1996) – entre DAs verbais e não-verbais – ou nos de Bakker e colaboradores

(1991) de dislexia tipo P e tipo L.* Mas isso não supõem nenhum apoio à validade do modelo de discrepância.

Os estudos genéticos (DeFries e Alarcón, 1996; DeFries e Light, 1996; Pennington, 1995), ou os modelos causais (Frith, 1995), ou os de superdotados, DA e metacognição com problemas de aprendizagem e não em metacognição, não validam, porém, o modelo de discrepância, nem sequer com fórmulas mais sofisticadas que minimizem o erro.

Uma via "doce" para superar os problemas do modelo de discrepância é depurar e aperfeiçoar o tipo de fórmulas de discrepância a ser utilizado. Nesse sentido (Berninger e Abbott, 1994; etc.), é possível falar de quatro grandes tipos de fórmulas: 1) o desvio do nível de grau; 2) as fórmulas de expectativa entre o resultado esperado a partir do nível de grau e o resultado observado no nível de grau; 3) as diferenças de simples pontuações-padrão ou critérios de corte nos níveis de rendimento; e 4) a análise de regressão-padrão, que considera as correlações das pontuações com a credibilidade da prova para controlar a "regressão à medida". Esse tipo seria o mais adequado e o que apresenta menos erros e problemas de medição. Mas até mesmo esta "dulcificação" não pode satisfazer, como muito bem se conclui das revisões teóricas de Aaron (1997), de Fletcher e colaboradores (1998), de Stanovich e Stanovich (1996) ou até mesmo da afirmação radical de Spear-Swerling e Sternberg (1994, na imprensa), considerando o conceito de DA fora do tempo atual, já fazendo parte da história da ciência.

A identificação baseada nos componentes da leitura é mais eficaz do que a baseada no modelo de discrepância (Schuerholz et al., 1995).

## DISCREPÂNCIAS INTRACOGNITIVA, INTRA-RENDIMENTO, INTERMEDIDAS

As discrepâncias aptidão-rendimento só representam um tipo de discrepância entre as muitas possíveis, como as intracognitivas, as intra-rendimento ou as intermedidas (Mather, 1993).

Falar de discrepâncias nos leva imediatamente a nos perguntarmos de que tipo? Entre quais medidas? Como a discrepância seria entre a aptidão e o rendimento, a complexidade vem dos dois âmbitos, tanto do constructo que se empregue como da medida ou das medidas concretas que se utilizem.

---

*N. de R.T. Dislexia tipo P e tipo L: P = perceptiva; L = lingüística (VanHout, Anne. *Dislexias*. Porto Alegre: Artmed, 2001).

A partir do âmbito da *aptidão* poderia se definir a *inteligência* como não sendo a mesma coisa que o QI – verbal, manipulativo, total – nem a medida que se utilize, seja o WISC-R – menos estrito –, seja o WISC-III – mais estrito —; que as inteligências múltiplas de Gardner e as medidas que se utilizem e suas regras; que a inteligência bem-sucedida de Sternberg com seus 20 indicadores e suas medidas; que a "solução de problemas" e suas medidas; que a compreensão verbal e suas medidas; que a "racionalidade" de Stanovich; que o PASS de Das; que a avaliação dinâmica – autêntica, do potencial de aprendizagem ou interativa – diante da estática; que até mesmo a idade cronológica pura e simples como uma medida da maturidade neurobiológica – também submetida a diferenças individuais importantes. Nesse sentido, utilizou-se a discrepância "aptidões do DAS-rendimento", embora não se obtivessem resultados claros (Shapiro et al., 1995). Utilizou-se também como alternativa no conceito de estratégia de aprendizagem (Sovik et al., 1994; 1996) com perspectivas mais esperançosas e possível explicação da discrepância QI-habilidades básicas. Isso leva, logicamente, a uma intervenção centrada nas estratégias – por exemplo, na produção de textos.

Desde o outro pólo, o do rendimento, há muitos constructos para sua medição. Não existe uma única maneira de abordá-lo. O uso de diferentes testes não é o mesmo que a observação direta do rendimento em sala de aula; que as provas e os exames – muito distintos uns do outros – de professores. Não é indiferente tampouco a área ou as áreas que se avaliem: a leitura – oral, compreensiva –, a escrita – grafismo, planejamento –, a matemática – solução de problemas, mecânica, compreensão verbal; e até mesmo as habilidades sociais ou outras áreas específicas de domínio.

Dessas reflexões, o que se pode reiterar de novo é a necessidade de buscar alternativas para o critério de discrepância (Shaw et al. 1995). Shaw e colaboradores (1995) propõem uma interpretação operacional em quatro níveis de definição de DA ao longo de todo o ciclo vital. No nível I, são analisadas as *discrepâncias intra-individuais*, dentro das quais se analisam as dificuldades significativas em alguma área e os relativos pontos fortes em muitas áreas. No nível II, são examinadas as *discrepâncias intrínsecas ao indivíduo*, seja ao nível de alguma disfunção do SNC, seja pela existência de problemas no processamento da informação. No nível III, são examinadas as *considerações relacionadas*, como as habilidades sociais, as aptidões físicas e as aptidões sensoriais. E no nível IV, são examinadas as *alternativas explicativas da dificuldade de aprendizagem*, como os transtornos primários diferentes da DA, as influências econômicas, ambientais ou culturais, ou o ensino inadequado ou inapropriado.

Dada a complexidade deste modelo dual ou da discrepância aptidão-rendimento, parece mais acertado eliminá-lo e basear-se em outros modelos que tenham validade, por exemplo, no tratamento.

## CONSIDERAÇÃO DA AVALIAÇÃO INTERATIVA, AUTÊNTICA E DINÂMICA

A não-validade da hipótese dual ou do modelo de discrepância também é apoiada com o uso da *avaliação dinâmica* – pré-teste, treinamento, manutenção e transferência, manutenção demorada, etc. – ou centrada no treinamento do potencial de aprendizagem ou da zona de desenvolvimento proximal de Vygotsky, como mostram Brownell e colaboradores (1993). O uso alternativo da avaliação dinâmica sem o modelo de discrepância parece uma alternativa a ser explorada. Nesse sentido, Swanson (1993) considera que a discrepância, segundo a avaliação dinâmica, deve ser conceitualizada entre todas as provas padronizadas e não-padronizadas comparadas sob condições favoráveis e não-favoráveis.

Cisero e colaboradores (1997) desenvolveram um sistema de avaliação acadêmica computadorizada (*cumputer-based academic assessment system*, CAAS) como técnica diagnóstica de identificação de dificuldades específicas de leitura em alunos universitários. O sistema avalia componentes de habilidades de leitura em velocidade e precisão de execução. Os componentes foram extraídos da teoria cognitiva da leitura e da matemática, desde os níveis elementares. O processo de participação de componentes é o seguinte: em primeiro lugar, participam dois componentes prévios à leitura: 1º, a *consciência fonológica* ou habilidade para reconhecer que a fala se pode dividir em sons constituintes; e 2º, a habilidade para *identificar letras*. Esses componentes permitem à criança a descoberta do *princípio alfabético* de que as letras escritas estão representadas por sons da fala. Essa descoberta serve como base dos dois processos seguintes: 3º, a conquista das habilidades de *decodificação*; e 4º, o desenvolvimento das habilidades de *reconhecimento da palavra*. Nos bons leitores, o reconhecimento da palavra se faz de forma rápida e automatizada – liberando a memória de trabalho. A seguir, no 5º, se *ativa o significado das palavras ou dos conceitos*, também de forma automática e rápida. A memória de trabalho fica livre para reter, ao mesmo tempo, a palavra e o significado, que é essencial para o funcionamento do último e 6º componente: o *processador semântico*. Neste último componente, são essenciais os conhecimentos prévios e o processamento estratégico e metacognitivo. A versão para adultos em leitura não inclui a consciência fonológica, ao ser oral. Os dados apóiam a *validade* do CAAS (Cisero et al., 1997), como sistema de avaliação para o diagnóstico válido de leitura, para a diferenciação entre grupos, para o estabelecimento de padrões na teoria das dificuldades de leitura (cognitiva); para a coleta de indicadores com problemas específicos da leitura. Seu enfoque é na eficácia dos esforços de intervenção baseados no CAAS, apresentando vantagens sobre os procedimentos diagnósticos tradicionais, como rapidez, comodidade, precisão na coleta de dados, motivação, auto-aplicação, prescritivo para educação.

A eficácia da *avaliação dinâmica*, que inclui a medida inicial – estática –, e a que se obtém com treinamento – zona de desenvolvimento proximal –, ou a que, às vezes, se denominou como a *estratégia de medir os limites*, ou a ênfase na avaliação da facilidade de transferência das aprendizagens, parece de grande interesse também como alternativa para o modelo de discrepância (Day et al., 1997), embora contenha também elementos discutíveis (Frisby e Braden, 1992). De certo modo, posto que se treina para melhorar a própria avaliação, ou se treina para melhorar as possibilidades de aprendizagem e de resposta na própria avaliação, está relacionado aos enfoques de "validade do tratamento", ou às aplicações da avaliação centrada no currículo que implica "treinar o teste", ou, se se prefere, se treinam as tarefas curriculares e estas mesmas tarefas servem para a avaliação, tentando achar a vinculação entre a tarefa e o aprendiz (Hargis, 1995).

Como se baseia na avaliação direta da área de conteúdo específico e principalmente da execução – diante da competência –, e se supõe que a competência se refere a constructos teóricos que devem ser medidos, enquanto a execução se refere mais diretamente ao currículo ou ao que "realmente" se ensina na aula, estão se propondo enfoques denominados *avaliação autêntica* (Karge, 1998), que representariam uma alternativa ao modelo de discrepância. A avaliação autêntica é centrada em amostras "reais" de escrita de alunos com dificuldades de escrita que se implementam dentro da programação educacional da aula. A coleta de dados ocorre dentro da atividade da aula, com amostras autênticas, e serve para guiar e melhorar a própria prática educativa, desenvolvendo recursos de melhora, como os componentes efetivos de ensino, o uso de mapas conceituais, "*webs*", dispositivos mnemônicos (Karge, 1998).

A *avaliação interativa* seria o nome que engloba todas essas avaliações alternativas e que oferece um grande interesse como alternativa de avaliação e de intervenção para as pessoas com problemas de aprendizagem (Haywood, 1992; Haywood, Brown e Wingenfeld, 1990; Haywood e Tzuriel, 1992; Haywood e Wingenfeld, 1992).

Alternativas diretamente relacionadas à intervenção também foram propostas na *avaliação dos grupos cooperativos* para alunos com dificuldades (Pomplum, 1996). Esse tipo de proposta se integra dentro de modelos educacionais que podem ser de grande interesse para as pessoas com DA.

## ALTERNATIVAS PARA O QI

São muitas as alternativas já propostas para o QI. Já vimos como se propôs sua substituição pela compreensão verbal, ou pela idade, mas sobrevivendo os problemas básicos inerentes à medição do QI e ao modelo de discrepância. O que parece realmente interessante é que se temos de considerar, de certo modo, algum sentido, alguma medida de capacidade ou de inteligência, temos de nos situar além da inteligência concebida classicamente e em sua evolução (Anderson, 1999) para enfocar o problema desde a noção de que não existe uma inteligência, mas sim várias, de que não é algo estático, mas modificável e fluído, e de que depende da interação constante da pessoa com o meio, não sendo apenas algo puramente cognitivo, mas também emocional, social e cultural. Essas novas concepções implicam formas muito mais complexas e válidas de medir esse "potencial" se queremos vê-lo relacionado com as possibilidades prognósticas para a vida, mesmo reconhecendo, pelo que sabemos até agora, que os processos nucleares que participam nos domínios específicos guardam relativa independência – se assumimos a validade do enfoque modular. Assim, haveria de se falar de inteligências múltiplas ou de sete inteligências – Gardner –; de inteligência emocional (Goleman, 1995), de inteligência bem-sucedida ou equilíbrio entre a inteligência analítica, aplicada ou prática e criativa (Sternberg, 1996); ou de modelos completos que buscam a unificação da inteligência e da aprendizagem, como o PASS de Das e colaboradores.

Dada a complexidade do campo com o qual nos deparamos, e em função de o objetivo ao tratar este tema aqui ser apenas de ilustrar a simplicidade do QI e, portanto, seu caráter enganoso e inválido para o diagnóstico e parra o conceito de DA quando se aborda à luz destas novas teorias, só faremos uma breve referência ao PASS de Das e colaboradores e às características da inteligência bem-sucedida de Sternberg (1996). Se a inteligência pode ter alguma utilidade na compreensão das DAs específicas, naturalmente não o será a partir do QI; em todo caso, pode ser que, analisando a complexidade do que é a inteligência, possamos ter uma compreensão maior desta relação, que tampouco tem por que ser em torno do critério de discrepância aptidão-rendimento.

**Planejamento, atenção, processamento cognitivo sucessivo e simultâneo (PASS)**

Das e colaboradores, diante dos avanços ocorridos no campo cognitivo, propõem uma teoria da inteligência baseada na teoria PASS (Das, 1987; Das, Mishra e Pool, 1995; Das e Abbott, 1995; Kirby, 1991; Naglieri e Das, 1997; Naglieri e Gottling, 1997), que dizem que representa um enfoque alternativo à medição e ao estudo da inteligência. O enfoque se baseia em três unidades operacionais: a atenção, o processamento simultâneo e sucessivo e o planejamento. O PASS, ou o sistema de avaliação cognitiva, é um modelo de avaliação e também de intervenção, dada a conexão que supõem destes componentes com a aprendizagem escolar e sua integração no conteúdo acadêmico específico – por exemplo, na resolução de problemas verbais matemáticos. Ao mesmo tempo, fundamenta-se também desde enfoques neuropsicológicos, como o de Luria, supondo a ativação de áreas específicas cerebrais quando cada uma das unidades operacionais atua: a atenção no tronco cerebral; o planejamento no lóbulo frontal; e o processamento simultâneo e sucessivo nos lóbulos occipital, parietal e temporal. E, desde a intervenção, o programa de remediação PASS – PREP – fundamenta-se ainda em três tipos de fonte: a) os processos de controle e estrutura da memória; b) a estimulação cognitiva; e c) os conceitos vygotskianos de internalização e mediação sociocultural (Das e Abbott, 1995). A conexão avaliação e intervenção também existe pelo treinamento relacionado com o currículo (*bridging*), além do treinamento no "processamento global" (Das et al., 1995). Uma combinação da intervenção global e relacionada com o currículo (*bridging*) parece que é a que produz maiores progressos na aprendizagem (Das et al., 1995). É como denominam o programa de remediação do PASS – PASS Remedial Program: PREP –, que se aplicou à leitura e à matemática.

Embora se aspire que a teoria PASS esteja na base das causas das DAs (Kirby, 1991), parece demasiadamente pretensiosa, e sabemos hoje que a realidade é bem mais complexa. No entanto, é de interesse recolher um sistema alternativo, baseado em constructos teóricos sólidos, para a medição do QI. Além do mais, tem, atrás de si, um desenvolvimento educacional de grande interesse e eficácia.

### Características da inteligência bem-sucedida

São amplamente conhecidas as críticas tão agudas e corretas de Sternberg à concepção da inteligência baseada no QI, à suposta independência das medidas de QI do meio cultural e social, ao valor prognóstico de medidas desse tipo com fins acadêmicos ou profissionais ou para a vida, à natureza única da inteligência e à forma massiva do uso de testes de QI, como as escalas Weshler – construídas nos anos 50 e com pretensões de validade "quase para todos". Como o modelo de discrepância se baseia na medida do QI – e no WISC, por exemplo, com quase meio século de existência – como suposta medida do "potencial para aprender", como já vimos antes, seu uso parece pouco válido com os problemas de inconsistência, de falta de estabilidade ao longo do tempo, de pontuações mais baixas à medida que se atualizam os baremos, etc.

| *Características da inteligência bem-sucedida de Sternberg* |
|---|
| *As pessoas com inteligência bem-sucedida* |
| 1. Se automotivam.
2. Aprendem a controlar seus impulsos.
3. Sabem quando perseverar.
4. Sabem como tirar o máximo proveito de suas habilidades.
5. Traduzem o pensamento em ação.
6. Orientam-se para o produto.
7. Completam as tarefas e chegam ao final.
8. Têm iniciativa.
9. Não têm medo de se arriscar ao fracasso.
10. Não deixam para amanhã o que podem fazer hoje.
11. Aceitam a repreensão justa.
12. Fogem da autocompaixão.
13. São independentes.
14. Tratam de superar as dificuldades pessoais.
15. Centram-se e se concentram em alcançar seus objetivos.
16. Não tratam de fazer demasiadas coisas ao mesmo tempo, nem de fazer demasiado poucas.
17. Têm capacidade para adiar a gratificação.
18. São capazes de ver, ao mesmo tempo, a floresta e as árvores.
19. Têm um nível razoável de autoconfiança e acreditam em sua capacidade para alcançar seus objetivos.
20. Equilibram os pensamentos analítico, criativo e prático. |

Fonte: 1996, p. 263-280 (elaboração própria).

A ilustração das características da inteligência bem-sucedida, tão longe do simples QI, sugere que, para manter o modelo de discrepância, seria necessário calcular muitas delas, por exemplo, até 20 delas só se baseando nas características da inteligência bem-sucedida, sem contar as discrepâncias intra, e ainda sem considerar a complexidade da medição das áreas específicas de domínio. Só essa reflexão leva a rejeitar o modelo de discrepância para a identificação e para a classificação de uma DA.

## CONCLUSÕES

Embora venham se desenvolvendo tentativas do NJCLD de operacionalizar e resolver alguns dos problemas que se apresentam com a conceitualização de DA (consensual) (NJCLD, 1998a, b), ainda haveria de dar um passo a mais e além do modelo dual e da discrepância aptidão-rendimento e abordar diretamente o núcleo do problema com propostas que considerem os componentes nucleares e não-nucleares dos domínios respectivos.

Sobre o anterior, podemos concluir com Fletcher e colaboradores (1998), em sua revisão teórica da questão, que não existe validade no modelo de discrepância QI-rendimento, e até mesmo da compreensão verbal-compreensão da leitura ou idade cronológica-rendimento. Isso, além do mais, impediu o desenvolvimento de modelos de identificação, de modelos de tratamento e de modelos de intervenção precoce, necessários para avançar no campo das DAs.

A necessidade de mais pesquisas em várias frentes parece o caminho adequado:

1. Proposta de definições claras e operacionais de DA, também na Espanha, buscando amplo consenso sobre o que se entende por DA especificamente e não de forma não-específica.
2. Superação e alternativas para "discrepância" baseadas em medições de avaliação dinâmica ou de avaliação centrada no currículo do rendimento e em modelos multidimensionais e multideterminados, assim como em modelos atuais de inteligência, como o de "inteligência bem-sucedida". Análise das diferenças intra-redimentos, inteligência bem-sucedida/rendimentos EBC, rendimentos/componentes, inter-aptidões/rendimentos, papel em adultos. Ou baseados em enfoques de intervenção (Fuchs e Fuchs, 1998).
3. Seleção de amostras adequadas com projetos de nível e não só de idade ao longo do ciclo vital.
4. Consideração do papel da experiência e da prática nas DAs: "efeito Mateo", de Stanovich. Os conceitos de "resposta a protocolos validados de procedimentos" (Berninger e Abbott, 1994) ou de avaliação centrada no currículo (Fuchs e Fuchs, 1998).
5. Estudo dos diferentes tipos de DAs e de seus componentes nucleares para superar a *inconsistência* do modelo de discrepância, como Stanovich e Stanovich ilustram para a "disracionalia", principalmente com jovens e adultos com DA.
6. Elaboração de uma **agenda específica de atuações e de pesquisa aplicada no campo na Espanha** que proporcione um esclarecimento terminológico, estimule a troca de pesquisas, promova iniciativas e contribua para a formação de profissionais, de professores e de público em geral,

incluindo as administrações públicas, na importância do tema na criação de serviços educativos e de toda índole para essas pessoas.

No próximo capítulo, analisaremos as alternativas baseadas na intervenção que abrem caminhos de grande interesse e esperanças.

# Alternativas de Intervenção Psicopedagógica ao modelo de Discrepância Aptidão-Rendimento

## INTRODUÇÃO

Neste capítulo, seguimos a publicação própria de alternativas de intervenção (García, 2001) que fecha o de alternativas de avaliação (García, 2000d), concluindo que é necessário desenvolver propostas de intervenção psicopedagógica que superem e resolvam os problemas que o critério de discrepância apresenta na conceitualização das DAs.

Vimos, no capítulo anterior, a "inconsistência" do modelo dual (DA *vs.* BR), baseado na discrepância aptidão-rendimento e a necessidade de buscar alternativas centradas na intervenção que dêem respostas educacionais e de outra índole a todos os alunos com baixos rendimentos. A DA ficaria como o extremo de gravidade ao longo de um *continuum* de baixo rendimento, mas, posto que é muito difícil obter discrepâncias aptidão-rendimento antes dos 9 ou 10 anos, e já que a intervenção precoce – pensemos na leitura, por exemplo – é mais eficaz quanto mais cedo se produz, não podemos nos permitir o luxo de desperdiçar os melhores anos – educação infantil e séries iniciais do ensino fundamental – sem intervir.

As alternativas, como o diagnóstico clínico (Hoy et al., 1996), além dos critérios de discrepância, são uma via adequada.

A análise do que se possa entender como núcleo do problema (por exemplo, para a leitura no processador fonográfico: apud Frith, 1995) está permitindo avanços, mas há de se chegar ao "núcleo do problema" dos diferentes tipos de DA, como a da escrita ou a da matemática. E até mesmo, dentro da leitura, haveria de diferenciar os subtipos fonológicos dos ortográficos e dos de compreensão. E dentro dos de escrita, os que se referem a problemas periféricos, dos léxicos e dos de planejamento. Ou dentro das DAs da matemática, as de base verbal (Rivera et al., 1998) diante das de base não-verbal. E isso sem contemplar as supostas DAs nas habilidades sociais ou no "pensamento racional ou disracionalia", o que complica bastante a questão. Análises como a dos três níveis de Uta Frith (1995), o biológico, o cognitivo-emocional e o condutual, em interação entre si e com o meio, podem ajudar em sua compreensão, mas deixam um longo caminho a percorrer. E de novo seria necessário resolver o papel de uma inteligência, por exemplo a "inteligência bem-sucedida de Sternberg" e a discrepância com a aprendizagem. Acontece que cada tipo de inteligência prevê o rendimento em um sentido diferente, então a questão se complica muito.

A possibilidade de explorar os componentes nucleares e não-nucleares envolvidos na aprendizagem da leitura, da escrita e da matemática, indo além do QI, e até mesmo além da inteligência, pode ser uma via adequada. Por exemplo, se aceitamos um enfoque teórico amplo na psicologia da escrita, podemos identificar componentes cognitivos (nucleares e não-nucleares), condutuais, intelectuais – portanto também a inteligência em sentido amplo como a "bem-sucedida" –, metacognitivos, de personalidade, emocionais, etc. Seria necessário avaliá-los e intervir de forma conseqüente, e as discrepâncias poderiam ser diagnosticadas e tratadas de forma específica segundo o nível de desenvolvimento e de idade. Nesse sentido, análises específicas do atraso na leitura, como a de Spear-Swerling e Sternberg (1994), baseada na evolução dos componentes da leitura, ou as de Carver e Clark (1998), que desenvolveram um sistema diagnóstico a partir da validação de um modelo causal para a leitura, parecem caminhos adequados.

## ALTERNATIVAS DE INTERVENÇÃO AO MODELO DE DISCREPÂNCIA

### RESPOSTA A PROTOCOLOS VALIDADOS DE TRATAMENTO

A consideração de que "o diagnóstico é inseparável do tratamento" procede da origem do campo, em 1962, com Samuel Kirk (Minskoff, 1998). Uma ilustração dessa conexão está na conceitualização das DAs desde a educação até a intervenção (García, 1997; 2000).

A proposta de Berninger e Abbott (1994) está na linha de submeter a protocolos validados de tratamento as pessoas com problemas na aprendizagem. Apenas no caso de ocorrer algum fracasso nesses programas de intervenção falaríamos de DA, na mesma linha de Fuchs e Fuchs (1998), por exemplo. E como as DAs poderiam originar-se da interação das influências genéticas e das influências ambientais, teria de se analisar estas em primeiro lugar. Assim, poderíamos falar de quatro tipos de influência ambiental e, portanto, de problemas nas *oportunidades de aprendizagem* (Berninger e Abbott, 1994, p. 166): 1) a preparação inadequada dos professores, seja em métodos de ensino, seja na compreensão dos limites neuromaturacionais; 2) a escassez de recursos financeiros para individualizar a educação; 3) o fracasso na disseminação das pesquisas básicas; e 4) a escassez de pesquisas adequadas sobre métodos de ensino alternativos. Uma intervenção desse tipo é todo um programa de pesquisa e de reforma do sistema educacional e de atenção às pessoas com DA.

Nessa linha de "provar" mediante a intervenção das adaptações e das acomodações precisas antes de passar à avaliação formal, situam-se as diretrizes do NJCLD (1998b).

## AVALIAÇÃO CLÍNICA

A avaliação clínica completa é uma alternativa ao modelo de discrepância de grande interesse situado dentro do modelo clínico (Hoy et al., 1996). Ao longo de um *continuum*, em que qualquer ponto de corte é arbitrário, por exemplo, na obesidade, e sabendo que se trata de um problema grave que necessita de intervenção, independentemente de se dar "discrepância" ou não, podem se estabelecer problemas. As DAs deveriam ser analisadas com essa mesma lógica, assim como deveriam basear-se no *continuum de baixo rendimento* para avaliar a gravidade do problema ou das necessidades de intervenção mais ou menos intensiva e especializada, utilizando os conhecimentos completos sobre a pessoa com problemas, seus pontos fortes e fracos, e proceder ao diagnóstico diferencial.

Como o foco é o baixo rendimento, é para esse foco que teriam de se dirigir todos os esforços de avaliação e de intervenção, desenvolvendo estratégias mais ou menos gerais ou específicas de DA. Pode ser que haja estratégias válidas no planejamento educativo para todo o tipo de transtorno e pode ser que não. As estratégias, ao servirem a propósitos diversos, e sua eficácia dependem também de quem as aplique e teriam de se basear no conhecimento-base de uma pessoa e na natureza dinâmica da aprendizagem. Deveriam ser desenvolvidos igualmente critérios claros para a intervenção e acomodações necessárias aplicáveis a crianças e também a adultos, que pudessem ser validadas ecologicamente.

## AVALIAÇÃO E INTERVENÇÃO NO COMPONENTE NUCLEAR FONOLÓGICO

Uma via de solução alternativa e promissora é o aprofundamento nas "habilidades de rendimento específicas de domínio e aptidões correlacionadas com essas habilidades" (Fletcher et al., 1998). Entre estas se situa o *componente nuclear fonológico*.

As pessoas com atraso na leitura, situadas no extremo discrepante ou não, DA ou BR, parecem apresentar déficit no processador fonológico. É evidente que as dificuldades de aprendizagem podem sê-lo, não só de leitura, como de escrita e matemática. E dentro da leitura, pode ser um déficit de decodificação ou de compreensão. Ocorre que entre 60 e 80% de todos os casos de DA, há problemas de leitura (Lyon, G.R., 1995; Wong, 1996), portanto esta solução afeta a maioria das pessoas com DA, embora seja necessário buscar alternativas viáveis para "todos" os casos e os tipos de problema de aprendizagem.

A alternativa é propor uma *avaliação e intervenção precoces* nos precursores da leitura – do mesmo modo teria de fazer com outros tipos de DA –, como as *dificuldades em consciência fonológica* e em *reconhecimento da palavra* (Stanovich e Siegel 1994). Neste campo, a psicologia pode proporcionar esclarecimentos a respeito (Perfetti, 1995; Swanson, 1993), desentranhando os processos cognitivos como previsores do reconhecimento da palavra e da compreensão da leitura – o outro grande componente da leitura (Swanson e Alexander, 1997). O uso de *instrumentos* de *screening* cognitivo (Scott et al., 1998a, b, c) é uma ilustração de por onde estão se encaminhando os passos nesta linha.

Por exemplo, Scott e colaboradores (1998a), com um teste de detecção cognitiva em desenvolvimento, acham que as tarefas que melhor classificam os alunos no pré-escolar ou anterior ao pré-escolar, normais, com problemas de aprendizagem e com retardo mental Moderado, foram 3 das 10 utilizadas: as de informação – visual semântica, informação – verbal semântica e ritmo para antes do pré-escolar e as duas primeiras, mais as tarefas de identificar a palavra estranha, para os de pré-escolar. Quando se eliminou os que tinham um QI superior a 115 da mostra de DA, aumentou a precisão classificatória para esse grupo. A eficácia, a sensibilidade e a especificidade, que proporcionam testes de detecção precoce como o proposto, parecem de grande interesse classificatório (Scott et al., 1998b, c) e para a *intervenção*, ainda que não se consiga a resposta alternativa definitiva para o critério de discrepância aptidão-rendimento.

A ênfase no estabelecimento de programas educacionais de leitura para crianças de risco, mediante a educação explícita do princípio alfabético, é fundamental (Foorman et al., 1998; Stanovich e Siegel, 1994). É importante também realizar *o ensino direto* desde os primeiros momentos em que possam se suspeitar de "riscos" de dificuldades de aprendizagem, embora não possam se verificar os critérios das mesmas (Foorman et al., 1998). Do mesmo modo, se sugere centrar-se de forma preventiva e com a identificação precoce de crianças com risco de DA, centrando-se nos processos fonológicos (Hurford et al., 1994a, b). Centrar-se de forma precoce no treinamento já tinha sido postulado por Samuel Kirk nas origens do campo ao proporcionar as bases para o estabelecimento dos programas Head Start (Mather, 1998).

Ackerman e colaboradores (1995) encontram em adolescentes leitores fracos com DA uma baixa nos QIs do WISC-III em comparação à versão anterior (WISC-R), o que se sobressai nos problemas que ocasionam o critério de discrepância aptidão-rendimento. Igualmente em outro estudo (Ackerman *et al.*, 1996), não encontram diferenças no processador fonológico entre os adolescentes leitores fracos com e sem DA (discrepantes *vs*. não-discrepantes), que, em sua maioria, continua sendo deficitário, embora não se trate de um déficit de tudo ou nada, porque se dão avanços ao longo da escolaridade, embora infelizmente, como mostram em seu estudo, podem-se estancar na adolescência. Confirma-se uma vez mais a importância do déficit fonológico como elemento nuclear do baixo rendimento na leitura, seja com ou sem discrepância, o que mostra a inutilidade de provas de QI para a identificação de DAs.

Como nem o modelo de discrepância QI-rendimento, nem o de discrepância entre áreas curriculares é aceitável e como alternativa à definição "negativa", ou do que não são as pessoas com DA, postulam-se definições baseadas no que são, como afirmam Frederickson e Reason (1995; 1996), e como os processos fonológicos são o núcleo geralmente admitido, que seja este o foco para que se avaliem e treinem. Assim, Frederickson e Reason (1995; 1996) desenvolveram uma bateria de avaliação fonológica com cinco subtestes: de aliteração; consciência de rima; velocidade de denominação; fluência; trava-línguas. E a intervenção teria de se basear, logicamente, neste núcleo fonológico. O problema é que isto serve para o atraso na leitura. Haveria de identificar os componentes nucleares de outras *habilidades de rendimento específicas de domínio* (Fletcher et al., 1998).

## MODELO INTEGRATIVO DE DIFICULDADES EM LEITURA

Uma alternativa de grande interesse é o uso de modelos evolutivos de aprendizagem da leitura e suas dificuldades, como o já postulado por Samuel Kirk em 1940 (Bos e Vaughn, 1998), ou o muito conhecido de Uta Frith de aquisição da lecto-escrita em três etapas: a logográfica, a alfabética e a ortográfica (Rueda, 1995). Spear-Swerling e Sternberg (na imprensa) propõem uma alternativa ao modelo de discrepância baseado: 1) no conhecimento do curso do desenvolvimento-padrão em um dado domínio – por exemplo, a leitura ou a escrita; 2) no conhecimento do perfil de habilidades cognitivas no domínio particular; e 3) no conhecimento das características intrínsecas da criança e como interagem com os fatores do meio e com a experiência – educação – para produzir um certo resultado.

Spear-Swerling e Sternberg (1994) representam um modelo teórico do Transtorno da Leitura que integra os conhecimentos e as evidências científicas da psicologia cognitiva, da leitura e da educação ao longo dos anos e dos níveis educativos. O modelo conecta o transtorno de leitura com a aquisição normal da leitura, propondo quatro possíveis perfis-padrão de Transtorno da Leitura: 1) os leitores não-alfabéticos; 2) os leitores compensadores; 3) os leitores não-automáticos; e 4) os leitores atrasados na aquisição do reconhecimento da palavra. Igualmente, a avaliação e a intervenção estão unidas, permitindo a tomada de decisões educativas pelos professores.

Junto ao modelo de Transtornos da Leitura se desenvolve um *modelo de aquisição normal da leitura* em seis fases, considerando, de forma conjunta, o reconhecimento da palavra e a compreensão da leitura: 1) chaves visuais; 2) chaves fonéticas; 3) controlada; 4) automática; 5) estratégica; e 6) muito habilidosa. As características de cada fase, que as conquistas anteriores vão integrando, podem ser vistas no quadro 4.2.

## OS BLOCOS DE CONSTRUÇÃO DE APRENDIZAGEM
*(The Building Blocks of Learning)*

Goldstein e Mather (1998) desenvolveram um modelo de avaliação e intervenção para alunos com baixo rendimento – *under-achieving* – acadêmico, de grande interesse. Embora esteja dirigido a pais, pode ser utilizado pelos professores e pelos profissionais, e naturalmente ilustra de forma meridiana a necessidade de elaborar modelos e constructos teóricos com implicações educacionais diretas.

O modelo considera 10 blocos de construção ou "tijolos" de aprendizagem organizados em três grupos que, conjuntamente, permitem construir uma pirâmide. Está claro que, para cada tipo de aprendizagem, alguns "tijolos" são mais importantes do que outros. Haveria quatro blocos *fundacionais*, básicos ou "alicerces": 1) o bloco da atenção e do controle de impulso; 2) o bloco das emoções e da conduta; 3) o bloco da auto-estima; e 4) o bloco do ambiente de aprendizagem. Igualmente, os três blocos de *processos* são: 1) o bloco visual; 2) o bloco auditivo; e 3) o bloco motor. E por último, haveria três blocos de *pensamento:* 1) o bloco da linguagem; 2) o bloco de imagens e, culminando a pirâmide, 3) o bloco das estratégias.

O processo de avaliação e de intervenção baseia-se na análise de cada um dos dez blocos e na intervenção em relação a cada um dos blocos deficitários, apoiando-se nos blocos com um bom nível de desenvolvimento. Proporciona-se todo um programa de avaliação e intervenção detalhado de um grande interesse, pelo menos pela lógica que segue.

**Quadro 4.1** Características de diferentes dificuldades de leitura

| Padrões | Características | | | |
|---|---|---|---|---|
| | Habilidades de reconhecimento da palavra | Habilidades de leitura compreensiva | Uso de estratégias de compreensão | Transtorno da Leitura |
| Não-alfabético | Habilidades não-fonéticas. Confia excessivamente nas chaves visuais para reconhecer as palavras. | A compreensão na leitura é muito baixa, dada a limitação das habilidades de reconhecimento da palavra. | Nenhuma. | Sim. |
| Compensatório | Tem habilidades fonéticas limitadas. Confia excessivamente nas aptidões compensatórias, como o uso do contexto da frase ou o conhecimento visual da palavra. | Pode fazê-lo bem com materiais fáceis. Tem dificuldade quando a compreensão exige mais, dado que o conhecimento das palavras exige esforço demasiado dos recursos mentais. | Nenhuma. | Sim. |
| Não-automático | Tem habilidades de decodificação, mas exigem esforço, não são automáticas. Pode usar o contexto da frase para a velocidade de reconhecimento da palavra. | Pode fazê-lo bem com materiais fáceis. Tem dificuldade quando a compreensão exige mais, dado que o conhecimento das palavras exige esforço demasiado dos recursos mentais. | Nenhuma. | Sim. |
| Atrasado | Tem reconhecimento automático de palavras, mas bastante atrasado em seu conjunto na aquisição destas habilidades. | A compreensão alterada. Não estava "preparado" para o ensino em compreensão no momento do abandono. | Uso de estratégias alterado. | Sim. |
| Pseudo-ótimo | Tem habilidades automáticas de reconhecimento da palavra. | Carece de habilidades de compreensão de ordem superior. | Tem ao menos alguma estratégia básica, mas pode carecer de estratégias. | Não. |

(Adaptado de Spear-Swerling e Sternberg, 1994, p. 96).

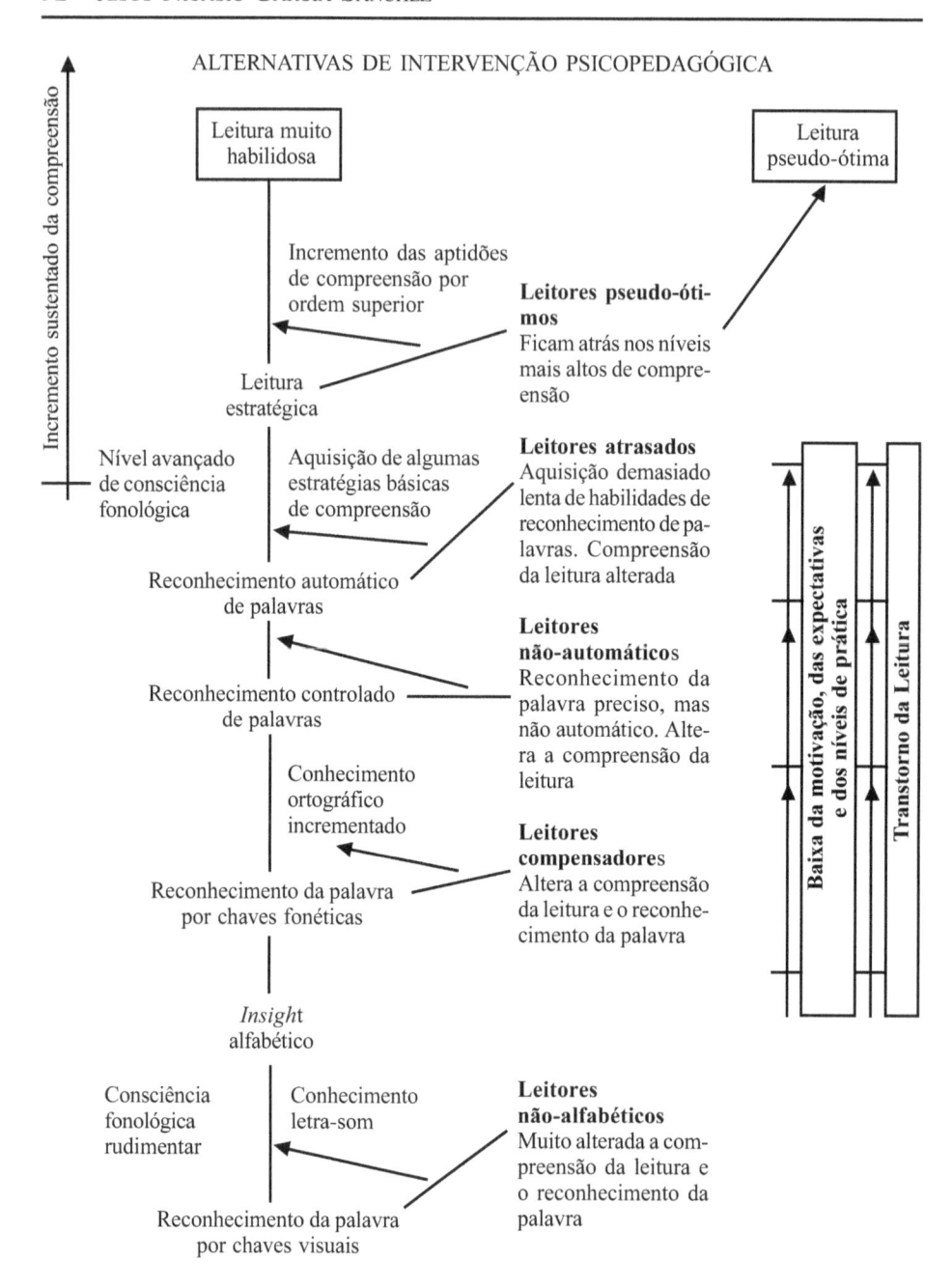

## ALTERNATIVAS DE INTERVENÇÃO PSICOPEDAGÓGICA

Incremento sustentado da compreensão →

- Leitura muito habilidosa
- Leitura pseudo-ótima

- Incremento das aptidões de compreensão por ordem superior
- Leitura estratégica
- Nível avançado de consciência fonológica
- Aquisição de algumas estratégias básicas de compreensão
- Reconhecimento automático de palavras
- Reconhecimento controlado de palavras
- Conhecimento ortográfico incrementado
- Reconhecimento da palavra por chaves fonéticas
- *Insight* alfabético
- Consciência fonológica rudimentar
- Conhecimento letra-som
- Reconhecimento da palavra por chaves visuais

**Leitores pseudo-ótimos**
Ficam atrás nos níveis mais altos de compreensão

**Leitores atrasados**
Aquisição demasiado lenta de habilidades de reconhecimento de palavras. Compreensão da leitura alterada

**Leitores não-automáticos**
Reconhecimento da palavra preciso, mas não automático. Altera a compreensão da leitura

**Leitores compensadores**
Altera a compreensão da leitura e o reconhecimento da palavra

**Leitores não-alfabéticos**
Muito alterada a compreensão da leitura e o reconhecimento da palavra

Baixa da motivação, das expectativas e dos níveis de prática ↔ Transtorno da Leitura

(Adaptado de Spear-Sternberg, 1994, p. 92).

**Figura 4.1** Modelo de transtorno de leitura de Spear-Sternberg.

**Quadro 4.2** Características das fases de aquisição de leitura normal

| Fases → Características | 1ª Chave visual | 2ª Chave fonética | 3ª Controlada | 4ª Automática | 5ª Estratégica | 6ª Muito habilidosa |
|---|---|---|---|---|---|---|
| 1ª Usa primariamente chaves visuais no reconhecimento da palavra. | X | | | | | |
| 2ª Tem conhecimento letra-som parcial ou completo (→3ª →4ª →5ª →6ª). | | X | X | X | X | X |
| 2ª Tem um nível rudimentar de consciência fonológica. | | X | | | | |
| 3ª Tem um nível relativamente avançado de consciência fonológica (→4ª →5ª →6ª). | | | X | X | X | X |
| 2ª Conseguiu um *insight* alfabético (→3ª →4ª →5ª →6ª). | | X | X | X | X | X |
| 2ª Utiliza apenas chaves fonéticas parciais para reconhecer as palavras. | | X | | | | |
| 1ª Confia excessivamente no contexto para se ajudar ou na velocidade de reconhecimento da palavra (→2ª →3ª). | X | X | X | | | |
| 3ª Faz um uso completo da informação ortográfica para reconhecer a palavra (→4ª →5ª →6ª). | | | X | X | X | X |
| 3ª Adquiriu habilidades completas de decodificação da palavra (→4ª →5ª →6ª). | | | X | X | X | X |
| 4ª Tem habilidades automáticas de reconhecimento da palavra (5ª →6ª). | | | | X | | X |
| 5ª Utiliza rotineiramente algumas estratégias para se ajudar na compreensão (→6ª). | | | | | X | X |
| 6ª Tem aptidões de compreensão de ordem superior. | | | | | | X |

(Adaptado de Spear-Swerling e Sternberg, 1994, p. 93).

Modelos deste teor são claramente uma alternativa viável e válida ao modelo de discrepância aptidão-rendimento e ao modelo dual, já que existem muitos outros problemas que ocasionam o baixo rendimento acadêmico. Para tomar medidas de intervenção adequadas, é preciso analisá-los de forma sistemática.

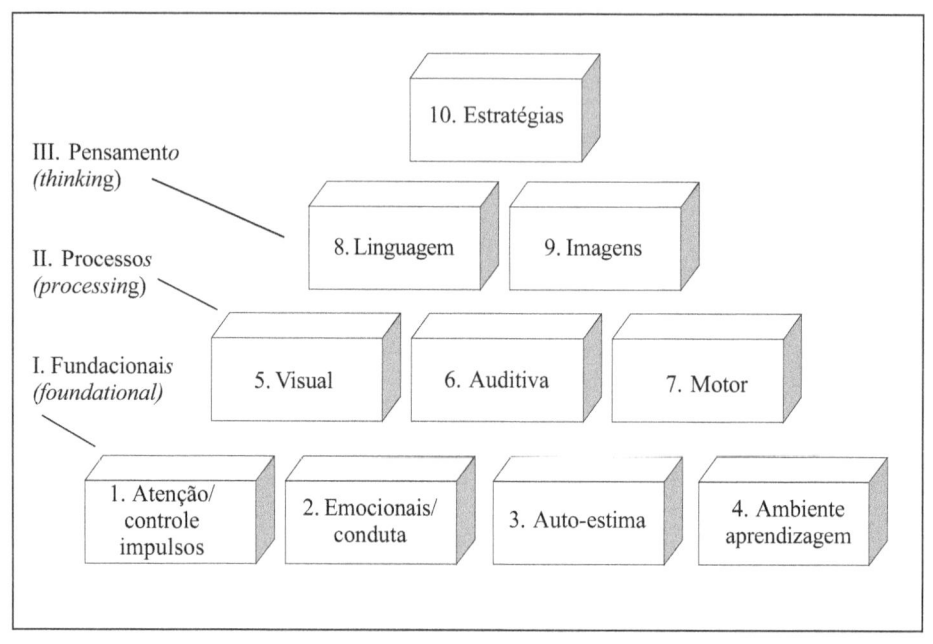

```
                           10. Estratégias

III. Pensamento
    (thinking)
                      8. Linguagem    9. Imagens
II. Processos
    (processing)

I. Fundacionais
   (foundational)   5. Visual    6. Auditiva    7. Motor

        1. Atenção/     2. Emocionais/                    4. Ambiente
         controle         conduta      3. Auto-estima    aprendizagem
         impulsos
```

(Adaptado a partir de Goldstein e Mather, 1998, p. 9).

**Figura 4.2** Os blocos de construção de aprendizagem (*The Building Blocks of Learning*).

**Quadro 4.3** Folha de registro global do estado dos blocos de construção de aprendizagem

| Os blocos de construção de aprendizagem | | |
|---|---|---|
| Blocos de construção | Sim | Não |
| 1. Atenção/controle de impulsos | _____ | _____ |
| 2. Emoções e conduta | _____ | _____ |
| 3. Auto-estima | _____ | _____ |
| 4. Ambiente de aprendizagem | _____ | _____ |
| 5. Processamento visual | _____ | _____ |
| 6. Processamento auditivo | _____ | _____ |
| 7. Processamento motor | _____ | _____ |
| 8. Pensamento com linguagem | _____ | _____ |
| 9. Pensamento com imagens | _____ | _____ |
| 10. Pensamento com estratégias | _____ | _____ |

(Goldstein e Mather, 1998, p. 16).

## MODELO DE VALIDADE DO TRATAMENTO: AVALIAÇÃO CENTRADA NO CURRÍCULO

Uma alternativa de grande interesse é a identificação de uma DA baseada na *validade do tratamento* (Fuchs e Fuchs, 1998; Davis et al., 1995) e que esta seja a base da tomada de decisões para que possamos considerar uma pessoa como tendo uma DA ou não. As inconsistências na identificação, a pouca confiabilidade das diferentes pontuações, os problemas de aumento de verbas para dar atenção a uma massa cada vez maior de pessoas com DA – problema da super-representação e debate custo-benefício da EE –, além do fenômeno da *desproporção* que consiste na desigualdade e nas possibilidades de ser diagnosticado como tendo uma DA devido a: 1) estarem recebendo uma educação ordinária muito pobre; 2) serem avaliadas para a educação especial de forma inválida; ou 3) estarem recebendo uma educação especial ineficaz que impede o progresso educativo. Isso levou à busca de alternativas baseadas na validade do tratamento, como o que proporciona o marco da avaliação centrada no currículo ou *Curriculum-Based Measurement* (CBM).

O modelo se baseia em quatro fases de avaliação.

A *fase I* é centrada na *avaliação do ambiente educacional da sala de aula* e no fato de ser suficientemente enriquecedor ou não e se a aula em questão produz avanços comparáveis aos de outras aulas da mesma escola, localidade, etc. Em se tratando de uma aula em que acontecem poucos progressos, a primeira medida seria intervir em termos de sala de aula para fortalecer o ambiente de ensino. Se a turma proporciona progressos adequados aos alunos, deve-se passar à segunda fase.

A *fase II, de avaliação*, permite a comparação dos níveis de execução e taxas de melhora individuais do aluno. Se se observa uma discrepância dual, quer dizer, se, em comparação aos colegas no nível de rendimentos e na taxa de melhora, são significativamente mais baixos, se passaria à terceira fase.

A *fase III, de avaliação*, permite extrair dados que possibilitem: a melhora educacional na aula regular e a conclusão de que a aula ordinária sem adaptações é capaz de criar um ambiente de aprendizagem suficiente. Quando essas questões remediadoras não dão resultado, se passaria a intervenções em educação especial que complementassem o ambiente educacional regular. Quando isto ocorre, e antes de considerar um aluno como tendo uma DA, passa-se a fase seguinte.

A *fase IV, de avaliação*, consiste na avaliação da eficácia da educação especial. Se não é possível verificar a eficácia da educação especial, não há argumento para considerar um aluno como tendo uma DA ou tirá-lo do ambiente de ensino regular – aula ordinária. Essa fase é a mais discutível e Fuchs e Fuchs (1998) asseguram que requer elaboração.

Na figura 4.3, ilustra-se o processo de avaliação para um caso, da fase I à IV. Como se pode observar, os avanços significativos só se dão em educação especial, apesar da dupla discrepância (fase II) e das modificações introduzidas na aula regular (fase III).

Para que o processo de tomada de decisões em quatro fases da avaliação centrada no currículo evidencie a necessidade de educação especial, o sistema de avaliação tem de demonstrar que (Fuchs e Fuchs, 1998):

1. A aula ordinária proporciona avanços adequados para a maioria dos alunos, portanto se trata de um ambiente de ensino otimizador.
2. A discrepância dual é significativa no *rendimento* e nos *avanços* do aluno objeto de estudo em comparação com seus colegas de sala de aula.
3. Nem o rendimento, nem os progressos – dupla discrepância – acompanham os dos colegas, apesar das modificações e adaptações introduzidas.
4. Ao introduzir educação especial ocorre uma melhora significativa no rendimento e nos progressos do aluno objeto da avaliação.

Este sistema, para verificar esses quatro elementos – fases –, teria de ser válido para quatro propósitos que a avaliação centrada no currículo cumpriria:

1. Ser capaz de modelar o progresso acadêmico.
2. Ser capaz de diferenciar entre ensino ineficaz e a aprendizagem individual inadequada.
3. Ser capaz de informar o planejamento educacional.
4. Ser capaz de avaliar a eficácia do tratamento.

Fuchs e Fuchs (1998) desenvolveram um *software* específico que vai cumprindo todas essas funções e fases (Davis et al., 1995).

É necessário ter certas precauções (Fuchs e Fuchs, 1998). Por exemplo, não se contemplam os componentes biomédicos, intelectuais ou cognitivos; ou a possibilidade de que existam outros transtornos superpostos, o que exigiria na fase IV avaliações adicionais para o planejamento educacional – problemas de conduta, atencionais ou de linguagem –; ou a consciência de que a CBM foi desenvolvida para a leitura e escrita e para a matemática, mas não para outras áreas. A incorporação de equipes multidiciplinares, a consideração de uma avaliação compreensiva e a tomada de decisões em equipe, junto com outros modelos de avaliação, podem assegurar maior validade e rigor.

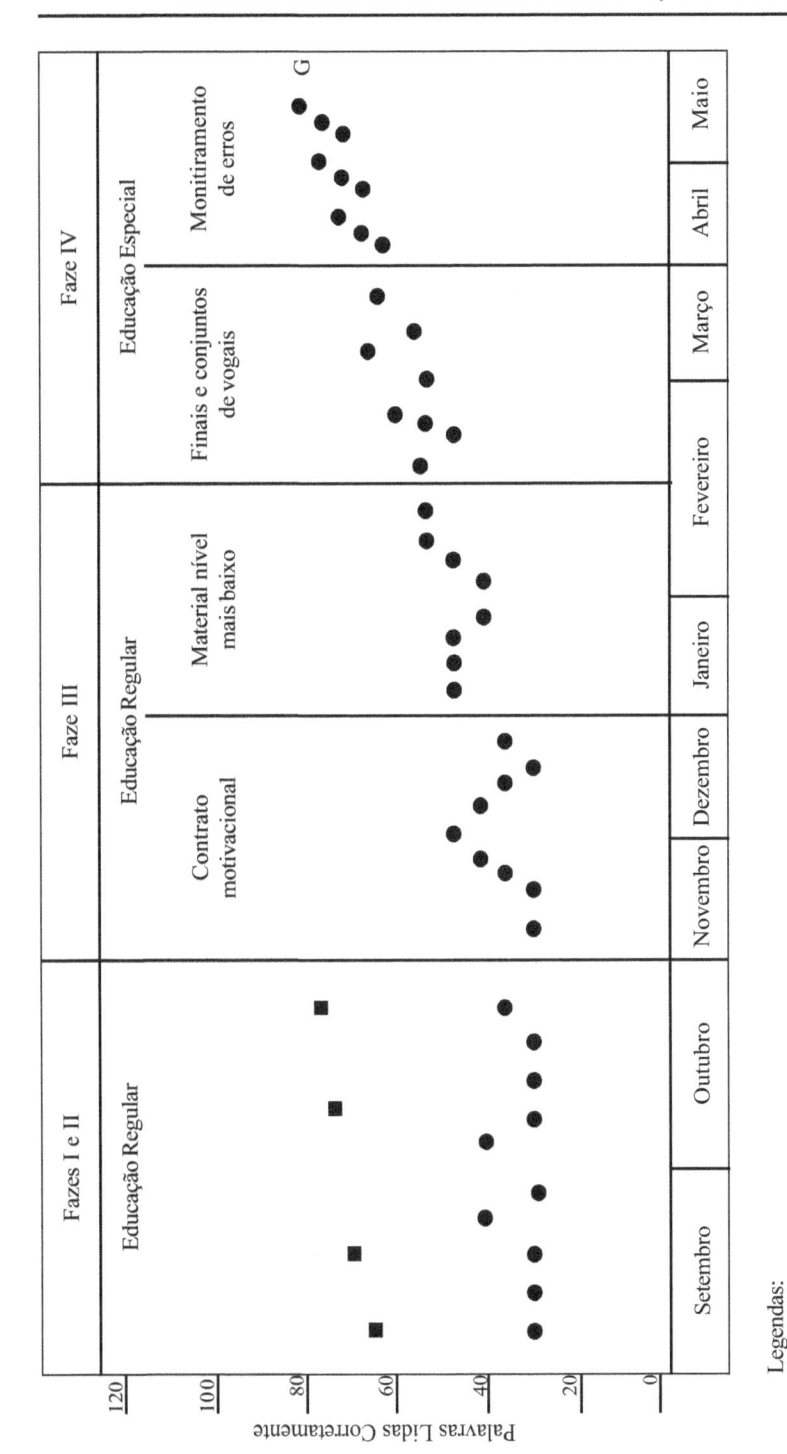

**Figura 4.3** Gráfico de um CBM individual, desde a Fase I à Fase IV com os dados de avaliação.

A avaliação centrada no currículo (apud Hargis, 1995) se refere a um conjunto de métodos que reúnem indicadores da competência e do progresso acadêmicos, tentando vincular a forma específica como o aluno aprende com a implantação cotidiana do currículo. Enfim, se trata de que os professores possam utilizar esses métodos de forma habitual e eficiente, extraindo informação relevante e significativa para a melhora do currículo e da aprendizagem dos alunos, permitindo ir respondendo à questão sobre a eficácia do programa em fazer os alunos progredirem academicamente e permitir que eles melhorem o planejamento da educação. Alguns conceitos são de grande interesse, como o nível de confortabilidade ou o de frustração. O nível de confortabilidade se refere àquele em que o aluno avança e aprende de maneira adequada, com o que a vinculação entre a tarefa e o nível de aprendizagem é máxima. Por exemplo, no caso da compreensão da leitura, o fato de que se dêem em torno de 4% de palavras desconhecidas permite uma compreensão completa do texto de forma confortável e que vai produzindo avanços nos conhecimentos. O nível de frustração se refere a uma vinculação inadequada entre a tarefa e a aprendizagem do aluno por excesso de dificuldade da tarefa. Por exemplo, no caso da compreensão da leitura, um nível a partir de 7% de palavras desconhecidas pode fazer com que o aluno não compreenda o texto, se sinta "frustrado" e não produza nenhum avanço em seus conhecimentos nem aprendizagem. Encontrar o nível de confortabilidade em cada tarefa – de leitura e escrita e de matemática – seria o objetivo permanente da avaliação baseada no currículo, conseguindo uma vinculação entre a tarefa e a aprendizagem do aluno que seja motivadora, proporcionando-lhe avanços, mas que não seja frustrante. Esses níveis são individuais, e exigem uma adaptação das tarefas de forma personalizada. Dentro dos enfoques mais estritos se nega até mesmo qualquer outro sistema de avaliação das capacidades ou do rendimento, inclusive os baseados em componentes teóricos, posto que não se dirigem de forma específica à obtenção de informação relevante do aluno, que seria em que medida há vinculação entre as tarefas e as atividades e entre o rendimento e o progresso do aluno específico, quer dizer, só interessa a avaliação que se focaliza no currículo (Hargis, 1995). Está claro, como pode se observar, que se trata de uma alternativa viável e válida, validade de tratamento, ao modelo de discrepância para a identificação de alunos com DA.

Nessa mesma linha, desenvolvem-se muitas aplicações, como a avaliação da escrita relevante para o ensino mediante um sistema de avaliação formativa (*Classroom-Based Assessment of Writing*, Isaackson, 1999) ou a avaliação de habilidades de leitura (*Curriculum-Based Assessment of Reading Skills*, Peverly e Kitzen, 1998). A avaliação será relevante para o ensino se se centra nos resultados de aprendizagem prioritários e conectada com atividades educacionais significativas (Isaackson, 1999).

A intervenção psicopedagógica por meio do enfoque estratégico (Beltrán, 1993) nos alunos com DA (González-Pienda et al., 1998; Santiuste e Beltrán, 1998), realizando as adaptações precisas (Álvarez, González-Pienda, Núñez e Soler, 1999), converge também para esta linha. Não se deve esperar o diagnóstico para intervir, pois o diagnóstico faz parte inextricável da intervenção.

O *conceito de adaptações prévias* de McGuire (1998), como mais uma alternativa ao modelo de discrepância aptidão-rendimento, poderia situar-se ao longo deste processo de tomada de decisões de quatro fases baseado na avaliação centrada no currículo.

## PROMOÇÃO DA APRENDIZAGEM AUTO-REGULADA

Uma alternativa real a partir da validade da intervenção com o modelo de discrepância e com jovens e adultos provém dos estudos educacionais, como os desenvolvidos por Bernice Wong e colaboradores (Wong, 1997; 1998; Wong et al., 1996; 1997), em torno da escrita de adolescentes com DA (ver também González-Pienda et al.,1998; Núñez e González-Pienda, 1994).

Sabe-se que os aprendizes eficazes se auto-regulam, analisando adequadamente as exigências da tarefa, propondo-se objetivos de aprendizagem produtivos, selecionando, adaptando ou até mesmo inventando estratégias para alcançar os objetivos e controlar o progresso e as emoções negativas, proporcionando motivação e acomodando de forma ajustada os enfoques estratégicos para culminar de forma vitoriosa. É justamente o contrário do que fariam as pessoas com DA (Swanson, 1993). Pode ser que dediquem muito tempo e esforço para tentar aprender, mas o fazem de forma ineficaz (Butler, 1998a).

Deborah L. Butler (1998a, b, 1999), uma discípula à exceção, desenvolveu o enfoque da *aprendizagem estratégica do conteúdo (Strategic Content Learning: SCL)* (conforme Figura 4.4) para a promoção da auto-regulação. Trata-se de alunos adultos com DA ou em ambientes universitários, em estudos de caso único em profundidade, com idades que vão dos 19 aos 48 anos. Os alunos, aos quais se proporcionou o SCL com tutoria individualizada, melhoraram significativamente no conhecimento metacognitivo acerca: 1) dos processos-chave de auto-regulação; 2) das percepções de eficácia específica da tarefa; 3) dos padrões atribucionais; 4) da execução das tarefas; e 5) dos enfoques estratégicos para a tarefa. Além disso, foram capazes de transferir os enfoques estratégicos por meio de contextos e de tarefas.

## ALTERNATIVAS DE INTERVENÇÃO PSICOPEDAGÓGICA

**Demandas da tarefa**

*Conhecimento e crenças*

- Crenças motivacionais (ex.: atribuições, auto-eficácia)
- Crenças epistemológicas
- Conhecimentos específicos de domínio
- Conhecimentos acerca das tarefas
- Conhecimentos acerca das estratégias
- Conhecimentos acerca de si mesmo como aprendizes

Construção pelo estudante de novas compreensões

Interpretações do estudante das tarefas, de *feedback* e das interações sociais

- Análise de tarefas e fixação de objetivos
- Selecionar, adaptar ou inverter estratégias
- Modificar objetivos, estratégias ou ambos
- Monitorizar o processo

*Feedback* gerado internamente

(Butler, 1998b, p. 163).

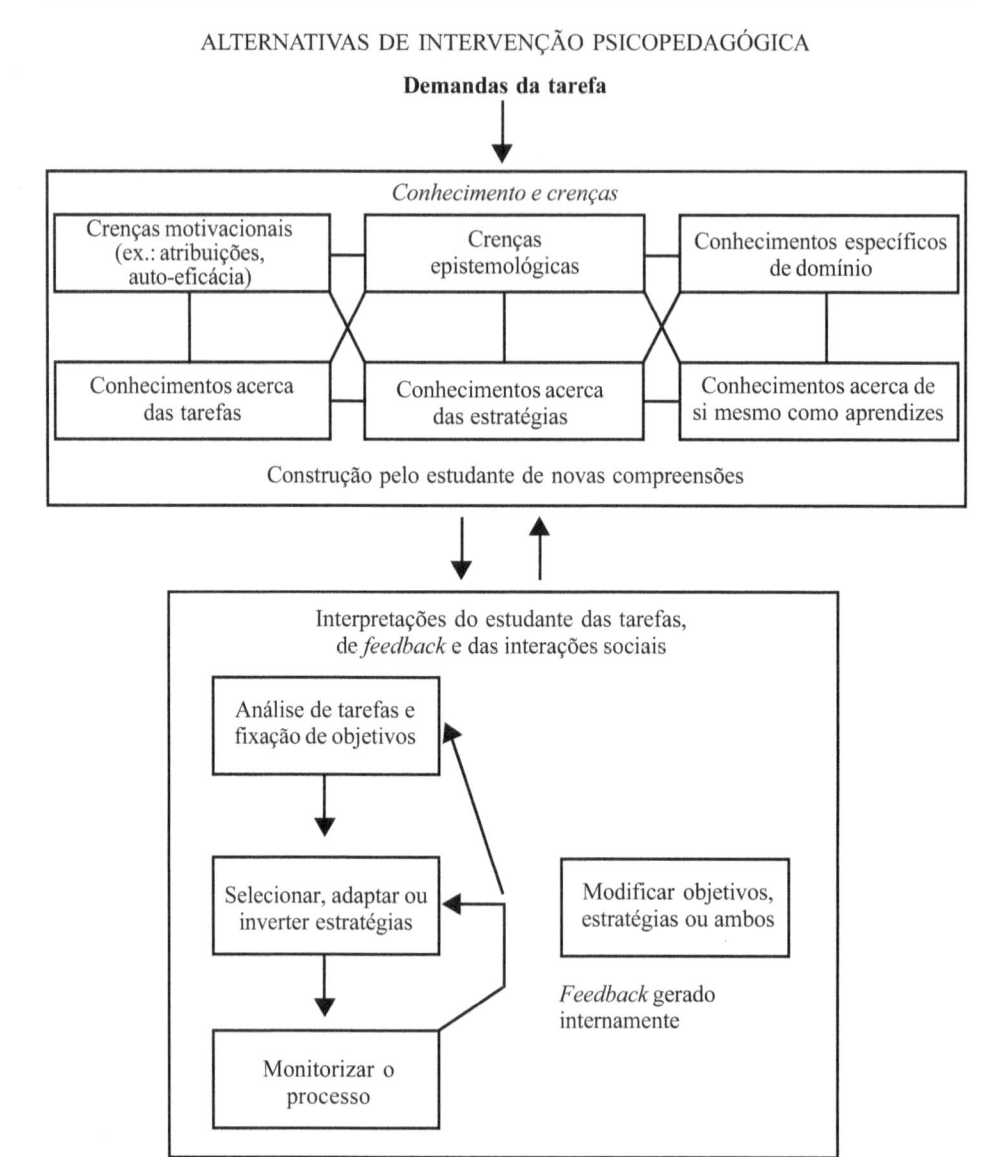

**Figura 4.4** Modelo de aprendizagem auto-regulado.

Uma revisão atual (Butler, 1999) encontrou evidências de que os alunos adultos com DA mostram ineficiência na aprendizagem derivada da ineficiência da auto-regulação. O desempenho vitorioso desses estudantes é, muitas vezes, reduzido pela presença combinada de: 1) um conhecimento metacognitivo impreciso; 2) crenças motivacionais negativas; 3) emoções intrusivas, como frustração e ansiedade; e 5) falta de processamento auto-regulado.

## MODELO DE COMPONENTES NUCLEARES E NÃO-NUCLEARES DA ESCRITA

Com o fim de buscar alternativas de avaliação e intervenção no campo das DAs, e também de resolver a inconsistência e a falta de validade do modelo de discrepância, desenvolveu-se um modelo teórico amplo baseado na psicologia da escrita como *construção de significado* que considere os componentes nucleares e não-nucleares que participam e incidem na escrita (García, 2000a, b).

Este modelo, que representa um programa de pesquisa a longo prazo, já venceu vários estágios em sua validação. Por exemplo, de 1996 a 1998, desenvolveu-se uma pesquisa financiada pelo CIDE-MEC, aplicando-se a uma amostra ampla de 213 alunos com dificuldades de aprendizagem – de 19 escolas diferentes – e a outra de 311 alunos sem DAs desde a 2ª série do ensino fundamental até o ensino médio – de 38 escolas diferentes –, em que implementaram tarefas para avaliar os diversos processos cognitivos de escrita, de planejamento, sintáticos, léxicos e motores, construindo-se o Instrumento de Avaliação dos Processos Cognitivos da Escrita (IEPCE). Sobre TDAH existe, além do WISC-R, o TALE e o questionário do DSM-IV para professores. Os resultados, utilizando diferentes critérios de discrepância, como a idade, o QI, etc., não permitem extrair dados claros de sua utilidade. Em troca, a avaliação dos processos cognitivos proporciona elementos de maior interesse.

Igualmente, em uma pesquisa financiada pela JC e L e pelos Fundos Sociais Europeus (FSE) em 1999, foram aplicadas tarefas de avaliação dos processos de planejamento da escrita – descrição, narração, redação e integração –, mais a avaliação das atitudes para com a escrita, a auto-eficácia para a escrita e a reflexividade-impulsividade para a escrita, com instrumentos construídos *ad hoc*, em que a escrita participa sempre. Foram aplicadas de forma coletiva a uma amostra muito ampla de 1.693 alunos, normais e com possíveis problemas de aprendizagem, em dezenas de escolas de León, Asturias, Extremadura, etc., desde a 3ª série até o ensino médio. Isso proporcionou a elaboração do instrumento de avaliação dos processos de planejamento e de outros fatores psicológicos da escrita (EPP e FPE), além do questionamento de professores em relação ao DSM-IV sobre problemas de atenção, hiperatividade e impulsividade. Os dados apóiam a validade de uma colocação alternativa desse tipo baseada em componentes, diante do modelo de discrepância, para compreender a escrita e suas dificuldades. Como a escrita exige um esforço cognitivo enorme – componente atencional –, não é estranho que, em geral, até mesmo entre as crianças normais, as atitudes em relação à escrita não sejam muito positivas. Se a isso acrescentamos o que não seja um foco prioritário ao longo do currículo, poderemos ter uma idéia de como essas dificuldades da escrita se vêem abandonadas pela falta de estímulo ao longo do currículo.

Durante o ano 2000, foi implantado um programa de intervenção na composição escrita em alunos de 5ª e 6ª séries do ensino fundamental com DA, procedentes de 14 escolas, assumindo o controle de outro grupo de alunos com DA, seguindo uma adaptação do modelo de Sorenson (1997) nos processos prévios, na escrita, na revisão e nas provas; e de Mather e Roberts (1995) quanto ao uso de estratégias e organizadores gráficos (apud García, na imprensa a, b, c) – pesquisa financiada pela JC e L e pelo FSE. Aplicaram-se o EPP e FPE antes e depois da intervenção (25 sessões de uns 45-50 minutos durante três meses) com resultados promissores quanto à melhora dos processos de planejamento da escrita, sugerindo-se sua aplicação em diferentes áreas curriculares no enfoque denominado *escrita por meio do currículo*.

A DGICYT financiou o desenvolvimento desta alternativa no período 2000-2003.

## MODELOS DE COMPONENTES DA LEITURA

### Reconhecimento da palavra e compreensão de Aaron

Aaron (1997) propôs a alternativa de um modelo de componentes da leitura baseando-se, por um lado, no reconhecimento da palavra e, por outro, na compreensão, em função da carência de validade das duas premissas em que se baseia o modelo de discrepância aptidão-rendimento: 1) a não-diferenciação do baixo rendimento com ou sem DA em relação à etiologia, à distribuição estatística, ao propósito educativo ou aos processos cognitivos na base da leitura – não são diferentes qualitativamente o BR e as DAs; e 2) a não-resposta diferencial a estratégias educacionais de remediação com o acréscimo negativo da redução do efeito Mateo nos que recebem tratamentos segregados.

O abandono do modelo de discrepância é a conseqüência lógica. Sua substituição pelo modelo componencial da leitura levaria ao desaparecimento do conceito de DA, que faria parte da "história da ciência", nas palavras de Spear-Swerling e Sternberg, não parecendo válida a distinção entre as pessoas com baixo rendimento *vs*. as com ou sem DA (Aaron, 1997). Que não seja válida a distinção entre BR e DA, ou que não ocorra uma situação de tudo ou nada não significa que não existam graves problemas de aprendizagem em muitas pessoas – o caso da obesidade é palpável, pois se dá em um *continuum* e qualquer critério de corte não deixa de ser arbitrário –, sendo necessárias a avaliação e a intervenção rigorosas, como as que são propostas nos modelos compensacionais ou nos baseados no desenvolvimento do domínio (Spear-Swerling e Sternberg, 1994), aproveitando os recursos atuais e os que proporcionem, no futuro, respostas a *todos os alunos*.

### Modelo causal de rendimento na leitura de Carver

Carver e Clark (1998) proporam um novo sistema diagnóstico, substituindo a medição da compreensão verbal pela medição da inteligência nas definições de dificuldades de leitura, desenvolvendo uma teoria da compreensão verbal e da leitura *(auding and reading: "rauding" theory)* em um modelo causal do rendimento na leitura, realizada em tarefas e provas computadorizadas (*Computer Assisted Reading Diagnosis*: CARD). O sistema diagnóstico de "leitura e compreensão verbal" – *"rauding" syst*em – diagnostica dificuldades na compreensão verbal, na decodificação e em velocidade de denominação para explicar as dificuldades de precisão e a taxa de desempenho em crianças e adultos que são leitores fracos. Os autores proporam também: 1) descartar a inteligência geral, a inteligência fluída ou o QI como *medidas de potencial*, até mesmo para diagnosticar *dificuldades na leitura*; 2) descartar também a compreensão verbal como medida de potencial; 3) incluir na medida de conhecimento verbal a aptidão de pronúncia e a aptidão de velocidade cognitiva; e 4) usar do novo sistema diagnóstico em substituição aos sistemas diagnósticos de disléxicos, hiperléxicos e leitores fracos da variedade jardim.

A lógica do modelo causal poderia ser estendida a outras áreas acadêmicas, como a matemática e a escrita, dada sua coerência e rigor. O que ocorre é que, no âmbito da leitura, o nível de conhecimento específico é muito maior.

O modelo determina quatro escalões organizados hierarquicamente para a conquista do rendimento na leitura.

O sistema é mais eficaz principalmente com os alunos de graus médios e adultos, sejam "leitores fracos" ou "leitores muito fracos". Um "leitor fraco" é aquele que obtém um *nível de eficiência* entre uma e duas unidades equivalentes de nível – *grade-equivalent units* – abaixo do grau-equivalente de idade. Um "leitor muito fraco" obteria em seu *nível de eficiência* pelo menos duas unidades equivalentes de nível abaixo do grau-equivalente de idade. Se o nível de eficiência está no nível ou acima do grau-equivalente de idade, não se considera problema.

QUADRO 4.4 – Esquema do modelo de componentes da leitura de Aaron

| Componentes | Subcomponentes | Significado | Instrução | Tarefas |
|---|---|---|---|---|
| I. Reconhecimento da palavra | 1. Decodificação (*decoding skills*) (necessário, mas não suficiente). | Conversão grafema a fonema. | "*aprender a ler*" ($\rightarrow 1^a...$) (instrução baseada no código). | 1. Consciência fonológica.<br>• oral.<br>• escrita.<br>2. Não palavras.<br>3. Palavras regulares e irregulares.<br>4. Soletramento. |
|  | 2. Reconhecimento visual da palavra. | Imagem global da palavra. | "*ler para aprender*" ($\rightarrow$ domínio: $4^a$). | 1. Exposição ao escrito.<br>2. Memória ortográfica. |
| II. Compreensão |  | Captação significado. Conexão com conhecimentos prévios. Extração inferencias, etc. | "*instrução estratégica cognitiva*"<br>"*auto-instrução*"<br>"*automonitorização*"<br>"*ensino recíproco*"<br>*etc.* | 1. Consciência do propósito da leitura.<br>2. Sensibilidade à gramática da história.<br>3. Ativação do esquema relevante.<br>4. Mapas da história.<br>1. Construção de imagens mentais do que está se lendo.<br>6. Criar perguntas e prever os próximos acontecimentos no texto.<br>7. Resumir o que foi lido.<br>8. Combinação de estratégias. |

(Elaboração própria a partir de Aaron, 1997; explicação no texto).

No escalão 1 estaria o *nível de eficiência* ($E_L$) ou o maior nível de dificuldade de um text*o* ($D_L$) que uma pessoa pode compreender com precisão (64% ou mais), quando o material se apresenta a uma taxa similar em unidades equivalentes de nível ($R_L = D_L$). Dessa perspectiva, em círculos se localizam os constructos teóricos e abaixo seus equivalentes tradicionais, junto com as iniciais dos subtestes desenvolvidos para sua medição. Seria possível a identificação de até cinco possíveis dificuldades – *disabilities* –, duas que seriam secundárias no escalão 2 e três primárias no escalão 3.

Poderíamos dizer que as causas próximas, no escalão 1, de alguns resultados baixos em leitura – *rauding efficiency level* ($E_L$) – podem estar, no escalão 2 ou em dificuldades secundárias, como em um nível baixo de leitura – *rauding accuracy level* ($A_L$) –, como em uma *taxa de leitura* – *rauding rate level* ($R_L$) –, como em ambas ao mesmo tempo.

Igualmente, as causas próximas, no escalão 3 ou em dificuldades primárias, do nível baixo de leitura ($A_L$) podem estar tanto em uma aptidão de compreensão verbal baixa – *verbal knowledge level* ($V_L$) –, como em uma aptidão de decodificação baixa – *pronunciation knowledge level* ($P_L$) –, como em ambas ao mesmo tempo.

Do mesmo modo, *a taxa baixa de leitura* ($R_L$) tem como causas próximas, no escalão 3 ou dificuldades primárias, *a aptidão de decodificação* ($P_L$), *a aptidão de velocidade cognitiva na denominação – cognitive speed level* ($C_S$) –, ou ambas.

As causas próximas de $V_L$, $P_L$ e $C_S$ estão no escalão 4 ou da intervenção. Para o nível verbal são as experiências de aprendizagem e ensino (teaching and learning experiences: T/L) e a aptidão de conhecimento verbal ($g_v$). As causas próximas do nível de pronúncia estão igualmente em T/L e na aptidão de conhecimento de pronúncia ($g_p$). Por último, as causas próximas do nível de velocidade cognitiva estão na idade – fator de amadurecimento – e na aptidão de velocidade cognitiva ($g_c$). Neste nível poderia se atuar de forma educacional, enriquecendo as experiências de ensino e aprendizagem em função também das três aptidões primárias (a verbal, a de pronúncia e a de velocidade cognitiva) e incidindo de forma causal direta no escalão 3 e especificamente na compreensão verbal e na decodificação.

O baixo rendimento em leitura pode ser originado por diferentes causas, explicáveis sucessivamente por déficit nos escalões 2, 3 e 4 e dar lugar a cinco tipos de dificuldade: 1) no nível de leitura; 2) na taxa de leitura ou em ambas; 3) na aptidão de compreensão verbal; 4) na aptidão de decodificação; ou 5) na aptidão de velocidade de denominação ou em duas delas ou nas três. Está claro: as experiências de ensino e de aprendizagem incidem diretamente na compreensão verbal e na decodificação, sendo os fatores de amadurecimento os que mais determinam o nível de velocidade cognitiva.

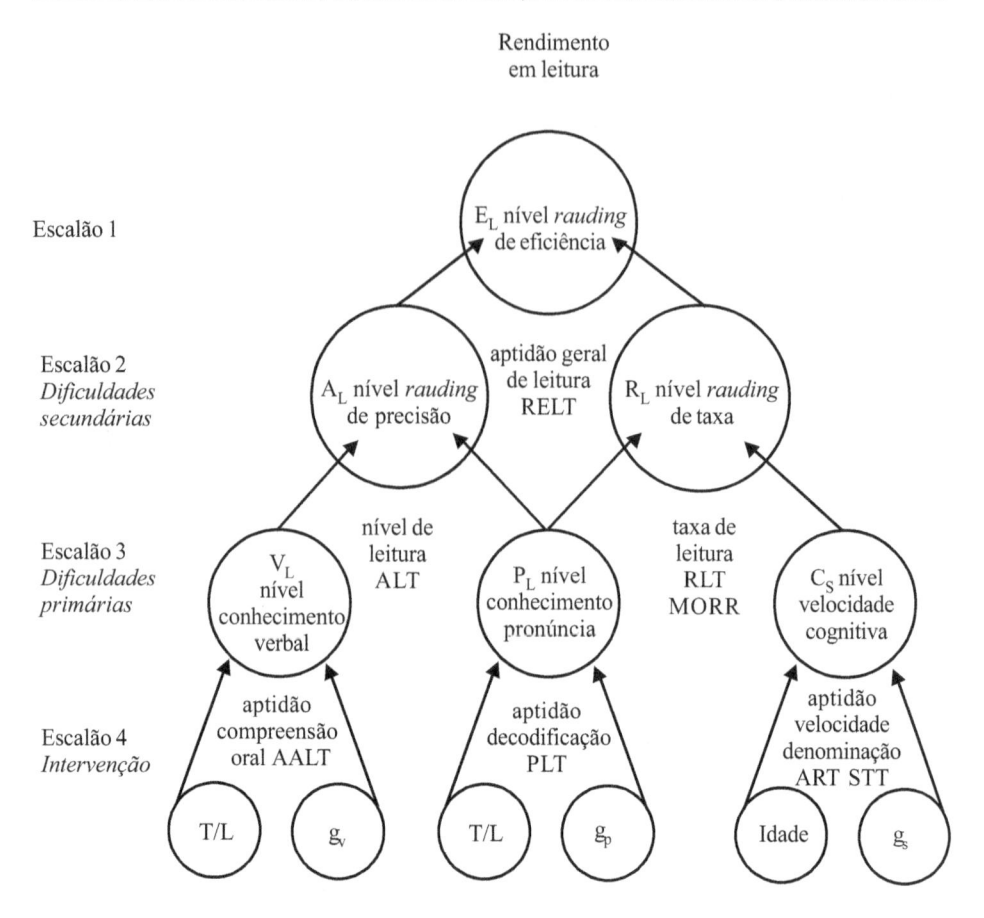

```
                            Rendimento
                            em leitura
                                 │
                                 ▼
                        ┌─────────────────┐
Escalão 1               │ E_L nível rauding│
                        │  de eficiência   │
                        └─────────────────┘
                          ▲      ▲      ▲
                          │      │      │
                    ┌─────┴──┐ aptidão geral ┌──────┴───┐
Escalão 2           │A_L nível│ de leitura   │R_L nível │
Dificuldades        │ rauding │    RELT      │ rauding  │
secundárias         │de precisão│            │ de taxa  │
                    └─────────┘              └──────────┘
                      ▲    ▲                   ▲     ▲
                      │    │ nível de      taxa de  │
Escalão 3         ┌───┴┐   │ leitura       leitura ┌┴────┐
Dificuldades      │V_L │   │   ALT  ┌────┐  RLT    │C_S  │
primárias         │nível│  │        │P_L │  MORR   │nível│
                  │conhe-│ │        │nível│        │veloc.│
                  │cimento│ │       │conhe-│       │cognit│
                  │verbal │ │       │cimento│      │      │
                  └──────┘  │       │pronún.│      └──────┘
                     ▲      │        └──────┘         ▲
                     │  aptidão        ▲   ▲          │
Escalão 4         compreensão      aptidão         aptidão
Intervenção       oral AALT      decodificação     velocidade
                                     PLT          denominação
                                                   ART STT
                   ┌───┐ ┌──┐    ┌───┐ ┌──┐     ┌────┐ ┌──┐
                   │T/L│ │g_v│   │T/L│ │g_p│    │Idade│ │g_s│
                   └───┘ └──┘    └───┘ └──┘     └────┘ └──┘
```

RELT = *Rauding Efficiency Level Test*
ALT = *Accuracy Level Test*
MORR = *Maximum Oral Reading Rate*
AALT = *Auding Accuracy Level Test*

(Adaptado a partir de Carver e Clark, 1998, p. 456; explicação no texto).

**Figura 4.5** Modelo causal do rendimento em leitura.

Embora seja preciso experimentar este modelo em diferentes áreas, com crianças menores e em outros ambientes culturais, ou até mesmo necessite de outros para incluir outras aptidões e outros componentes, ele apresenta uma lógica nunca antes utilizada na história das dificuldades de leitura e vale a pena ser explorado em outros domínios específicos.

## OPERACIONALIZAÇÃO DA DEFINIÇÃO CONSENSUAL DO NJCLD

Esta definição e o processo de intervenção, que desenvolvi no capítulo introdutório, representam uma alternativa matizada para o critério de discrepância que teria de ser considerado aqui (ver "Introdução e Apresentação").

### AGENDA ESPANHOLA PARA O CAMPO DAS DAs

A elaboração de uma agenda específica de atuações e de pesquisa aplicada na Espanha na área em que seja apresentada clareza terminológica é nescessária para que se estimule o intercâmbio de pesquisas, promova iniciativas e contribua para a formação de profissionais, de professores e de público em geral, incluindo as administrações públicas, na importância do tema na criação de serviços educativos e de toda a índole para essas pessoas.

### CONCLUSÕES

Deve-se dar primazia às alternativas que enfatizam a conexão entre avaliação e intervenção em um processo contínuo e mutuamente apoiado:

> [...] estes *enfoques de avaliação e intervenção* permitem criar laços mais estreitos entre *ciência, política e práticas educativas cotidianas* que estiveram praticamente ausentes para as crianças com DA (Fletcher et al., 1998, p. 201, grifo meu).

Entre as alternativas de interesse estão os modelos de componentes, como os de leitura (Aaron, 1997; Carver e Clark, 1998; Spear-Swerling e Sternberg, 1994), de escrita (García, 2000a, b) ou de matemática (Aaron, 1997), além de outros modelos mais gerais que abordam o baixo rendimento (Goldstein e Mather, 1997). Situar essas alternativas diretamente relacionadas ao ensino ou à intervenção é fundamental, como no caso da avaliação centrada no currículo (Fuchs e Fuchs, 1998) ou na operacionalização da definição consensual, na primeira fase recomendada pelo NJCLD (1998b).

Poucos duvidam, nesse momento, de que todos os alunos com baixos rendimentos precisam de diferentes tipos de ajuda. Basear a decisão de proporcioná-la ou não no critério de discrepância não é aceitável, uma vez que qualquer que seja a medida que usemos, ou a fórmula, ou o critério específico, dará margem a uma seleção de alunos diferentes. O mais pertinente é iniciar precocemente a intervenção para que ela comprove a própria seleção, assegurando-nos que todos os alunos com baixos rendimentos recebam ajuda – forma preventiva e mais eficaz.

O problema básico do que entendemos por DA continua sem solução em nossa área, e como não podemos aceitar o modelo de discrepância, tampouco o de "via final comum", nem o de equiparar as DAs ao retardo mental, temos de buscar alternativas científicas que dêem respostas eficazes e coerentes. Entre essas alternativas, a que se baseia na *validade do tratamento* parece a mais coerente e "justa", não sendo necessário esperar que a criança complete 10 anos para implementá-la. Pode ser aplicada em todos os momentos do processo educativo, embora até agora tenha sido comprovada somente na lecto-escrita e na matemática, o que não diminui a necessidade de estendê-la a outras áreas.

# Intervenção Psicopedagógica na Leitura e na Escrita 5

## INTRODUÇÃO

Não é possível revisar todas as questões destes temas, mas, pelo menos, pode-se destacar as questões nucleares que permitem avançar no conhecimento do tema e, principalmente, na forma de avaliar e de intervir.

Segue-se, neste capítulo, parte de nossa publicação (García, 2000c) com atualizações e ampliações.

Na linha da proposta de incluir as funções verbais como um todo sistêmico de módulos relativamente independentes (García, 1999), são abordadas, neste capítulo, as referentes às funções verbais escritas, ou da leitura e da escrita, sua avaliação e intervenção.

Não há dúvidas em relação ao interesse que as funções verbais oferecem à intervenção psicopedagógica.

Por um lado, as muitas pessoas com Transtornos Globais do Desenvolvimento manifestam de uma maneira ou de outra, em geral, dificuldades e problemas com as funções verbais, seja em sua forma oral, seja em sua formação escrita. Isso exige uma análise separada dessas questões para a compreensão da avaliação e para a intervenção em relação a essas pessoas. Segundo Cantwell e Baker (1987), podem-se observar diferentes problemas de linguagem e de fala, assim como na leitura e na escrita, ou dificuldades da aprendizagem nos Transtornos Globais do Desenvolvimento (García, 1998c, p. 169-172).

Por outro lado, a compreensão dos transtornos relacionados ao desenvolvimento da linguagem e da aprendizagem exige abordar uma concepção sistêmica e modular, como a que se propõe aqui.

Os Transtornos da Aprendizagem (García, 1997a, b, 1998a, b) podem, de fato, sobrepor-se a outros Transtornos Globais do Desenvolvimento quando a defasagem acadêmica é significativamente maior do que a que seria esperável e explicável pela presença de um transtorno de desenvolvimento, com o que se deveria falar de dois tipos de transtornos: o do desenvolvimento e o da aprendizagem.

Além disso, dentro da concepção do sistema educativo espanhol, na LOGSE, entende-se que quando um aluno apresenta dificuldades na aprendizagem, *independente da causa*, que não possam ser resolvidas com os meios ordinários do sistema, deve ser considerado um aluno com necessidades educativas especiais.

As dificuldades na aprendizagem das funções verbais escritas, leitura e escrita, são um critério básico na consideração dos problemas especiais de um aluno. Essa consideração determinará os tipos de adaptação curricular pertinentes e os tipos de medidas precisas de intervenção psicopedagógicas no contexto de atenção à diversidade (Álvarez, González-Pienda e Núñez, 1998).

Neste capítulo nos referimos à leitura e à escrita. E, embora a forma de abordar a questão também ofereça possibilidades diversas (García, 1999), em função da quantidade de enfoques e de perspectivas desde as quais se pode estudar, seguimos uma perspectiva psicológica ou, se se prefere, desde a *psicologia e neuropsicologia cognitivas, enfatizando um enfoque modular*, abordando o estudo das funções verbais desde a *psicologia e neuropsicologia cognitiva da leitura* (Van den Bos et al., 1994; Brown e Ellis, 1994; Ellis e Young, 1992; Hillis e Caramazza, 1995; Huettner, 1994; Reid, 1998; Rueda, 1995, 1998; Wrigth et al., 1995) e desde a *psicologia e neuropsicologia cognitivas da escrita* (Brown e Ellis, 1994; Ellis e Young, 1992; Hillis e Caramazza, 1995; Kellogg, 1994; Phillips e Goodall, 1995; Wright et al., 1995). E em cada uma destas disciplinas é possível identificar e intervir nos módulos, nos componentes ou nos processos respectivos implicados nas tarefas da leitura e da escrita.

Como no estudo da linguagem (García, 1999), a avaliação das funções verbais escritas, fazendo uma abstração de outras características e questões, pode ser proposta pelo menos a partir de duas perspectivas que se situam ao longo de um *continuum* entre a perspectiva formal e a informal.

A perspectiva formal ou a análise de instrumentos padronizados (Alonso, Cruz e Carriedo, 1995; Fernández-Ballesteros e León, 1995) oferece certas vantagens, sendo obrigatório reunir o catálogo de testes de instrumentos, suas características técnicas e seu significado em relação às funções verbais escritas, sua utilidade e facilidade ou não de uso. Muitas vezes refletem modelos ou marcos teóricos contrapostos e nem sempre intercambiáveis e comparáveis entre si.

Os marcos teóricos de referência, utilizando *tarefas não-padronizadas* diferentes, algumas das quais procedentes dos testes e dos instrumentos padronizados, mas cujo foco de interesse é o modelo teórico, bem-compreendido e dominado pelo que avalia, e as tarefas que se utilizam não seriam senão meios para se chegar à compreensão dos componentes, dos módulos ou dos processos cognitivos que participam na leitura e na escrita (Sánchez, 1997; Sánchez e Cuetos, 1998; Cuetos e Sánchez, 1998). Dessa segunda perspectiva, o que parece pertinente é a descrição minuciosa do modelo ou dos modelos de referência que justificam e dão sentido à avaliação, permitindo sua interpretação de forma coerente.

Agora nos centraremos principalmente na segunda perspectiva, procedente da psicologia cognitiva, tentando – para o caso da escrita – delinear um marco teórico amplo, no qual possamos integrar modelos concretos e específicos (García, 1998d; 2000a e b) em um capítulo posterior. As ênfases em modos de abordar a avaliação, mais de acordo com a natureza das funções verbais, como a denominada avaliação interativa e dinâmica (Haywood e Tzuriel, 1992), são compatíveis com a perspectiva adotada neste capítulo.

A intervenção nas funções verbais escritas teria de seguir, conseqüentemente, os mesmos caminhos. É preciso haver coerência entre a avaliação, baseada em tarefas dos processos cognitivos implicados na leitura e na escrita, e a intervenção nesses mesmos processos. A intervenção deveria ser feita em função do processo ou dos processos alterados, além de considerar outros aspectos, de uma maneira global, em que se considera toda a pessoa que sofre algum transtorno em relação às funções verbais, suas características, seu nível de desenvolvimento comunicativo e lingüístico especificamente, etc. (Cantwell e Baker, 1987; Kaiser, Alpert e Warren, 1988; McDonald, 1997; Warren e Reichle, 1992).

A avaliação e a intervenção deverão considerar, sem sombra de dúvida, o tipo de transtorno das funções verbais e sua etiologia (Donaldson, 1995) e os diferentes processos que o compõem (García, 1998d; Sánchez e Cuetos, 1998; Cuetos y Sánchez, 1998). Igualmente, aspectos que se alteram em relação, ou como conseqüência, às alterações da linguagem escrita, como as habilidades sociais (Rustin e Kuhr, 1994), também teriam de ser objeto de avaliação e de intervenção.

A seguir, abordaremos, de forma sucessiva, a avaliação e a intervenção na leitura e também na escrita. Parte-se do *enfoque modular* (ver Figura 5.1 e Anexo) delineado a partir de Morton (García, 1999), e se enriquece, principalmente no caso da escrita, com um enfoque teórico amplo – ver mais adiante os capítulos respectivos –, em que se integram os módulos anteriores, junto com outros componentes psicológicos que participam na escrita, embora não seja de forma nuclear, mas que contribuem para sua compreensão, avaliação e intervenção desde a psicologia da escrita (ver García, 2000a, b).

A hipótese da *modularidade* implica o fato de existirem subsistemas relativamente diferenciados, a aceitação de certo *isomorfismo* relativo entre a estrutura mental e a do cérebro, o pressuposto da transparência que implica que, mediante tarefas específicas, a pessoa com transtornos manifestará o módulo ou módulos alterados e o pressuposto da *subtratividade* ou reflexo do funcionamento mental completo menos o do módulo alterado.

Cada um dos processos ou módulos é relativamente independente dos outros, refletidos na alteração diferencial em pessoas com lesão cerebral, pois se observam casos em que se altera um e não o outro ou os outros e vice-versa. Dentro de cada um dos processos ou módulos poderíamos aprofundar e desenvolver os subprocessos participantes conforme a tarefa implicada, sendo que os processos e subprocessos que participam da leitura não são os mesmos que participam da escrita, assim como não participam os mesmos subprocessos para o caso de tipos de subtarefas diferentes; por exemplo, dentro da escrita, fazer uma cópia não é o mesmo que fazer um ditado ou uma redação.

Este modelo, embora tenha sido construído a partir de dados de pessoas adultas com lesões cerebrais, como afásicos, aléxicos, agráficos, pode perfeitamente ser aplicado em crianças (disfásicas, disléxicas e disgráficas) como mostramos em uma pesquisa recente sobre a avaliação dos processos cognitivos da escrita em crianças e jovens com Transtorno da Expressão Escrita (n = 213) e sem (n = 311) (García, 1998d).

Deveriam ser diferenciadas (García, 1998a, b) as alterações por efeito de uma lesão cerebral constatável que produz a perda de uma função adquirida previamente, o que denominaríamos com o prefixo *a-*, e assim falaríamos de afasia, alexia ou agrafia, seja em crianças, seja em adolescentes ou seja em adultos, dos transtornos evolutivos e que representam atrasos no desenvolvimento, o que denominaríamos com o prefixo *dis-*, e assim falaríamos de disfasia, dislexia e disgrafia.

No DSM-IV (APA, 1995) se fala de disfasia, dislexia ou disgrafia quando são adquiridas por efeito de um dano cerebral localizado e constatável em crianças, que, como se sabe, teriam bom prognóstico, mas em que permanecem seqüelas além do que seria esperável como efeito de uma alteração cerebral. A *expansão do modelo modular* para todas as situações em que não há constatação de dano cerebral evidente permitiria falar com o prefixo *dis-*.

A avaliação e a intervenção, segundo este modelo modular, supõem o desenvolvimento de tarefas específicas, adaptadas às características de idade, nível cultural, situação de saúde do sujeito, etc., que considerem o processo ou os processos alterados e que permitam, mediante ajudas precisas, a implementação de estratégias pertinentes para sua superação (García, 1998a, b; 2000a, b).

A seguir ilustraremos este ponto para a leitura e para a escrita, que, como pode ser observado no modelo, formam um todo integrado junto com a linguagem oral. Por exemplo, a avaliação dos mecanismos de conversão pode-se realizar de forma muito eficaz mediante o uso de pseudopalavras representativas da língua respectiva.

Uma aplicação deste modelo na leitura para o caso de um Transtorno Global do Desenvolvimento, deficientes visuais, se pode ver em Simón (1994) e Simón, Ocaíta e Hertas (1996), em que se comprova todo o funcionamento do modelo, mas para o caso de uma via perceptiva não-visual, mas tátil, como é o caso do Braille.

**Quadro 5.1** Avaliação dos mecanismos de conversão fonema a grafema mediante pseudopalavras derivadas de palavras reais

"Meskits" (derivada de "biscuits"), "tropaply" (de "probably"), "ereshant" (de "elephant"), "foltano" (de "volcano"), "skapeddi" (de "spaghetti"), "spapistics" (de "statistics"), "teroscote" (de "telescope"), "imbichent" (de "indigent"), "kebestrian" (de "pedestrian"), "karpigular" (de "particular"), "etosprosee" (de apostrophe"), "adnesteric" (de "atmospheric"), "panamity" (de "calamity"), "carimature" (de "caricature"), "ponverlation" (de "conversation"), "grishanthenum" (de chrysanthemum"), "torichipal" (de "dirigible"), "zacradery" (de "secretary"), "araminam" (de "aluminum"), "phirotofical" (de "philosophical"), "didliokraty" (de "bibliography"), "sarnatutical" (de "pharmaceutical"), "onamifidy" (de "anonimity"), "gysiolochipal" (de "physiological"), "deconfiliation" (de "reconciliation"), "iliodintratic" (de "idiosyncratic"), "terspecacity" (de "perspicacity"), "gonflidration" (de "conflagration"), "nagmivishent" (de "magnificent"), "gretiminary" (de "preliminary"), etc.

**Cada pseudopalavra se deriva de uma palavra real, servindo esta de modelo de pronúncia daquelas.**

(Schwartz, 1993, Apêndice 1)

Há vários problemas neste modelo, conforme já comentamos, como a nã-inclusão dos processos sintáticos, fundamentais tanto na fala quanto na leitura e na escrita. O modelo de Stemberger (1990), por exemplo, tentaria completar essa lacuna, incluindo, além disso, o papel de outros sistemas cognitivos e dos fatores pragmáticos e contextuais. Os processos de planejamento ou prévios à escrita são outros dos processos que não estão contemplados, mas que se analisam com detalhe neste capítulo, por ter uma grande utilidade com fins educacionais.

## AVALIAÇÃO E INTERVENÇÃO NA LEITURA

A mesma lógica que seguimos para as funções verbais orais (García, 1999) pode ser seguida para a linguagem escrita.

Também podem ser adotados enfoques específicos, como os modulares, que estão integrados com a linguagem oral e com a escrita (ver Figura 5.1).

Podem ainda ser adotados enfoques mais ecléticos, procedentes dos testes para o caso de pessoas com dano cerebral, por exemplo do Teste de Boston, ou em geral com aplicações educativas, mas utilizáveis clinicamente, como o TALE do EDIL ou outros.

## O ENFOQUE MODULAR DA LEITURA

Uma aplicação clara deste enfoque é o que se passou a chamar de psicologia da leitura, também da linguagem e da escrita, e que considera os processos psicológicos envolvidos diretamente na leitura.

Esses processos podem ser sintetizados em quatro tipos (Belinchón et al., 1992; Ellis e Young, 1992; García, 1998a, b; Hillis e Caramazza, 1995; Valle, 1992; Valle et al., 1990a, b). Parte desse modelo foi resumida na Figura 5.1. Postular que se trata de passos sucessivos ou interativos depende do estado dos conhecimentos atuais e das evidências clínicas e empíricas proporcionadas por casos clínicos, ou pesquisas com pessoas sem transtornos que dêem conta dos mesmos.

Em primeiro lugar, estão os *processos perceptivos*. Eles incluem os subprocessos de extração de informação, a recuperação na memória icônica e daí para a de curto prazo para o reconhecimento e análise lingüística.

O segundo tipo de processo é o *lexical*, ou de recuperação da palavra. Há diversas teorias a respeito (Rueda, 1995), embora a mais aceita, e que mais possibilidades ofereceu, seja a das duas rotas, se bem que se assumiu a de três rotas, a de uma rota e até mesmo se postulou a ausência de rotas, invocando mecanismos do tipo analógico para recuperar a palavra.

A teoria das duas rotas postula a existência de uma rota ortográfica, direta, visual ou lexical, em que se recupera a palavra de forma global e explica a recuperação das palavras conhecidas. E uma rota indireta ou fonológica ou baseada nos mecanismos de transformação do fonema em grafema e que explica a recuperação das palavras desconhecidas e as não-palavras.

Há um consenso geral em considerar que esse tipo de processo léxico é o responsável pela maioria das dislexias e dos Transtornos da Aprendizagem. A conexão dessas duas rotas com o sistema semântico é obrigatória para a compreensão da palavra.

A seguir entrariam em funcionamento os *processos sintáticos*, em que se incluiriam os processos de agrupamentos de palavras em frases e parágrafos, o uso de chaves sintáticas, o manejo dos sinais de pontuação e a conexão com o sistema semântico para a compreensão de toda a estrutura.

Finalmente, os *processos semânticos* integram o significado das palavras, das frases, dos textos, utilizando as chaves lingüísticas, extralingüísticas e contextuais do conhecimento prévio do sujeito. Supõe a integração da informação nos conhecimentos do leitor.

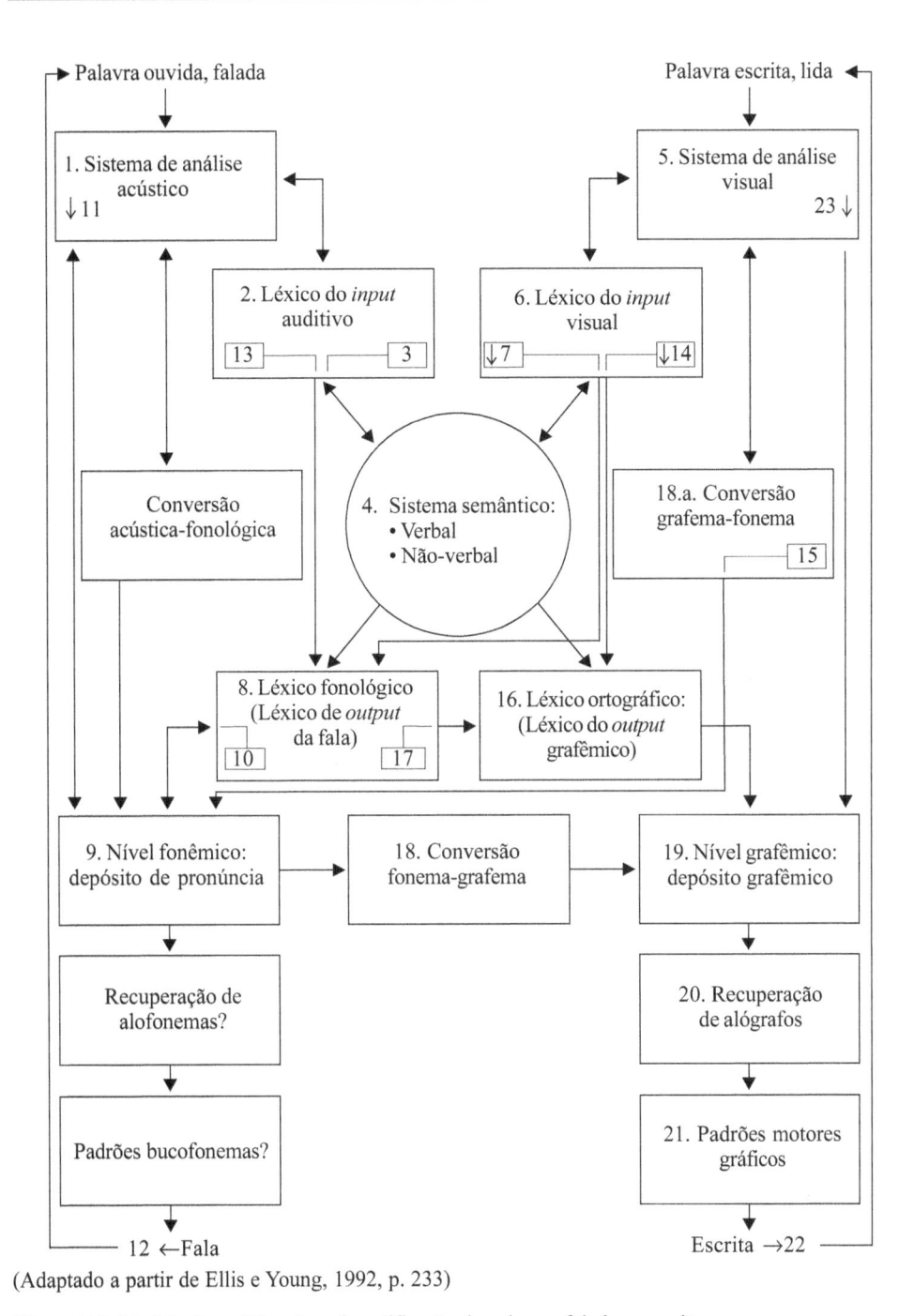

# DIFICULDADES DE APRENDIZAGEM E INTERVENÇÃO PSICOPEDAGÓGICA  115

```
    Palavra ouvida, falada                              Palavra escrita, lida
            │                                                    │
            ▼                                                    ▼
   1. Sistema de análise      ◄─────►      5. Sistema de análise
        acústico                                    visual
      ↓11                                                      23 ↓

         2. Léxico do input              6. Léxico do input
            auditivo                         visual
          [13]      [3]                   [↓7]      [↓14]

                                                        18.a. Conversão
     Conversão           4. Sistema semântico:          grafema-fonema
   acústica-fonológica      • Verbal                         [15]
                            • Não-verbal

         8. Léxico fonológico         16. Léxico ortográfico:
           (Léxico de output            (Léxico do output
              da fala)                      grafêmico)
           [10]    [17]

    9. Nível fonêmico:    18. Conversão        19. Nível grafêmico:
    depósito de pronúncia  fonema-grafema      depósito grafêmico

     Recuperação de                              20. Recuperação
      alofonemas?                                  de alógrafos

     Padrões bucofonemas?                       21. Padrões motores
                                                      gráficos

         12 ←Fala                                Escrita →22
```

(Adaptado a partir de Ellis e Young, 1992, p. 233)

**Figura 5.1** Modelo de codificação e decodificação de palavras faladas e escritas.
Explicação em Apêndice.

A avaliação e a intervenção seguiriam a mesma lógica.

Por um lado, a avaliação se basearia na precisão diagnóstica, no uso de tarefas específicas projetadas para isso, nas quais se podem utilizar testes tradicionais, mas encaixando com as pretensões do modelo e dando conta do funcionamento de um sujeito no mesmo, de seus déficits e habilidades.

A intervenção se basearia na precisão diagnóstica prévia e no desenvolvimento de ajudas precisas *(scaffolding)* de chaves externas e de sua eliminação progressiva que vão transferindo o controle da função alterada para o sujeito (autoregulação) e o uso de vias alternativas intactas. Em parte, esse enfoque deve muito às proposições de Luria, embora parta dos profundos conhecimentos atuais da psicologia cognitiva humana.

Como se pode ver no Quadro 5.2 de forma sintética, são desenvolvidas tarefas para avaliação de cada um dos processos e subprocessos. O resultado da execução das tarefas nos revela o estado alterado ou intacto ou até mesmo seu nível de desenvolvimento no caso de crianças e permite interpretar o funcionamento de todo o sistema cognitivo implicado na leitura (Cuetos, 1990; Simón, 1994; et al., 1996; García, 1998a, b).

No quadro 5.3, é apresentada uma síntese de alguns procedimentos e exercícios úteis para o tratamento dos processos de leitura. Em geral, muitas das tarefas utilizáveis para a avaliação podem servir para a intervenção, com algumas exceções muito importantes. Por exemplo, nunca se deve utilizar o ditado para o tratamento das regras ortográficas, pois automatizariam o erro.

O procedimento a seguir implica partir de muitos exemplos concretos, com sinais e desenhos expressando seu significado, automatizá-los e ir extraindo a regra geral e (só após o domínio e com um *feedback* permanente, por exemplo, com cartas em que no outro lado está o desenho do objeto e a escrita correta) já se poderia utilizar o ditado, mas só das palavras trabalhadas previamente.

Uma ilustração de um programa baseado na psicologia cognitiva para o ensino na leitura e em formato CD-ROM pode-se ver em Rueda (1998). Embora desenvolvido para crianças, poderia oferecer possibilidades clínicas e para pessoas com transtornos de origem cerebral ou neurológico e do desenvolvimento em geral. Muitas das estratégias utilizadas na escrita também poderiam servir, logicamente utilizadas como leitura. Seja como for que esses processos sejam compartilhados em algum sentido com a linguagem oral, serviriam também para esse propósito e para a modalidade escrita (leitura ou escrita), apoiando e potencializando a intervenção.

**Quadro 5.2** Tarefas para a avaliação dos processos cognitivos implicados na leitura

| | *Avaliação dos processos perceptivos* |
|---|---|
| *Movimentos oculares e fixações* | 1. Seguir com o dedo da esquerda para a direita as linhas de um texto.<br>2. Seguir as linhas sem ajuda do dedo.<br>3. Aparelho rastreador de movimentos oculares. |
| *Análise visual* | |
| I. Provas com sinais gráficos | 1. Vinculação de símbolos.<br>2. Discriminação de sinais.<br>3. Tarefa de igual-diferente.<br>4. Testes: Reversal, Frostig. |
| II. Prova com letras | 1. Vinculação de letras.<br>2. Discriminação de letras.<br>3. Tarefa de igual-diferente com letras.<br>4. Prova de igualação à mostra. |
| III. Provas de grupos de letras | 1. Nomear ou soletrar maiúsculas e minúsculas.<br>2. Tarefa de igual-diferente.<br>3. Soletramento oral de palavras. |
| | *Avaliação dos processos léxicos* |
| *Rota ortográfica* | 1. Compreensão de homófonos.<br>2. Decisão léxica com pseudo-homófonos.<br>3. Reconhecimento de palavras estrangeiras.<br>4. Leitura de palavras de distintas categorias.<br>5. Leitura de palavras longas *vs.* curtas e equiparáveis em freqüência de uso, concreção e categoria gramatical. |
| *Rota fonológica* | 1. Leitura de pseudopalavras.<br>2. Leitura de palavras de freqüência alta *vs.* freqüência baixa. |
| *Provas complementares* | 1. Repetição.<br>2. Denominação. |

*continua*

**Quadro 5.2** Continuação

*Evolução dos processos sintáticos*

| | |
|---|---|
| *Provas de memória operativa (prévias)* | 1. Prova de repetição de dígitos.<br>2. Prova de repetição de palavras. |
| *Funcionamento de chaves sintáticas* | |
| I. Tarefas de vinculação desenho-oração | 1. Tarefas de vinculação desenho-oração.<br>2. Frases com ordem das palavras modificadas.<br>3. Frases com palavras funcionais modificadas.<br>4. Frases com orações subordinadas modificadas. |
| II. Juízos de gramaticalidade<br>*Capacidade para segmentar as orações em constituintes* | 1. Apresentação de parágrafos com os grupos sintáticos marcados.<br>2. Leitura oral de textos simples. |

*Avaliação dos processos semânticos*

| | |
|---|---|
| *Extração do significado* | 1. Extrair as idéias principais de um texto.<br>2. Prever o final de um texto.<br>3. Integração das duas frases de uma oração.<br>4. Ordenar frases para formar uma narração. |
| *Integração do significado em seus conhecimentos* | 1. Escolha de orações como pertencentes ao texto lido antes.<br>2. Inferências. |
| *Conhecimentos do leitor* | 1. Perguntas do conteúdo de esquemas referidos no texto.<br>2. Prova de conhecimentos gerais ("Informação" do WISC).<br>3. Prova de vocabulário ("Vocabulário" do WISC). |

## UMA ILUSTRAÇÃO: A PESQUISA DE HILLIS E CARAMAZZA

Hillis e Caramazza (1995) estudam dois casos com déficits espaciais específicos por dano cerebral e utilizam dois modelos modulares que nos são familiares ao observar o modelo de Ellis e Young (1992) a partir de Morton, um para dar conta dos processos de *output* no soletramento oral e escrito, e outro para dar conta dos processos de *input* na leitura. Cada um inclui vários níveis de representação das primeiras etapas no reconhecimento da palavra.

É possível fazer previsões acerca da execução dos pacientes em cada um dos níveis de representação postulados, em função do tipo de tarefa. Estes modelos se confirmam com os dados dos dois pacientes estudados.

O *modelo de processos de* output *para o soletramento* tem duas partes componentes em cada um dos três níveis, segundo se trate da tarefa do soletramento oral ou do soletramento escrito. Para a tarefa do soletramento oral, o modelo inicia com a conversão fonológica-ortográfica (primeiro nível), conecta com a descrição do grafema centrado na palavra (segundo nível) e ativa a conversão do nome da letra (terceiro nível) para produzir o soletramento oral. Para a tarefa do soletramento escrito, o modelo inicia com o repertório de *output* ortográfico (primeiro nível), conecta com a descrição grafêmica (segundo nível) e continua com a conversão alográfica (terceiro nível) para produzir o soletramento escrito.

O *modelo de processos de* input *de leitura* inicia a partir do *input* visual: 1) sobre o qual atua o mapa de traços centrados na retina (primeiro nível), em que os traços visuais das palavras-estímulos são representados com a posição absoluta no campo visual; 2) conecta com o mapa das formas das letras centradas no estímulo (segundo nível), estando as formas das letras representadas em relação a outras letras na palavra-estímulo; e 3) chega à descrição do grafema centrado na palavra (terceiro nível), em que se representam a seqüência, a fonte e os grafemas independentemente orientados. Há, então, duas possibilidades: ou na forma de repertório ou léxico de *input* ortográfico ou na forma de conversão ortográfica-fonológica. Isso ilustra a utilidade dos modelos na interpretação dos dados e das condutas de pessoas com Transtornos Globais do Desenvolvimento e, além disso, como se integram os dados da fala (soletramento oral), ilustra também a escrita (soletramento escrito) e a leitura a partir de palavras simples e do soletramento.

## AVALIAÇÃO E INTERVENÇÃO NA ESCRITA

A escrita faz parte das funções verbais e se acha integrada perfeitamente no enfoque modular, como se pode ver na Figura 5.1, na p. 115. No entanto, podemos

**Quadro 5.3** Intervenção nos déficits dos processos cognitivos implicados na leitura

| | *Intervenção nos processos perceptivos* |
|---|---|
| *Exercícios* | 1. Discriminação de desenhos e letras.<br>2. Busca de determinados estímulos.<br>3. Inicia-se com materiais não-verbais (figuras, sinais, números).<br>4. Continua com materiais verbais. |
| | *Intervenção nos processos léxicos* |
| *Rota ortográfica: exercícios* | 1. Objetivo: conseguir representações léxicas e conexões com o sistema semântico.<br>2. Procedimento: associação sinal gráfico-significado.<br>• Apresentar várias vezes a palavra escrita, indicando sua pronúncia e seu significado.<br>• Uso de chaves externas: palavra + desenho; palavra + contexto; palavra + mímica.<br>• Retirada de ajudas e auto-regulação. |
| *Rota fonológica: exercícios* | 1. Objetivo: regras fonema-grafema.<br>2. Procedimento: construir e transformar palavras com letras de plástico.<br>• Palavras com sons similares.<br>• Análise grafêmica: eliminar e acrescentar letras e formar palavras novas.<br>• União de sons: encontrá-los nas palavras.<br>• Atribuição de sons a letras.<br>• Exercícios fonológicos: rima, grafemas, etc.<br>• Retirada de ajudas e auto-regulação. |

*continua*

**Quadro 5.3** Continuação

| | *Intervenção nos processos sintáticos* |
|---|---|
| *Estruturas sintáticas e palavras funcionais: exercícios* | 1. Objetivo: atribuição de funções sintáticas.<br>2. Procedimento: chaves externas (cores, desenhos).<br>• Orações reversíveis e dois desenhos.<br>• Uso de diagramas, flechas, cores.<br>• Retirada de ajudas e auto-regulação. |
| *Sinais de pontuação: exercícios* | 1. Objetivo: automatização dos sinais de pontuação, entonação e pausas.<br>2. Procedimento: chaves, cores, aumento de tamanho, maior separação entre as palavras, palmas, gestos.<br>3. Retirada de ajudas e auto-regulação. *Intervenção nos processos semânticos.* |
| | *Intervenção nos processos léxicos* |
| *Extração do significado: exercícios* | • Extrair as idéias principais de um texto.<br>• Prever o final de um texto.<br>• Integração das duas frases de uma oração.<br>• Ordenar frases para formar uma narração. |
| *Integração do significado em seus conhecimentos: exercícios* | • Escolha de orações como pertencentes ao texto lido antes.<br>• Inferências. |
| *Conhecimentos do leitor: exercícios* | • Perguntas do conteúdo de esquemas referidos no texto.<br>• Proporcionar informação geral.<br>• Proporcionar conhecimentos de vocabulário, conceitos. |

desenvolver modelos específicos, considerando processos não previstos no modelo de Ellis e Young (1992), como os de planejamento ou os sintáticos. Igualmente, podemos ver para a escrita diferentes enfoques de avaliação e de intervenção mais ou menos ecléticos, que não revisaremos aqui. A seguir, comentaremos o enfoque modular e o marco teórico amplo desde a psicologia da escrita.

## ENFOQUE MODULAR DA ESCRITA

Um enfoque modular para a escrita é o proveniente da psicologia cognitiva e, especificamente, desde a psicologia da escrita (Cuetos, 1991; Phillips e Goodall, 1995). Nesse modelo, estão incluídos quatro grandes processos com seus subprocessos respectivos: os processos de planejamento com os subprocessos de geração de idéias, organização de idéias e revisão da mensagem; os processos de construção da estrutura sintática com os subprocessos de tipos de estruturas e chaves sintáticas, com o uso das palavras funcionais e com o uso dos sinais de pontuação; os processos de recuperação de elementos lexicais, com os subprocessos de recuperação de grafemas e da recuperação da palavra por uma das duas rotas, a lexical e a fonológica (regras de conversão grafema a fonema); e, por último, os processos motores com seus subprocessos de recuperação de alógrafos, de recuperação de padrões motores gráficos e de processos executivos e sua monitoração.

A avaliação e a intervenção seguiriam a mesma lógica que descrevemos antes para os enfoques modulares da linguagem oral e da leitura. O uso de tarefas não-padronizadas possibilitam o conhecimento do funcionamento normal ou alterado, e até mesmo seu desenvolvimento, embora seja possível utilizar testes específicos com a mesma finalidade, e a intervenção respectiva, seguindo os mesmos princípios, de precisão diagnóstica do processo ou dos processos alterados, o uso de ajudas e chaves externas, o uso de rotas e vias alternativas (remediação), a retirada progressiva das ajudas e a passagem do controle do funcionamento do processo ao próprio sujeito ou auto-regulação (Graham, Harris e Traia, na imprensa; Sexton, Harris e Graham, na imprensa).

No Quadro 5.4 é apresentada uma síntese das tarefas utilizadas para a avaliação e para o tratamento desses processos. Os processos de construção sintática e de recuperação de elementos lexicais estão presentes também na leitura, guardando certa semelhança, embora de forma inversa e com matizes e aplicado à escrita logicamente; em troca, os processos de planejamento e motores são específicos e guardam certa semelhança com a linguagem oral, mesmo havendo diferenças substanciais por ser este informal, mais espontâneo, com um uso muito mais elíptico e comunicativo do que a escrita. Todas as tarefas são realizadas de forma escrita, mas se pede sua realização de forma oral para comparar sua perícia e dificuldade, o que mostra uma avaliação da linguagem oral e igualmente para o caso da intervenção.

A intervenção surge diretamente da avaliação e, embora se centre nos processos cognitivos, sempre estamos diante de uma tarefa específica de escrita, exatamente como era na leitura ou na linguagem oral. Pode-se ver uma ilustração com a intervenção nos processos de planejamento. Por exemplo, o uso de ajudas externas e de chaves se realiza centrando-se no processo alterado. Assim, caso falhe a informação, é preciso proporcioná-la; se for a memória, terá de lhe recordar os dados; se for a organização dos conhecimentos, pode-se guiar seu pensamento, como faz Bernice Wong (Wong, 1997; 1998; Wong et al; 1996; 1997); se se tratar de um déficit no planejamento dos pensamentos, terá de proporcionar frases de ajuda; e se falhar a ordem da informação, haverá de facilitar a ordenação da mesma (ver capítulo respectivo mais adiante). Nos processos sintáticos e lexicais, vale o que foi dito para a leitura, levando em conta sua especificidade.

**Quadro 5.4** *Avaliação e tratamento dos processos cognitivos implicados na escrita (se realizam também de forma oral para contrastar)*

| | *Processos de planejamento* |
|---|---|
| *Memória (prévias)* | 1. Provas de memória livre. <br> 2. Provas de reconhecimento. |
| *Exercícios de composição* <br> 1. Tarefas de pouca complexidade de planejamento | 1. Descrição de um desenho. <br> 2. Descrição de uma cena. |
| 2. Tarefas de complexidade intermediária | 1. Pedir que narre um conto ou uma história. <br> 2. Pedir que descreva um acontecimento que lhe tenha ocorrido. |
| 3. Tarefas em que participam todos os processos de planejamento <br> *Conversão de matrizes em orações* | 1. Escrever uma redação. <br> 2. Comentar uma notícia. <br> Integração de informação diversa. |
| | *Processos de construção da estrutura sintática* |
| *Informação de tarefas anteriores* | 1. Gramaticalidade das estruturas. <br> 2. Complexidade das estruturas. <br> 3. Extensão das estruturas. <br> 4. Nível de produtividade de frases. <br> 5. Habilidade na colocação de sinais de pontuação. |
| *Construção de frases* | 1. Com várias palavras, fazer uma frase. <br> 2. Com diferente número de palavras. <br> 3. Com diferente grau de relação entre elas. |
| *Ordenar as palavras de uma oração* | 1. Ordenar palavras ou frases desordenadas. <br> 2. Todas as palavras escritas em uma folha. <br> 3. Cada palavra escrita em um cartão. |
| *Reescrita de um texto* <br> *Reelaboração de um texto telegráfico* <br> *Apresentação de um desenho e uma frase com lacunas* <br> *Colocação de sinais de pontuação* | |

*continua*

**Quadro 5.4** – *Continuação*

| | *Processos de recuperação léxica* | |
|---|---|---|
| *Capacidade de gerar palavras (prévias)* | Prova de denominação | |
| *Rota ortográfica* (para o tratamento nunca usar ditado) | 1. Ditado de palavras de ortografia arbitrária.<br>2. Ditado de homófonos. | |
| *Rota fonológica* (regras de conversão grafema ou fonema) | 1. Ditado de pseudopalavras.<br>2. Ditado de fonemas isolados.<br>• Discernir se é um déficit na segmentação de palavras ou no conhecimento das regras. | |
| *Avaliação de regras ortográficas* | 1. Pseudopalavras.<br>2. Palavras com ortografia arbitrária. | |
| | *Processos motores gráficos* | |
| *Tarefas anteriores* | 1. Escrita espontânea.<br>2. Ditado.<br>3. Cópia. | |
| *Recuperação de alógrafos* | 1. Ditado de letras.<br>2. Cópia de maiúsculas para minúsculas e vice-versa.<br>3. Cópia de cursiva para script e vice-versa. | |
| *Padrões motores gráficos* | 1. Cópia livre.<br>2. Escrita à máquina.<br>3. Escrita com letras de papelão ou plástico.<br>4. Escrita através do espelho. | |
| *Processos executivos* | 1. Realização de desenhos.<br>2. Unir letras e desenhos pontilhados.<br>3. Exercícios de recortar, rasgar, furar com punção. | |
| *Contraste com níveis lexicais* | Soletramento oral. | |

# Apêndice

Explicação do enfoque modular das funções verbais, Figura 5.1, p. 115
(Adaptado a partir de Ellis e Young, 1992, p. 224-229)

O primeiro processo parte do *sistema de análise acústico ou auditivo* que identifica e isola os sons (fonemas) dentro da onda sonora da fala sem considerar a pronúncia ou a velocidade de produção da fala ou da voz, e sem considerar o ruído ou interferências, o que implica um sistema reflexivo e que responda a essas variações.

Às vezes, esse sistema de análise auditivo se altera em pacientes com *surdez verbal pura*, apresentando, além disso, alterações na compreensão e na repetição de palavras ouvidas, mantendo intactas a fala, a leitura e a escrita. Às vezes, o transtorno é seletivo, isolam-se as vogais, mas não as consoantes. Os apoios procedentes do contexto, de indícios faciais, da leitura labial, do fluxo lento de fala permitem uma certa compreensão. No caso do fluxo lento da fala, os sons podem ser processados de forma fonética e pelo hemisfério direito, o que é menos eficaz.

O segundo processo implica o *repertório ou léxico do* input *auditivo*, permite reconhecer as palavras familiares, o que proporciona a informação de se a palavra é nova ou se foi ouvida previamente. Sua compreensão implicará a ativação e a conexão com o sistema semântico. É o caso de pacientes que não reconhecem as palavras, mas que podem repeti-las a partir da rota que vai do *sistema de análise acústico* até o *nível fonêmico*. O fato de a repetição ser correta diferencia este transtorno do anterior, "surdez verbal pura". A produção da fala não tem por que se alterar. É o caso dos pacientes com *surdez para o significado das palavras* em que a leitura e a escrita são adequadas, mas não são compreendidas as pseudopalavras e são cometidos erros no ditado de homófonos quando estes não são compreendidos.

O terceiro nível conecta o *repertório de* input *auditivo* com o *sistema semântico*. Quer dizer, qualquer palavra, isolada fonologicamente, e reconhecida como familiar pode ser compreendida.

A alteração específica desse vínculo implicará a não-compreensão das palavras junto com uma repetição de palavras e de não-palavras e isolará corretamente em nível auditivo as não-palavras (decisão léxica auditiva). Trata-se de uma alteração na *compreensão auditivo-vocal* em que a compreensão de leitura de palavras familiares ou conhecidas ou a produção da fala pode estar intacta. É o caso de certos pacientes com *surdez verbal pura* sem alteração no ditado de palavras irregulares não-compreendidas. Além disso, os pacientes com *afasia (ou disfasia) de acesso semântico* seletiva para certas categorias de palavras se encaixariam no déficit nesta conexão.

O quarto processo se refere ao *sistema semântico* no qual são representados os significados das palavras (Balota, 1990). Seria equivalente à *memória semântica* de diferentes teorias atuais do processamento da informação. Constaria de uma parte não-verbal referente aos significados sobre os objetos e pessoas e uma parte verbal, na qual se armazenam os significados das palavras.

São muitos os transtornos que afetam o sistema semântico. A Demência e os transtornos categoriais específicos são acompanhados de alterações da compreensão, da produção, da leitura e da escrita, por igual. A afasia (ou disfasia) profunda é acompanhada de confusões semânticas nas tarefas de repetição (auditivo-vocal). A alexia (ou dislexia) profunda é acompanhada de confusões semânticas na leitura em voz alta e de efeito de imaginabilidade em que as palavras abstratas são lidas pior do que as concretas ou imagináveis.

O quinto processo se refere ao *sistema de análise visual*. Identificaram-se três grandes funções no mesmo: 1) a *identificação* das letras nas palavras escritas ou seqüência de letras ou não-palavras; 2) a *codificação* de cada letra segundo a posição na palavra; e 3) o *agrupamento ou cluster perceptivo* das letras que formam palavras.

O *sistema de análise visual* tem a capacidade de identificar, ao mesmo tempo, várias letras de forma simultânea e paralela, o que implica não lhe afetar apenas o comprimento da seqüência falada para o reconhecimento de palavras familiares. A explicação do funcionamento deste sistema é diversa. Segundo a *teoria de leitura de letra por letra*, as letras são identificadas de forma seqüencial, enviando-se ao *repertório ou dicionário de* input *visual*, segundo a interpretação de Patterson e Kay.

Em pacientes com alexia (ou dislexia) de diferentes tipos, pode-se alterar alguma das funções anteriores.

O sexto processo se refere ao *repertório ou dicionário de* input *visual* que seria comparável ao nível de leitura com o *repertório de* input *auditivo* para a fala. Tem a função de identificar as seqüências de letras que constituem palavras familiares escritas. Diante de palavras não-familiares, pode atuar por analogia visual ou por analogia na pronúncia. A compreensão implica sempre uma conexão com o sistema semântico. Sua pronúncia correta exige a conexão e a ativação da forma falada no repertório de *output* da fala.

São típicas as alterações desse componente em muitas formas de alexia (ou dislexia). Especificamente, na alexia (ou dislexia) visual aparecem confusões visuais, tais como ler bancada por pancada, salada por selada ou cadeira por caldeira.

O sétimo nível se refere à conexão entre o *repertório de* input *visual* e o *sistema semântico*, o que torna possível a compreensão e a ativação do significado das palavras escritas reconhecidas como conhecidas ou familiares.

Quando se altera esta conexão, observa-se uma *decisão léxica visual* correta, quer dizer, diferenciam-se as palavras familiares das não-familiares e não-palavras (*repertório de* output *visual*), mas ocorrem falhas em sua compreensão, ou ela é feita com lentidão ou não existe, como acontece nos pacientes com *alexia (ou dislexia) de acesso à semântica*, isso em um contexto em que não se alteram outras tarefas como a escrita, a fala ou a compreensão auditiva verbal.

O oitavo processo se refere ao *repertório ou léxico de* output *da fala*, cuja função é ter disponível para quem fala a forma falada das palavras. Quando se fala, ativa-se a forma falada desde o sistema semântico. Quando se lê, a ativação pode provir ou do sistema semântico ou também dos diferentes nexos que se ativam desde o *repertório de* input *visual*. A freqüência de uso é uma variável que determina a rapidez e a facilidade da ativação da forma falada das palavras no *repertório de* output *da fala*.

Nos afásicos (ou disfásicos) anômicos aparecem dificuldades na evocação de palavras das quais conhecem o significado. Podem recuperar apenas palavras de alta freqüência de uso, e criar aproximações em forma de neologismos para as de menor freqüência de uso (fenômeno da palavra na ponta da língua), comum em pacientes com *jargofasia neologística* com certa semelhança com a palavra buscada (aproximações fonológicas).

O nono processo se refere ao *nível fonêmico*, em que estariam organizados os sons, assim como estariam as letras no *nível grafêmico*. Recebe conexões e informações de três procedências: 1) desde o *sistema de análise auditivo*, o que permite a repetição das palavras familiares e não-familiares ou não-palavras; 2) desde o *repertório de* output *da fala*, ilustrado pela ativação dos fonemas durante a fala espontânea, durante a leitura em voz alta, durante a repetição com compreensão (mediada pelo sistema semântico) ou durante a denominação de objetos; e 3) desde os *mecanismos de conversão grafema a fonema* ilustrado pela leitura em voz alta de não-palavras ou palavras não-familiares. A partir do *nível alofonético* (comparável ao nível alográfico para a escrita, e em que se trataria de *recuperar os alofonemas* respectivos para o tipo de fala, pronúncia ou dialeto), daí para a recuperação *dos padrões motores fonêmicos ou padrões bucofonêmicos* (seguindo a semelhança da escrita) e concluindo nos *processos da fala*. Este nível fonêmico guia e orienta os processos subléxicos das palavras escritas em que não exista a ortografia no *repertório de* output *grafêmico ou ortográfico*.

As confusões de alguns fonemas por outros similares (p por b; g por j) são comum nos falantes normais e se manifestam em forma de *lapsus linguae*, assim como os observados em alguns pacientes com afasia de condução ou em alguns afásicos de Broca são devidos a falhas do nível fonêmico.

O décimo nível se refere à interconexão entre o *repertório de* output *da fala* e *o nível fonêmico*, que se ativam mutuamente, acelerando a seleção de palavras que entram no *léxico de* output *da fala* e a ativação de fonemas ao *nível fonêmico*. Erros dessa interconexão levam à produção de uma palavra por outra *(malapropismo)*, como acontece nos *lapsus linguae* em normais e em certas afasias. Essa interconexão seria responsável por certas confusões ortográficas em normais e em pacientes agráficos (ou disgráficos) quando escrevem uma palavra real idêntica ou similar para uma não-palavra, o que sugeriria uma conexão direta entre o repertório ou léxico de *output* grafêmico ou ortográfico e o repertório de *output* da fala.

O décimo primeiro nível representa a interconexão entre o *sistema de análise auditivo* e o *nível fonêmico*. Essa rota, repetição não-léxica, sem passar pelos léxicos ou repertórios de *input*, nem de *output* da fala, é ilustrada quando crianças (e em menor medida os adultos) repetem palavras ou não-palavras que não estão disponíveis em seus repertórios ou léxicos, ou certos pacientes afásicos. É possível, por essa rota direta, repetir palavras ou não-palavras sem reconhecê-las como léxico e sem que se compreenda seu significado. Essa rota se altera em certos pacientes com agnosia fonológico-auditiva e em pacientes com afasia (ou disfasia) profunda, em que, ao repetir não-palavras, sua execução piora em relação à de palavras. Essa interconexão é de influência bidirecional e atua do mesmo modo como na compreensão silenciosa de palavras escritas. Ao se ler em voz alta, ativam-se os mecanismos de conversão grafema a fonema, se reconhece sua forma sonora como um som antes ouvido e se compreende a palavra. Em nossa vida cotidiana funciona como um mecanismo interno em que imaginamos o som de nossa fala internamente.

O décimo segundo nível se refere à conexão que, procedente dos processos executivos da fala e de sua monitoração, leva a palavra ouvida e falada para seu controle e detecção de erros e seu desenvolvimento adequado. Para alguns pacientes afásicos com alterações na percepção da fala é impossível detectar seus erros, e não são conscientes de sua *jargofasia neologísticas* nem de seus erros de pronúncia.

O décimo terceiro nível é difícil de validar empiricamente, dando-se o caso de modelos em que se unificam os repertórios de *input* e de *output*. Se trataria da conexão direta entre o *repertório de input auditivo* e o *repertório de* output *de fala*. Certo apoio à existência dessa rota procede de duas fontes. Em primeiro lugar, essa conexão permite estabelecer uma rota direta desde o *input* auditivo até o o*utput* escrito sem passar pelo sistema semântico e que seguiria os seguintes passos: sistema de análise auditivo, repertório de *input* auditivo, repertório de *output* de fala, repertório de *output* ortográfico, soletramento oral ou escrito. Em segundo lugar, o caso de alguns pacientes com surdez verbo-semântica que soletram palavras irregulares que lhes são ditadas e que não compreendem, ou o caso hipotético de um paciente que poderia repetir palavras, mas que não as compreende e não é capaz de repetir não-palavras.

O décimo quarto nível implica a conexão que vai desde o *repertório de* input *visual* ao *repertório de* output *da fala* sem passar pelo *sistema semântico*. A realidade ou a existência dessa conexão ou vía procede de evidências empíricas com normais que lêem em voz alta palavras irregulares e conhecidas com mais rapidez que sua categorização semântica. Se sugeriria a idéia de que a recuperação da pronúncia das palavras após ser reconhecida pelo repertório de *input* visual é possível de forma paralela e simultânea com sua compreensão ou conexão com o sistema semântico.

Há pacientes que não compreendem o significado de palavras irregulares, mas que compreenderiam se as lessem em voz alta.

O décimo quinto nível conecta os *mecanismos de conversão grafema a fonema* com a pronúncia das palavras ou nível fonêmico, o que permite explicar o fato, muito comum em crianças e adultos pouco competentes na leitura, de que utilizem uma rota subléxica para a recuperação de não-palavras ou palavras desconhecidas e nunca antes vistas pelo sistema de análise visual, nem reconhecidas pelo repertório de *input* visual. Trata-se de o sujeito ler em voz alta por meio da segmentação das não-palavras ou das palavras desconhecidas em letras ou grupos de letras.

As pessoas com alexia (ou dislexia) fonológica lêem melhor as palavras conhecidas do que as desconhecidas ou as não-palavras, denotando uma alteração dos mecanismos de conversão grafema a fonema, como acontece com as pessoas com alexia (ou dislexia) profunda.

O décimo sexto processo se refere ao *repertório ortográfico ou léxico do* output *grafêmico*, em que estão disponíveis as formas ortográficas das palavras conhecidas. Se reconhecem as palavras de forma global a partir de três conexões, seja desde o *repertório do* input *visual*, seja desde o *sistema semântico* ou seja desde o *repertório fonológico ou léxico de* output *da fala*.

Certos erros ortográficos em que as palavras achadas se parecem foneticamente com as buscadas dariam conta da conexão desde o *repertório do* input *visual*. Certos erros semânticos na escrita dariam conta da conexão desde o *sistema semântico*.

O décimo sétimo nível se refere à conexão desde o *repertório fonológico ou léxico de* output da fala ao *repertório ortográfico*.

Os lapsos na escrita de sujeitos normais, produzindo mudanças na palavra por outra de som parecido, daria conta desta conexão (por exemplo, "ventinho" por "bentinho"). A correção na escrita no ditado de palavras irregulares, mas sem compreensão típica de alguns casos de surdez verbal, iria também em apoio desta rota.

O décimo oitavo processo corresponde aos *mecanismos de transformação fonema a grafema* ou, o que é a mesma coisa, a um sistema que transforma os sons em formas ortográficas, conectando as representações em nível fonêmico ou depósito de pronúncia com o nível ortográfico ou depósito grafêmico.

Os erros típicos dos mecanismos de conversão fonema a grafema são de *regularização* em que o som é como o da palavra desejada. Isso ocorre em sujeitos com agrafia (ou disgrafia) superficial com uma alteração da recuperação global da palavra desde o repertório de output grafêmico.

A alteração dos mecanismos de transformação grafema a fonema é característica dos casos de agrafia (ou disgrafia) fonológica em que os sujeitos escrevem melhor as palavras conhecidas do que as desconhecidas ou as não-palavras.

O décimo nono processo corresponde ao *nível grafêmico*, em que estão armazenadas as representações abstratas das letras ou grafemas (Hillis e Caramazza, 1995). Recebe conexões de três componentes: 1) do *sistema de análise visual*, como no caso em que se produz a cópia sem compreensão, sem aplicar a transformação grafema a fonema, como se fosse um desenho; 2) dos *mecanismos de transformação fonema a grafema*; e 3) do *repertório de output grafêmico*.

Alterações em nível grafêmico são observadas em sujeitos com agrafias (ou disgrafias) periféricas, e é também o caso de certos lapsos na escrita em normais.

O *nível alográfico* se refere ao vigésimo processo em que estão armazenadas as representações espaciais das diferentes formas de uma letra (maiúscula, minúscula, tipo de letra). Os *padrões grafomotores*, ou componente vigésimo primeiro, estão armazenados e representados na forma dos movimentos precisos para executar cada um dos alógrafos específicos. A partir daqui seria necessário identificar os processos executivos nos quais a monitoração da escrita é fundamental. Estes três últimos tipos de processo são os denominados motores.

O caso de alguns lapsos na escrita de sujeitos normais, ou erros em algumas formas de agrafia (ou disgrafia) periférica, daria conta de problemas alográficos ou nos padrões motores gráficos.

O vigésimo segundo nível representa um nexo retroativo a partir da *escri*ta sobre *o sistema de análise visual*, que não é senão uma informação que o sujeito obtém ao ler a própria escrita.

Certos sujeitos com agrafia (ou disgrafia) aferente não são capazes de se beneficiar do *feedback* visual externo nem do cinestésico interno, o que se reflete em erros por repetição ou por omissão de traços, letras, seqüências. Fenômeno similar ao que se dá em sujeitos normais quando são privados desse *feedback* (escrever com os olhos fechados). E esses erros aumentam se se induz uma supressão da atenção para o *feedback* cinestésico, por exemplo, mediante uma tarefa secundária, como bater ou contar enquanto escrevem, com execuções parecidas com os transtornos aferentes da escrita.

Por último, a interconexão bidirecional entre o *sistema de análise visual* e o *nível grafêmico* dá conta da escrita de cópia de palavras ou não-palavras sem ter de ser reconhecidas nem compreendidas. É equivalente ao *feedback* entre o *sistema de análise acústico* e *o nível grafêmico* para o caso da fala.

# O Enfoque Psicológico da Escrita e Estratégias de Ensino na Composição Escrita

## INTRODUÇÃO

Como a escrita exige um grande esforço mental e grandes doses de atenção, não é de estranhar que custe tanto aos alunos enfrentarem a tarefa de escrever ou de compor um texto, principalmente em uma situação educativa de abandono praticamente completo do ensino explícito e sistemático da escrita ou de seu uso por meio do currículo para a aprendizagem de outras disciplinas. Os problemas apresentados por todos os alunos na escrita se agravam nos alunos com dificuldades de aprendizagem (DAs), comprometendo seriamente o rendimento escolar em geral. A escrita tem de ser o foco de ensino explícito e via para o ensino de outras disciplinas escolares.

Neste capítulo se reúne parte do apresentado em congressos e outras publicações próprias (conforme García, 2000e, na imprensa), que refletem uma linha de trabalho ativa e atual, de interesse para a avaliação e intervenção dentro do marco da psicologia da escrita.

Dada a complexidade e a abundância de informações que vêm sendo produzidas nos últimos anos em relação à escrita nos alunos com DA, são sintetizadas algumas reflexões em torno de três questões-chave e com o olhar sobre os avanços e as frentes abertos nos últimos 10 anos no campo. Em primeiro lugar, é feita uma recapitulação dos problemas que as pessoas com DA na escrita apresentam, revisando os avanços importantes que ocorreram nos últimos 10 anos. Em segundo lugar, é apontado um modelo teórico de desenvolvimento da escrita e da DA que se vem desenvolvendo com várias pesquisas financiadas (pelo CIDE-MEC de 1996 a 1998; pela CEC da JC e L de 1999 e 2000; pela DIGICYT 2000-2003), em que se persegue a integração de contribuições nucleares desde a perspectiva da psicologia da escrita. E, por último, é feita uma breve revisão dos processos e das estratégias de intervenção na composição escrita.

O enfoque que se segue é basicamente psicológico ou, se se prefere, desde a psicologia da escrita e de caráter educacional.

## PROBLEMAS DE ESCRITA EM ALUNOS COM DA

### CINCO PROBLEMAS BÁSICOS

Em recente revisão, Graham e Harris (1999) sintetizaram os problemas que apresentam as pessoas com DA na escrita em torno de cinco problemas básicos.

O primeiro problema é o *escasso uso dos processos de auto-regulação* que fazem, o que incide em um *escasso planejamento*, monitoração, avaliação e revisão *(retrieve-and-write process functions*, sem controle metacognitivo) e na *pouca atenção* que prestam aos objetivos retóricos, às necessidades da audiência, às limitações que impõe o tema e à organização do texto.

O segundo problema é o *excesso de erros mecânicos* de soletramento, de troca de maiúsculas e minúsculas, de pontuação, de grafismo, o que dificulta a *qualidade* e a *fluência* da escrita.

O terceiro problema é a evidência de *escassa produtividade* originada, possivelmente, no fato de que: 1) terminarem o processo de composição demasiado rápido; 2) por ocorrer interferência do baixo desenvolvimento das habilidades de produção do texto (por exemplo, ao buscar o soletramento se esquecem da idéia ou do plano); e 3) porque o conhecimento dos temas é incompleto ou fragmentado.

O quarto problema básico é a *revisão ineficaz*, focalizando-se exclusivamente na substituição de palavras, na correção dos erros mecânicos, ou em tornar os escritos mais limpos, o que produz pouco impacto na melhora da qualidade do escrito. Isso se origina, provavelmente, na dificuldade para ativar e coordenar as habilidades separadas da revisão (que melhora após a aprendizagem de rotinas) e/ou nas dificuldades no controle executivo (como a consideração da audiência ou a execução das trocas).

E por último, a *superestimação da importância das habilidades de produção do texto*, refletida na ênfase na forma ao definir o que sejam "bons textos" e nos processos da escrita, no pouco conhecimento da escrita e de seus processos; no ser pouco positivos acerca da escrita (atitudes negativas), e no pouco positivos que são acerca de suas possibilidades em escrita (auto-eficácia negativa).

### PROBLEMAS DE BAIXO NÍVEL E DE ALTO NÍVEL

Outra maneira de ver os problemas que são apresentados em escrita pelas pessoas com DA é dividi-los nos de *baixo* nível diante dos de *alto nível* (Wong,

1998). Bernice Wong (1998) enfatiza a importância de se ter consciência de que os alunos com DA apresentam problemas cognitivos na escrita de ordem inferior e de ordem superior. Entre os *problemas de nível inferior* estão: a mecânica do soletramento, da pontuação e da gramática. E entre os *problemas de ordem superior* temos de anotar: o conhecimento metacognitivo da estrutura do texto, a consciência dos próprios processos cognitivos quando se envolve na escrita, a consciência da importância do planejamento e a consciência da organização na escrita.

Em relação a essa constatação, as áreas de comparação dos alunos com DA diante dos sem DA (Wong, 1998) deveriam ser em torno: dos *problemas de produtividade*, pois, como é difícil expressar suas idéias na escrita, escrevem muito pouco; da *concepção muito peculiar da boa escrita* que se resume em se está isenta de erros de soletramento; da *estratégia desadaptativa* na *escri*ta ao encontrar dificuldades para achar a palavra para expressar suas intenções comunicativas devido à escassez e à pobreza de vocabulário, estratégia desadaptativa denominada por Steve Graham de *stepping down* (baixa ou redução) na escolha da palavra; da *maior quantidade de erros no soletramento, na pontuação e em gramáti*ca; e da *maior lentidão nas estratégias de aprendizagem* nos alunos com DA que nos sem DA, alguns estudos encontrando, por exemplo, que requerem até quatro vezes mais ensaios de treinamento.

## OUTROS PROBLEMAS

Além disso, foram descritos outros problemas de importância (Anderson-Inman, 1999), alguns deles coincidentes ou conseqüentes dos apontados antes, como: 1) menores habilidades de organização da escrita; 2) necessidade de mais tempo; 3) menor autoconfiança; 4) existência de uma maior história de fracasso e de baixo rendimento; 5) experiência de maior frustração acadêmica; 6) mais medo do fracasso; 7) menos confiança em suas possibilidades de êxito; e 8) aceitação de menor responsabilidade por sua aprendizagem. A conseqüência de tudo isso é a necessidade de mais experimentação e mais apoio (por parte dos pais e dos professores).

## MUDANÇAS E VAIVÉNS NOS ÚLTIMOS 10 ANOS

No passado, o foco prioritário, quase exclusivo, se centrou nas habilidades de "baixo nível" (grafismo, soletramento), situação que foi mudando lentamente para entrarmos, no começo da década de 1990 (Graham et al., 1991), em um forte debate sobre se centrar ou não nas *de baix*o vs. nas *de alto nível*, seguindo a escola e os professores centrados no foco quase exclusivo das "habilidades de produção do texto" e os especialistas no enfoque dos processos da escrita, além de na facilitação procedimental e ensino estratégico da escrita junto com as "habilidades de produção do texto" (grafismo, soletramento, produção de frases).

Atualmente, o debate entre os especialistas (Berninger, 1999; Brooks et al., 1999; Graham, 1999a, b; MacArthur, 1999a; De la Paz, 1999; Wong, 1996; 1999) insiste em assumir ao mesmo tempo ambos os tipos de processo e habilidade, *os de baixo e os de alto nív*el. Isto se reflete muito bem em duas imagens e em uma afirmação contundente.

A primeira imagem é a da *síndrome da zebra na leitura:* "Se intervém no componente fonológico ou se intervém na compreensão da leitura?" e agora na escrita: "Se intervém nas habilidades de produção do texto ou se intervém nas habilidades e nos processos cognitivos e metacognitivos?" (Berninger, 1999), concluindo-se que as coisas não são brancas ou negras, mas brancas e negras ao mesmo tempo: ambos os tipos de processo são o foco da intervenção.

A segunda imagem é a da máquina de escrever chinesa com 5.850 caracteres. Dominar tantos caracteres dificulta o uso e o controle das idéias e dos planos de escrita, implica o esquecimento de muitos elementos e exige grandes esforços atencionais e de manejo da memória de trabalho. Essa imagem ajuda a compreender os problemas apresentados pelas pessoas com DA na escrita. Enquanto não forem automatizados os processos de baixo nível, é muito difícil o manejo dos de alto nível.

A afirmação contundente é uma conseqüência necessária das reflexões anteriores: necessita-se de um equilíbrio entre a ênfase na forma, no conteúdo e no processo da escrita (Graham, 1999a, b). Um grafismo ilegível e erros de soletramento, por exemplo (Graham, 1999a, b), produzem: 1) algumas percepções do como uma criança escreve mal (por exemplo, o professor, a própria criança) (de incompetência); 2) interferência em outros processos que participam na composição como com a memória operativa, com o planejamento, com a criação do conteúdo; e 3*)* dificuldade do desenvolvimento da escrita, o que afeta a competência da escrita e sua execução. Tudo isso redunda na fluência e na qualidade da composição escrita.

Outra ênfase no momento atual é o desenvolvimento produzido desde o foco de "aprender a escrever" para o foco de "escrever para aprender" (Elbow, 1998; 2000; García, 2000a, b, c; Teberosky, 2000) ou o que Miras (2000) denominada escrita reflexiva ou como passagem de aprender a escrever para aprender sobre o que escrever.

A busca do equilíbrio entre a educação formal e a espontânea ou natural (Berninger, 1999; Graham, 1999b) é outro dos focos atuais integrando o que Wong (1996) denominou de escrita solicitada *(contrived writing)*, como: vocabulário, soletramento, estilo, lógica das frases e a combinação de frases, junto com a escrita espontânea *(spontaneous writing)*, como: maturidade temática, vocabulário contextual, maturidade sintática, soletramento contextual, estilo contextual.

Enfatiza-se igualmente a importância da avaliação e ensino nos fatores metacognitivos da escrita (Wong, 1998; 1999).

Propuseram-se igualmente diferentes estratégias segundo os tipos de texto, por exemplo, os informativos (Wong, 1996), os de opinião (Wong, 1996), os de comparação-contraste (Dickson, 1999; Wong, 1996), os argumentativos ou persuasivos (o mais difícil) (Gleason, 1999) com bons resultados.

A ênfase nos modelos teóricos da psicologia da escrita (García, 2000a, b, c) é outro dos focos de grande interesse e de possibilidades futuras.

Hoje se aceita a existência de uma multideterminação nos problemas da escrita (Elbro, 1999) e se dá ênfase à prevenção "ensinando" a escrita (Gaffney, 1998) e na integração na aula (Gurgamus e del Mastro, 1998), considerando a importância de todas as formas de alfabetização (leitura, escrita, linguagem) e pensamento (Montgomery, 1998), além de valorizar a importância de outros fatores psicológicos, como a autonomia ou a auto-estima (Stringer et al., 1999).

**As estratégias de ensino da escrita eficazes em sala de aula e os resultados da pesquisa de ensino da escrita em alunos com DA**

Atualmente estão validando grande quantidade de estratégias de ensino exitosas da escrita, entre as quais se recolhem algumas ilustrações.

O *modelo de avaliação dos colegas* (Ammer, 1998) evidencia os papéis dos alunos que escrevem e dos colegas em torno: da criação de idéias na escrita, dos papéis no rascunho de idéias no texto, da revisão do rascunho original e da publicação do rascunho final.

As soluções centradas no computador (Anderson-Inman, 1999) são de grande interesse e implicam resolver os problemas de acesso, de motivação, de integração curricular, de etiquetagem e de financiamento, dado o alto custo da tecnologia.

Outra via é a *integração do ensino estratégico em leitura e escrita* (Dickson, 1999), sendo de interesse os problemas de estrutura do texto, do processo da escrita e da integração de leitura e de escrita.

A utilidade da *avaliação centrada no currículo* (Elliott e Fuchs, 1997) e a avaliação da escrita educacionalmente relevante (Isaacson, 1999) abrem também novas possibilidades para as pessoas com DA em relação aos problemas na escrita.

O uso de *portfólios* reflexivos, sejam de tipo representativo das tarefas que desenvolvam ou sejam de tipo evolutivo para comprovar os avanços e as mudanças operadas (Hansen, 1998) é outra via de grande interesse.

Podemos citar como exemplos do caminho que está sendo seguido e das perspectivas futuras no campo a educação centrada na elaboração de resumos de idéias principais para melhorar a compreensão da leitura (Jintendra et al., 1998); a avaliação mediante mostras de escrita autêntica (Karge, 1998); o apoio do computador para potenciar as habilidades básicas da escrita (MacArthur, 1999b); o uso de processadores de texto, de sintetizadores vocais e de corretores ortográficos (MacArthur, 1998); o uso de organizadores gráficos (Dickson, 1999; Gleason, 1999; Karge, 1998; Montgomery, 1998); a ênfase na auto-regulação (Schunk, 1998; Schunk e Zimmerman, 1998).

As *realizações na pesquisa de ensino* na escrita de alunos com DA podem ser assim sintetizadas (Wong, 1998): 1) o *incremento da produtividade* na escrita; 2) a melhora na qualidade da escrita refletida na melhora da *clareza* e da *organização* da escrita; 3) a melhora da participação no diálogo interativo com os professores e com os colegas nas *revisões colaborativas*; 4) a melhora na habilidade em *gêneros específicos*, como escrever contos ou histórias (gênero narrativo), ou ensaios de comparação-contraste, ou redações informativas ou de opinião; e 5) a potenciação dos avanços na *tecnologia* educativa aplicada para os alunos com DA, como o uso de processadores de texto, o que ocasiona menos cansaço e um aumento da motivação para a escrita.

## MARCO TEÓRICO DO ENFOQUE PSICOLÓGICO DA ESCRITA COMO CONSTRUÇÃO DE SIGNIFICADO

### COMPONENTES E PROCESSOS DA ESCRITA

Nos últimos anos venho desenvolvendo um modelo teórico amplo de psicologia da escrita, integrando seus diferentes componentes nucleares e não-nucleares. Os elementos deste modelo podem ser vistos mais detalhadamente em García (2000a, b, c; 2001, na imprensa b, c).

Para a construção deste modelo parte-se de cinco grandes tipos de componentes: os condutuais, os do conhecimento de quem escreve, os cognitivos, os metacognitivos e os emocionais e de personalidade, como pode se ver na Figura 6.1.

Dentro de cada um desses componentes é possível identificar uma série de processos psicológicos. Nos componentes cognitivos, pode-se identificar processos nucleares e não-nucleares, exatamente como nos componentes condutuais. No restante dos componentes, os processos seriam não-nucleares. Para se fazer uma idéia dos mesmos, ver Quadro 6.1.

```
         Componentes                    Componentes
          cognitivos                     condutuais
                      Escrita como
                      construção do
                       significado
    Componentes do
    conhecimento de               Componentes
     quem escreve                metacognitivos
                      Componentes
                     emocionais e de
                      personalidade
```

(García, 2001).

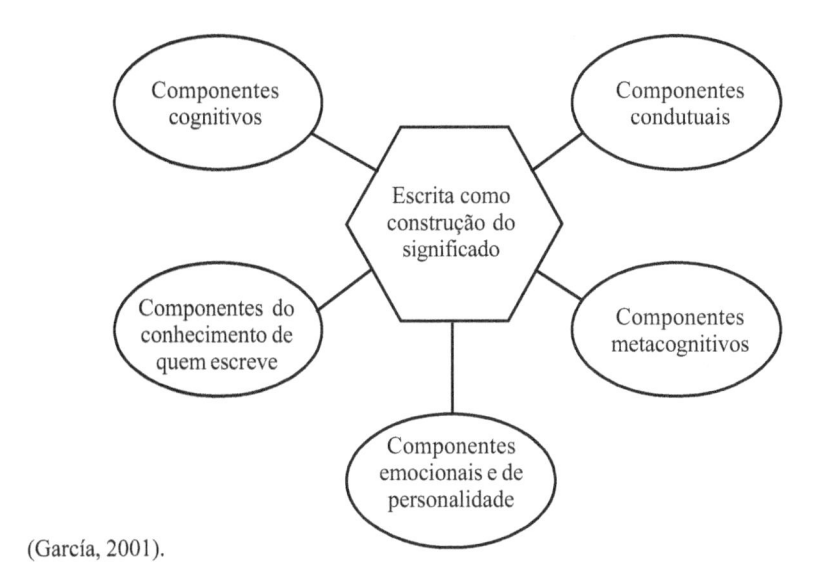

**Figura 6.1** Componentes e processos de escrita como construção de significado.

## DESENVOLVIMENTO DA ESCRITA E PADRÕES DE DIFICULDADES DE APRENDIZAGEM

É possível integrar os conhecimentos sobre o desenvolvimento da escrita, os componentes e processos que participam na mesma perspectiva evolutiva e os padrões de dificuldades de aprendizagem em relação à escrita que surgem nos diversos níveis educativos. Trata-se, pois, de postular um modelo teórico reunindo os avanços da psicologia do desenvolvimento da escrita, dos conhecimentos cognitivos em relação à palavra escrita e de outros avanços na psicologia da escrita em alunos com e sem DA (García, 2000e).

Como se pode ver na Figura 6.2, na primeira coluna da esquerda estão representadas as três etapas de desenvolvimento da escrita descritas por Berninger e Hart (1993): a etapa das restrições neuroevolutivas, a etapa das restrições lingüísticas e a etapa das restrições cognitivas. A releitura dessas etapas pode dar lugar às restrições neuroevolutivas, condutuais ou motoras; às restrições pscioligüísticas; e por último às restrições cognitivas e metacognitivas e de outros componentes psicológicos. Essas etapas iniciam-se de forma precoce, no início do desenvolvimento da escrita, seja de forma natural ou formal, mas seu domínio e sua automatização iriam sendo conquistados sucessivamente na primeira, na segunda e na terceira etapas do ensino fundamental. E até mesmo a última etapa implicaria um desenvolvimento progressivo e constante ao longo de todo o sistema educacional e nos ensinos médio e superior.

Na segunda coluna, a partir da esquerda, se integrariam os diferentes componentes e processos comportamentais e motores na primeira etapa; fonológicos, morfológicos, sintáticos, na segunda; e de planejamento, cognitivos e metacognitivos, do conhecimento de quem escreve, etc., na terceira etapa.

Na terceira coluna estão representadas os padrões de problemas que podem ir surgindo durante esse desenvolvimento e quando não se automatizam e liberam atencionalmente os diferentes processos. A não-conquista dos processos de produção do discurso ou processos motores daria lugar a problemas de grafismo. As dificuldades no fonológico, no morfológico ou no sintático daria lugar a problemas nesses aspectos. E, por último, as dificuldades no planejamento, de ordem superior, implicariam a não-conquista das estratégias de planejamento da escrita avançadas e que seriam exigidas na composição escrita nos ensinos médios e superior.

Esses padrões de dificuldades seriam modulados por fatores psicológicos diversos. O fracasso no grafismo resultará em menor prática na escrita, menor motivação para a escrita, atitudes negativas para com a escrita ou uma autopercepção negativa de eficácia para a escrita. Esses fatores atuam aprofundando os problemas de escrita. Para se ter uma idéia da importância desses fatores, basta compreender o esforço cognitivo implicado pelos diferentes processos da escrita que determinariam exigências atencionais e, portanto, um esforço mental muito maior – o dobro – do que a compreensão na leitura ou do que a aprendizagem intencional e ao nível do esforço mental que implica jogar xadrez para um especialista (conforme García, 2000a).

Uma intervenção completa nas DAs da escrita exigiria atuar em todos esses níveis e aspectos. Trata-se, pois, de todo um programa de pesquisa e de intervenção a longo prazo no campo da escrita, que se vem desenvolvendo nos últimos anos com vários projetos financiados (de 1996 a 1998 do CIDE-MEC; em 1999 da CEC e da JC e L; e em 2000 da JC e L).

**Quadro 6.1** Marco teórico do enfoque psicológico da escrita como construção de significado: componentes e processos

| Componentes cognitivos | Componentes Condutuais | Componentes intelectuais e conhecimento de quem escreve |
|---|---|---|
| Processos nucleares | Sistemas sensório-motores | 1. Tácito (memória implícita) |
| | | 2. Explícito (memória explícita) |
| | | Conceitual |
| 1. Coleta | • Busca | 1. Declarativo |
| | • Leitura | • Episódico |
| | • Escutar | • Semântico     • Conceitos |
| | • Experiências | 2. Procedimental    • Marcos |
| | | • Sensório-motor  • Roteiros |
| | | • Cognitivo       • Linguagem |
| | |                       • Tema |
| | |                       • Audiência |
| 2. Planejamento | • Criação | I. Conhecimento do conteúdo • C. domínio |
| | • Organização |                                       • C. disciplina |
| | • Estabelecimento de objetivos | (X) Conhecimento da palavra |
| 3. Tradução | • Semântica | II. Conhecimento do discurso • C. sintático |
| | • Sintática |                                       • C. estrutura texto |
| | • Pragmática |                                       • C. retórico |
| 4. Revisão | • Ler | Sociocultural |
| | • Edição | 1. Declarativo |
| | | • Episódico     • Meio social |
| | | • Semântico    • Contexto cultural |
| Outros processos cognitivos | | 2. Procedimental • Audiência |
| | | • Sensório-motor • Fatores pragmáticos |
| | | • Cognitivo |
| Memória de curto prazo | • Esquema da frase | Metacognitivo |
| | | 1. Declarativo |
| | | • Episódico     • Autoconhecimento |
| | • Esquema do parágrafo | • Semântico    • Auto-regulação |
| | | 2. Procedimental • Auto-eficácia |
| | • Esquema do documento | • Sensório-motor • C. tarefa |
| | |                             • C. estratégico |

*continua*

**Quadro 6.1** – *(continuação)*

| *Componentes metacognitivos* | | *Componentes intelectuais e conhecimento de quem escreve* | |
|---|---|---|---|
| Tarefa do meio (componente) | • Escrita solicitada<br>• Recursos e limitações<br>• Textos produzidos | Consciência linguística<br>Consciência metacognitiva<br>Explícito | |
| Atenção | • Tempo de processamento<br>• Esforço cognitivo | | |
| Memória a longo prazo | • Procedimental<br>• Semântica<br>• Episódica | | |
| Passagem MLP a MCP | • Conhecimento dito | | |
| Interação MLP e MCP | • Transformação conhecimento | | |

| *Componentes metacognitivos* | | *Componentes emocionais e de personalidade* | |
|---|---|---|---|
| Procedimentos<br>C. pessoas<br>C. tarefa<br>C. estratégia<br>Auto-regulação | • Estabelecer objetivos<br>• Auto-instruções<br>• Automonitoração<br>• Auto-avaliação<br>• Auto-reforço | Afeto<br>Personalidade<br>Inteligência<br>1. Componencial | • Metacomponentes<br>• Componentes execução<br>  C. aquisição<br>  C. retenção<br>  C. transferência |
| Crenças motivacionais<br>Autodeterminação | • Associadas tarefas<br>• C. si mesmo<br>• Valor si mesmo | 2. Contextual<br>3. Experiencial | |

*continua*

**Quadro 6.1** – *(continuação)*

| Componentes metacognitivos | | Componentes emocionais e de personalidade | |
|---|---|---|---|
| Síntese discursiva<br>Ciclo da cognição | | Motivação | • Realização<br>• Necessidade escrever<br>• Intrínseca<br>• Extrínseca |
| Transformação<br>conhecimento escrita | • Esquemas mentais dirigem<br>• Exploração meio<br>• Modificação ambos | Estilos cognitivos | • Independência campo<br>• Abertura categorização<br>• Reflexividade<br>• Autogoverno mental<br>• Globalização<br>• Legislativo<br>• Executivo<br>• Judiciário |
| Cognição situada<br>Conduta discursiva | • Escrita: comunicação<br>• Escrita: social | | |
| Sistema narrativo humano | • Consciência constrói<br>• Estrutura narrativa consciência<br>• Coerência, seqüência e causalidade | Ansiedade | • Nível ativação escrita<br>• Abertura<br>• Confiança<br>• Entusiasmo<br>• Bloqueio<br>• Apreensão<br>• Fluxo criativo |

(García, 2000a. b).

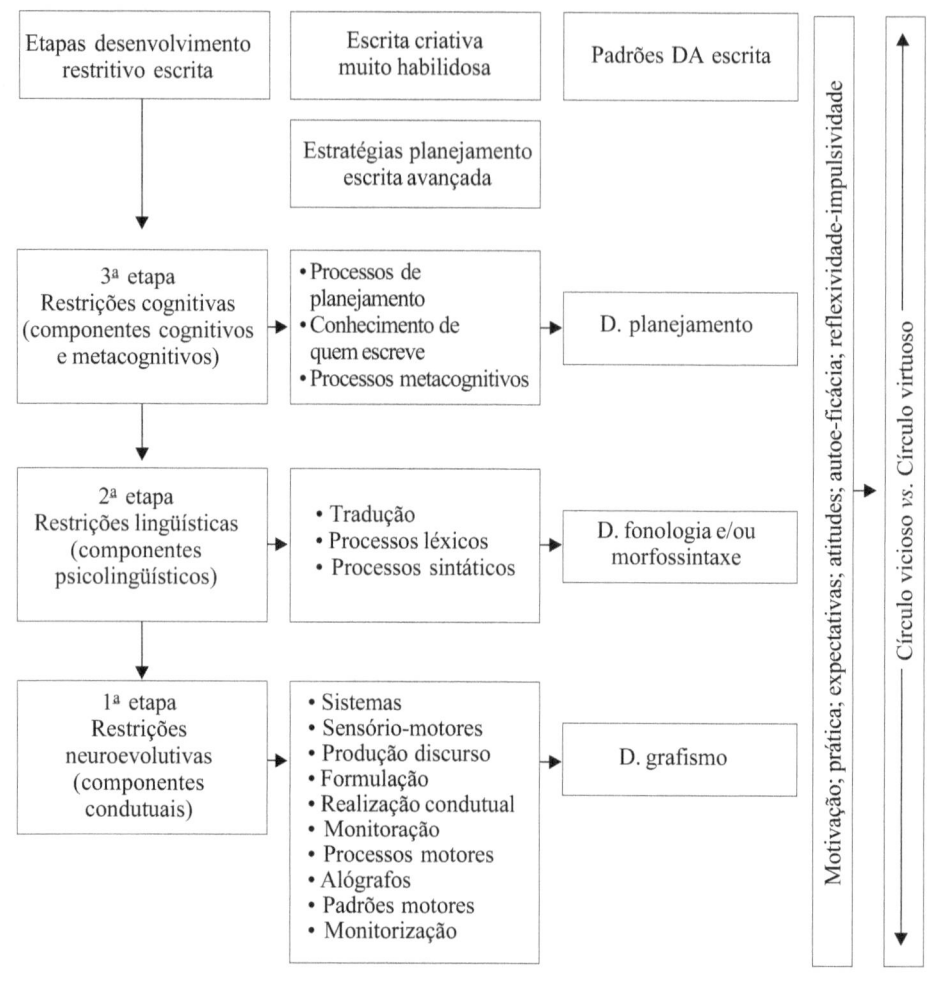

```
┌─────────────────────┐   ┌─────────────────────┐   ┌─────────────────────┐  ▲
│ Etapas desenvolvimento│   │ Escrita criativa    │   │ Padrões DA escrita  │  │
│ restritivo escrita    │   │ muito habilidosa    │   │                     │  │
└──────────┬──────────┘   └─────────────────────┘   └─────────────────────┘  │
           │              ┌─────────────────────┐                             │
           │              │ Estratégias planejamento│                         │
           │              │ escrita avançada    │                             │
           │              └─────────────────────┘                             │
           ▼                                                                  │
┌─────────────────────┐   • Processos de          ┌─────────────────────┐    │
│ 3ª etapa            │     planejamento          │                     │    │
│ Restrições cognitivas│──▶• Conhecimento de      │ D. planejamento     │──▶ │
│ (componentes cognitivos│   quem escreve          │                     │    │
│ e metacognitivos)   │   • Processos metacognitivos└─────────────────────┘    │
└──────────┬──────────┘                                                       │
           ▼                                                                  │
┌─────────────────────┐   • Tradução              ┌─────────────────────┐    │
│ 2ª etapa            │   • Processos léxicos     │ D. fonologia e/ou   │    │
│ Restrições lingüísticas│─▶• Processos sintáticos │ morfossintaxe       │──▶ │
│ (componentes        │                           │                     │    │
│ psicolingüísticos)  │                           └─────────────────────┘    │
└──────────┬──────────┘                                                       │
           ▼                                                                  │
┌─────────────────────┐   • Sistemas                                          │
│ 1ª etapa            │   • Sensório-motores                                  │
│ Restrições          │   • Produção discurso     ┌─────────────────────┐    │
│ neuroevolutivas     │──▶• Formulação            │ D. grafismo         │──▶ │
│ (componentes        │   • Realização condutual  │                     │    │
│ condutuais)         │   • Monitoração           └─────────────────────┘    │
└─────────────────────┘   • Processos motores                                 │
                          • Alógrafos                                         │
                          • Padrões motores                                   │
                          • Monitorização                                     ▼
```

(García, 2000e, na imprensa)

**Figura 6.2** Modelo de níveis de desenvolvimento da escrita, dos processos, das dificuldades de aprendizagem e das variáveis modulares.

## QUE AVANÇOS OCORRERAM NESTA LINHA DE PESQUISA?

De forma sintética pode-se dizer que se desenvolveu o *instrumento de avaliação dos processos cognitivos da escrita* (IEPCE[*]) que avalia os processos de planejamento da escrita, os processos sintáticos, os processos léxicos e

---

[*]N. de R.T. IEPCE: Instrumento de Evaluación de los Procesos Cognitivos de la Escritura.

os processos motores. Esse instrumento foi aplicado em 213 alunos com DA de 19 escolas diferentes e em 311 alunos sem DA de 38 escolas diferentes, todos eles entre a 2ª série do ensino fundamental e o ensino médio e de forma individual (projeto financiado pelo CIDE-MEC, 1996-1998).

Igualmente, desenvolveu-se o instrumento de *avaliação dos processos de planejamento e outros fatores psicológicos da escrita* (EPP e FPE) que avalia os processos de planejamento da escrita, as atitudes para com a escrita, a auto-eficiência para com a escrita, a metacognição para a escrita e reflexividade-impulsividade para com a escrita. Este instrumento foi aplicado a 1.693 alunos, de forma coletiva, procedentes de 39 escolas diferentes, com e sem DA (projeto financiado pela JC e L, 1999).

Além disso, concluiu-se uma intervenção educacional em um grupo de alunos com DA, em pequeno grupo, com 14 instrutores e em escolas diferentes, e tendo como controles outros tantos alunos com DA que não recebem acompanhamento. Esse acompanhamento ocorre nos processos de planejamento da escrita, seguindo uma adaptação do modelo de Sorenson (1997) de ensino da escrita mediante processos (prévios, escrita, revisão e edição) e seguindo cada um dos diferentes passos dentro de cada processo, junto com adaptações de Mather e Roberts (1995) no uso de estratégias e organizadores gráficos. O foco da intervenção está nos textos descritivos e narrativos. Para isso se aplica antes e depois o EPP e FPE. Considera-se que é possível obter alguma luz sobre os problemas que as pessoas com DA apresentam na escrita e a forma mais eficaz de ajudá-las e melhorar sua competência, suas atitudes, sua auto-eficiência e produtividade. O passo obrigatório seria o ensino estratégico da escrita desde a perspectiva da escrita por meio do currículo, sendo a escrita uma via educacional para a melhora de outras aprendizagens em outras áreas curriculares e para todos os alunos com e sem DA e de todos os níveis educacionais, principalmente a partir do último ano do ensino fundamental (projeto financiado por JC e L, 2000).

## PROCESSOS E ESTRATÉGIAS DE INTERVENÇÃO NA COMPOSIÇÃO ESCRITA

Para uma revisão mais detalhada das possibilidades de ensino pode se ver García (2000b). Aqui se faz uma breve síntese dessa revisão a partir de dois pontos de vista. Por um lado, desde as propostas globais de ensino como modelos completos educacionais que se desenvolveram com todos os alunos, como o caso de Sorenson (1997), de Benton (1997), ou de Elbow (1998; 2000) ou com alunos com DA, como o caso de Mather e Roberts (1995). A seguir recolhem-se algumas idéias para a intervenção desde estratégias educacionais da escrita, basicamente aplicadas a alunos com DA.

## ENSINO DA ESCRITA A PARTIR DE PROPOSTAS GLOBAIS DE ENSINO

Embora sejam diversos os modelos possíveis para se aplicar em relação ao ensino estratégico da escrita a partir de propostas globais de ensino, utilizáveis, por exemplo, na denominada *escrita por meio do currículo* ou o que Miras (2000) denomina *escrita reflexiva* ou o passo de aprender a escrever para *aprender acerca do que se escreve*, comentam-se algumas ilustrações relevantes.

Um primeiro modelo de enorme interesse é a *aplicação dos processos da escrita no ensino* (Sorenson, 1997), que supõe todo um programa de ensino da composição escrita aplicável a alunos desde os últimos anos do ensino fundamental até o ensino superior e o faz com ilustrações em diferentes campos e disciplinas muito díspares e com uma grande quantidade de tipos de texto. Esse modelo, à medida que se automatizam os processos prévios à escrita, da escrita, de revisão e de edição e com cada um dos numerosos passos dentro de cada processo, transforma-se em um instrumento valiosíssimo para a aprendizagem de outros conteúdos curriculares. Esse modelo não foi planejado para os alunos com DA, mas uma adaptação do mesmo, junto com as propostas de Mather e Roberts (1995), foi implementada para alunos com DA de 5ª e 6ª séries do ensino fundamental com bons resultados por nossa equipe de pesquisa.

O modelo da *avaliação informal e ensino da escrita em alunos com DA* (Mather e Roberts, 1995) se concretiza em três grandes pilares. Primeiro, a análise dos componentes da escrita, incluindo o vocabulário, o soletramento, o grafismo, a estrutura textual e o uso. Segundo, o enfoque de ensino baseado em processos, em que se integra toda a tradição de aplicação de estratégias de ensino na escrita adaptadas para alunos com DA. Por exemplo, os processos que se ativam são o estímulo da motivação ao longo de todos os processos, as tarefas prévias, o rascunho, a revisão, a edição, os encontros entre colegas, a publicação do texto e a consideração de procedimentos de ensino específicos em cada passo e do contexto. Dentro de cada um dos processos se desenvolve uma lista de perguntas que se transformariam em autoperguntas sobre os passos a seguir e a controlar, que uma vez automatizados pelo aluno dirigiriam a ação de forma interiorizada. E, por último, as acomodações e as adaptações na sala de aula. Esse modelo inclui o ensino das habilidades de baixo e de alto nível de uma maneira muito clara, representando um instrumento valiosíssimo em mãos de professores de ensinos fundamental e médio principalmente. A ênfase na *avaliação informal* é para afirmar a importância de que todo professor a utilize em sua prática educativa, claro, desde a compreensão da complexidade que implica a escrita, o que lhe dá uma grande validade de constructo. É uma pena que não existam propostas tão completas deste tipo em espanhol utilizáveis pelos professores.

O *enfoque dos processos da escrita* (Benton, 1997) considera a focalização do interesse de ensino em quatro enfoques teóricos sucessivos que implicam a conquista da escrita como criação e construção pela criança. Parte-se do desenvolvimento endógeno ou criação de conhecimento acerca da escrita dos que escrevem e surge na alfabetização emergente e desde a linguagem integrada (ensino conjunto de leitura, escrita e outras habilidades de alfabetização como a linguagem e de forma global, enfatizando os significados diantes das habilidades de baixo nível), e segue-se com a aprendizagem exógena, que implica o ensino do grafismo, o treinamento em consciência fonológica e o ensino alfabético, o que quer dizer que o conhecimento da escrita é adquirido desde o exterior. O *funcionalismo* é o enfoque teórico seguinte, no qual se enfatiza o trabalho da escrita em relação à memória a longo prazo, à ação do meio, aos processos da escrita, à escrita expressiva, transacional ou poética, e facilita a comunicação com o mundo real, para culminar com o construtivismo dialético, entendendo a escrita como recontextualização e construção social do conhecimento por meio da recuperação, da expressão e da verificação de conhecimentos.

Por último, mas não em último lugar, as propostas de *escrever sem professores* (Elbow, 1998) ou de *todos podem escrever* (Elbow, 2000) representam posturas clássicas e pioneiras que foram reeditadas e revisadas para o momento presente. A riqueza das proposições de Elbow vai além das pretensões deste trabalho. Mas são reflexões que não se pode contornar e de grande interesse teórico e aplicado para o especialista e para o professor que queira ensinar a composição escrita. Uma idéia, de que Elbow fala na introdução de seu livro *Todos podem escrever – Ensaios para uma teoria esperançosa da escrita e do ensino da escrita*, ilustra seu enfoque e sua riqueza de proposições. Para Elbow (2000) haveria de se *"escrever primeiro para os amigos"* ou para os que compartilham de sua opinião (ênfase na criatividade, sem se preocupar muito com as questões formais) e, uma vez que se tenha esclarecido as idéias, é preciso revisar o escrito e fazê-lo para os *"inimigos"* ou os que não compartilham de suas idéias e proposições, o que obrigaria a uma grande depuração formal e de fundo.

## ESTRATÉGIAS DE ENSINO DA ESCRITA JUNTO A ALUNOS COM DA

São muitas as estratégias de ensino que se têm desenvolvido com alunos com e sem DA. Simplesmente são comentados alguns dos componentes nos quais foram implementados para alunos com DA.

Um campo de grande importância e interesse por ser básico e pelo que implica para o resto das habilidades da escrita é o grafismo (Berninger, 1999; Graham,

1999a, b), desenvolvendo-se estratégias de ensino gerais e específicas, preparatórias, de formação da letra, com ênfase em tipos de erro, com habilidades de enfrentamento, com estratégias de auto-avaliação mediante autoperguntas e inventários de auto-avaliação do grafismo, ênfase na aparência, com uso de organizadores gráficos, etc.

A intervenção centrada em múltiplos componentes de ensino de forma precoce no soletramento iria na linha (Berninger et al., 2000) do trabalho nas *habilidades básicas da escrita* (Berninger, 1999; MacArthur, 1999a) em relação ao soletramento e às regras do soletramento, com os métodos de estudo da palavra com ênfase visual ou com ênfase no auditivo do tipo da consciência fonológica, o uso de estratégias de estudo da palavra, ênfase na pontuação, em maiúsculas, na sintaxe ou nas provas, como é o caso da estratégia COPS de Schumacher e colaboradores *(Capitalization, Overall, Punctuation, Spelling* - Maiúscula, Aspecto Geral, Pontuação, Soletramento).

A integração do ensino da compreensão e da redação de textos, desenvolvendo ajudas específicas de melhora do texto e ensinando explicitamente diversas estratégias de redação, parece necessária e eficaz (Sánchez, 1998).

É de grande interesse a intervenção na *expressão escrita com tecnologia* (Brooks et al., 1999; De la Paz, 1999), assim como modelos diversos exitosos em alunos adolescentes com DA são muito relevantes, como o de planeja → escreve → revisa (Wong, 1998), aplicado em diferentes tipos de texto, com organizadores gráficos diversos, com fichas de apoio e listas de termos, etc. Esse modelo conseguiu a melhora da produtividade, da clareza e das atitudes e a auto-eficiência para a escrita, tudo isso apesar da lentidão de sua aquisição e com processadores de textos que melhoram a motivação e a atenção para a tarefa.

O *modelo de desenvolvimento da estratégia de auto-regulação* (Graham e Harris, 1999) e a promoção da aprendizagem auto-regulada mediante o *enfoque da aprendizagem do conteúdo estratégico* (Butler, 1998a, b, 1999) são amplamente usados e muito úteis para alunos com DA na escrita.

# Anexo 1

## INSTRUMENTO DE AVALIAÇÃO INDIVIDUAL DOS PROCESSOS COGNITIVOS DA ESCRITA (IEPCE)[1]

**Processos de planejamento da escrita**

• Descrição: descreva tudo o que você vê neste desenho.

• Narração: escreva um conto.
• Escrita criativa: Faça uma redação de tema livre.
• Integração: os próximos quadros lhe dão determinadas idéias. Você tem de transformá-las em orações, incluindo nelas a informação que cada quadro contém.

|  | | |
|---|---|---|
| Exemplo 1 | | FOGO |
| | COR | Vermelho |
| | TEMPERATURA | Quente |

---

[1] Instrumento desenvolvido pelo Dr. Jesús Nicasio García Sánchez (Pesquisador Princial) e D. Josefina Marbán Pérez (Bolsista de Pesquisa). Universidade de León. Campus de Vegazana, s/n. 2471. Tel. 987 28 10 41 – Fax 987 29 11 35. Pesquisa financiada pelo CIDE-MEC e Universidade de León.
O instrumento é feito em tamanho DINA4, em corpo 14, com espaços suficientes para cada tarefa e em folhas independentes para cada tipo de tarefa.

| Exemplo 2 | | FOGO | ÁGUA |
|---|---|---|---|
| | COR | Vermelho | Incolor |

| Exemplo 3 | | FOGO | ÁGUA |
|---|---|---|---|
| | COR | Vermelho | Incolor |
| | TEMPERATURA | Quente | Fria |

| Tarefa 1 | | VERÃO | |
|---|---|---|---|
| | ROUPA | Maiô | |
| | CLIMA | Calor | |

| Tarefa 2 | | VERÃO | INVERNO |
|---|---|---|---|
| | ROUPA | Maiô | Blusão |

| Tarefa 3 | | INVERNO | |
|---|---|---|---|
| | ROUPA | Blusão | |
| | CLIMA | Frio | |

| Tarefa 4 | | VERÃO | INVERNO |
|---|---|---|---|
| | ROUPA | Maiô | Blusão |
| | CLIMA | Calor | Frio |

| Tarefa 5 | | CASA | |
|---|---|---|---|
| | MOBILIÁRIO | Camas | |
| | UTENSÍLIOS | Pratos | |

| Tarefa 6 | | CASA | COLÉGIO |
|---|---|---|---|
| | MOBILIÁRIO | Camas | Estantes |

| Tarefa 7 | | CASA | COLÉGIO |
|---|---|---|---|
| | UTENSÍLIOS | Pratos | Livros |

| Tarefa 8 | | CASA | COLÉGIO |
|---|---|---|---|
| | MOBILIÁRIO | Camas | Estantes |
| | UTENSÍLIOS | Pratos | Livros |

| Tarefa 9 | | PRAIA | MONTANHA |
|---|---|---|---|
| | MATERIAIS | Areia | Neve |
| | AÇÕES | Castelos | Bonecos |

| Tarefa 10 | | AMAZÔNIA | GALÍCIA |
|---|---|---|---|
| | GEOGRAFIA | Plana | Montanha |
| | QUALIFICATIVOS | Verde | Verde |

**Processos sintáticos da escrita**

• Completar: Complete as seguintes expressões:

\* O cavalo ................................................................ a vala (exemplo)
\* O menino ........................ um ........................ muito bonito (exemplo)
1. As crianças cantam ..................................................................
2. Chegamos tarde ao ........................ porque havia muito ....................
3. Trago ........................ presente ........................ mamãe.
4. Joguei ........................ contra ........................ e ....................
5. A ........................ brinca de ........................ em ....................
6. Eu troco ........................ durante o ........................ em ....................
7. Os ........................ que ........................ pontuais ao ........ terão ......
8. As ................ que ................ na aula de ................ irão a ..........
9. Vamos ............... campo ................ excursão ........... final........ curso.
10 ............... amigos ............. amigas .......... divertimos .......... excursões.

• Construir: Construa frases com as seguintes palavras:

\* amigos (exemplo) ..................................................................

* sorvete – morango (exemplo) .................................................................
1. bicicleta: ................................................................................................
2. brinquedo: .............................................................................................
3. meninas – estampas: ..............................................................................
4. festas –fantasias: ..................................................................................
5. pátio – crianças – balão: .......................................................................
6. colégio – ginástica – manhã: .................................................................
7. meninos – praça – patins – férias: ........................................................
8. pais – passeio – irmãos – televisão: .....................................................
9. crianças – pátio – balão – recreio – estudiosos: ...................................
10. aventuras (...) i .....................................................................................

• Ordenar: Ordene as seguintes palavras de modo que formem uma oração:

* azul o é céu (exemplo) ...........................................................................
* branco meu é brinquedo: .......................................................................
* colégio esportes tem meu em: ...............................................................
* levanto aula logo me ir para a: ..............................................................
* lanchar vejo de televisão a depois: .......................................................
* leiam os que vocês livros se divertir vão: ............................................

• Reescrever: Leia os próximos textos. Você notará que estão feitos de duas ou três orações ou frases curtas. Você tem de combiná-las e construir com elas uma só proposição:

| Exemplo 1 | Nós treinávamos. Ganhar a copa. | .................................................... .................................................... .................................................... |
|---|---|---|

| Exemplo 2 | Saíamos do colégio. Nevava. | .................................................... .................................................... .................................................... |
|---|---|---|

| | | |
|---|---|---|
| Tarefa 1 | Chovia. Era sábado. | .................................... .................................... .................................... |

| | | |
|---|---|---|
| Tarefa 2 | Fazíamos os deveres. Chegou minha mãe. Era tarde. | .................................... .................................... .................................... |

| | | |
|---|---|---|
| Tarefa 3 | Quadrinhos divertidos. Avô. Noites de inverno. | .................................... .................................... .................................... |

| | | |
|---|---|---|
| Tarefa 4 | Estávamos em excursão. Um temporal. Final do ano. | .................................... .................................... .................................... |

| | | |
|---|---|---|
| Tarefa 5 | Fim de semana. Minha casa. Leio contos. | .................................... .................................... .................................... |

• Pontuar: Pontue o seguinte texto:

Assim é minha cidade antiga e bela Vejo a catedral um palácio a prefeitura um parque uma fonte uma estátua Faz frio mas a rua está cheia de gente e há um tráfego muito denso

**Processo léxico da escrita**

• Substituir: em cada uma das próximas orações há uma palavra desconhecida. Você tem de circular essa palavra e depois escrever outra que dê sentido à oração:

* O pachorro mordeu o osso (exemplo). ......................................................
* O professor peu a lição. ......................................................
* O carro de meu pai tem fneus. ......................................................
* Hoje teremos um sol radiente. ......................................................
* Eu queto uma moto. ......................................................
* Super-man é inventível. ......................................................
* Na minha casa tem tamas. ......................................................
* Meu amito me deu uns patins. ......................................................
* No meu colégio tem um estacionamanto. ......................................................
* Na minha rua tem árpores. ......................................................

• Produzir rima: "pouca" rima com "louca". Escreva duas palavras que rimem com:

                Belo (exemplo)
                Temporal (exemplo)
                Laço
                Pino
                Nata
                Máquina
                Raio
                Andorinha
                Sino
                Laçada
                Caramelo
                Estrela

• Reconhecer rima: qual é a palavra que não rima? Circule-a:

    par, tinta, pinta (exemplo)
    jogo, menino, pepino (exemplo)
    sal, mar, cal
    talher, colher, francês
    aerossol, flor, sol
    cantar, metade, cidade
    pardal, temporal, calor
    calor, pescador, farol
    rondar, saltar, divertir
    couve-flor, dinheiro, tambor
    milho, trilho, sair
    rebaixar, cessar, roseiral

• Isolar grafemas: *r* é o grafema inicial da palavra "riso"; *qu* é o grafema inicial de "quilo". Qual é o grafema inicial das palavras:

fila .....; raquete .......; selo ......; precioso .....; classe .....; drama ....; forquilha .....; iodo ......; pássaro ......; moranguinho ....; vasilha .....; brisa ......; suco ........; plátano .......; blusa .......; cria ........; barro ......; quilo .......; globo .......; xilofone .............;

• Substituição de grafemas:

    Em "mesa", tirar "m" e pôr "p".
    Em "pulo", tirar "u" e pôr "o".
    Em "lima", tirar "i" e pôr "a".

• Adição de grafemas: Escreva o grafema que acrescentamos às palavras da coluna da esquerda para formar as palavras da coluna da direita:

    algo        galgo ...............
    migrar     emigrar ............
    oca         foca ................
    osso        fosso ..............
    uma        puma ...............
    ata         pata ................
    editar     meditar ............
    aro         raro ................
    olho        colho ..............
    asco        basco ..............

• Contar grafemas: "silha" é uma palavra formada por quatro grafemas, "prancha" é uma palavra formada por cinco grafemas. Quantos grafemas têm as palavras:

eu ............... rancho ......... quiosque ..........
pão ............. fumo ........... encanto ............
balão .......... plano ........... carroça ............

• Segmentar grafemas: a palavra "livro" está formada pelos grafemas l – i – v – r – o. Que grafemas tem:

onda ...............     dar ...............
iate ................     vespa ..............
xadrez ...........     branco ..............
desenhos animados .......................
uma montanha nevada ........................

• Identificar um grafema omitido: Circule os grafemas que estão nas palavras da coluna da esquerda que não estão nas palavras da coluna da direita:

peco      eco (exemplo)
marte     arte
pato      ato
nave      ave
lira      ira
apuro     puro
sinal     sina
tramo     amo
grata     ata
rancho    ancho
farda     arda

• Omissão de grafemas

Que palavra fica se de "barra" tiramos o grafema "b"?
Que palavra fica se de "largo" tiramos o grafema "l"?
Que palavra fica se de "casa" tiramos o grafema "c"?
Que palavra fica se de "gira" tiramos o grafema "g"?
Que palavra fica se de "utópico" tiramos o grafema "u"?
Que palavra fica se de "barco" tiramos o grafema "b"?

Que palavra fica se de "Paula" tiramos o grafema "p"?
Que palavra fica se de "dama" tiramos o grafema "d"?
Que palavra fica se de "touro" tiramos o grafema "t"?
Que palavra fica se de "chave" tiramos o grafema "ch"?

• Inversão de grafemas: "no" é sílaba inversa de "on". Qual é a sílaba inversa de:

al........    si........    es........
le........    em........    lo........
ur........    oc........    ar........

• Ditado de palavras: bonito, Enrique, campo, embarcar, irmão, onda, extremidade, chuva, iate, guerra, fundo, valente, vegetal, eremita, proibido, subterrâneo, imóvel.

• Ditado de pseudopalavras: ampo, predra, gosme, vixo, beixudo, gigange, cavato, pijamo, pirsão, zome, zarambola, chantiago, línqua, tirgue, ilógito, xadruz, reselva, radiente, felota, trapalheiro, farenha, marmelida, enciumato, gurpo, moralitade, tareva, ferrovéia.

**Processos motores da escrita**

• Cópia em minúsculas: essas tarefas de cópia foram copiadas e adaptadas do Registro de Escritas do Tale.

oc ...................    Dal ...................
cre ..................    Bro ...................
gli ...................    En ....................
tar ..................    Pir ...................
pla ..................    Aso ..................
batata ..............    Lírio ................
barriga .............    Oito .................
máquina ..........    Globo ..............
prato ...............    Blusa ...............
chocolate .......    Mármore .........
BLE .................    DOMINGO .....
OP ....................    RASTAPI .........
DRI ..................    DROMEDÁRIO ..........
NA ...................    BIBLIOTECA ..........
ZE ....................    ERVA ................

As meninas vão ao campo.........................................
Na biblioteca do colégio há muitos livros..............

• Cópia em maiúsculas

Nos principais subúrbios da cidade encontram-se casas desabitadas.

• Grafismos de redação livre

# Anexo 2

## AVALIAÇÃO COLETIVA DOS PROCESSOS DE PLANEJAMENTO E FATORES PSICOLÓGICOS NA ESCRITA (EPP E FPE)[1]

### Processo de planejamento

As mesmas tarefas usadas na IEPCE, mas agora aplicadas de forma coletiva.

### Atitudes para a escrita

Marque conforme suas preferências. Não há respostas certas ou erradas, se coincide com seus gostos ou hábitos, marque Sim. Se não coincide, marque Não. Se for impossível responder Sim ou Não, marque?.

|   |   |   |   |
|---|---|---|---|
| 1. Gosto de escrever redações. | Sim | Não | ? |
| 2. Gosto mais de ler do que escrever redações. | Sim | Não | ? |
| 3. Escrevo todos os dias, mesmo que não tenham me mandado como tema de casa. | Sim | Não | ? |
| 4. Sempre que posso evito escrever redações. | Sim | Não | ? |
| 5. Para começar a fazer os exercícios escritos me dá muito trabalho. | Sim | Não | ? |
| 6. Prefiro escrever redações do que resolver problemas matemáticos. | Sim | Não | ? |
| 7. Escrever redações é uma perda de tempo. | Sim | Não | ? |
| 8. Não acho nada agradável escrever redações. | Sim | Não | ? |
| 9. Escrevo o que me mandam para cumprir a tarefa, não me esforço para fazê-lo bem. | Sim | Não | ? |
| 10. Procuro escrever de novo o que fiz na aula para fazê-lo melhor. | Sim | Não | ? |
| Total | ..... | ..... | ..... |

[1] Desenvolvido pela Equipe de Pesquisa da Universidade de León, cujo Pesquisador Principal é o Dr. Jesús-Nicasio García. As tarefas de *planejamen*to, as tarefas de *atitudes para a escrita*, a de *auto-eficiência* e a de *metacognição* e de *ortografia* foram desenvolvidas por Jesús-Nicasio García e Josefina Marbán Pérez. As tarefas de *estilos cognitivos* e de *ortografia* foram desenvolvidas por Jusús-Nicasio García, Josefina Marbán Pérez e Ana-Mª de Caso Fuertes

## Auto-eficiência para a escrita

Marque conforme suas preferências. Não há respostas certas ou erradas, se coincide com seus gostos ou hábitos, marque Sim. Se não coincide, marque Não. Se for impossível responder Sim ou Não, marque?.

| | | | |
|---|---|---|---|
| 1. Ao escrever uma redação, prefiro que me digam que idéias colocar do que eu buscá-las. | Sim | Não | ? |
| 2. Gosto muito de organizar tudo o que quero colocar ao escrever. | Sim | Não | ? |
| 3. Ao escrever uma redação, acho mais fácil começar. | Sim | Não | ? |
| 4. Depois de escrever uma, redação acho mais fácil fazer todas as mudanças que tenha de fazer. | Sim | Não | ? |
| 5. Para mim, é muito fácil expressar de forma escrita minhas idéias. | Sim | Não | ? |
| 6. Ao escrever uma redação, me custa continuar frases ou parágrafos que comecei. | Sim | Não | ? |
| 7. Custa-me corrigir os erros quando escrevo uma redação. | Sim | Não | ? |
| 8. Quando se pede à turma que escreva uma redação, eu sou um dos melhores. | Sim | Não | ? |
| 9. Quando se pede à turma que escreva uma história, eu sou um dos melhores. | Sim | Não | ? |
| 10. Muitas vezes, me vejo incapaz de escrever as redações que o professor pede. | Sim | Não | ? |
| 11. Gosto que me digam o que tenho de escrever e como devo fazê-lo. | Sim | Não | ? |
| 12. Sinto-me mais seguro se me ajudam a escrever do que fazendo-o sozinho. | Sim | Não | ? |
| 13. Antes de escrever uma redação, tenho a impressão de que não vou fazê-la bem. | Sim | Não | ? |
| 14. Sinto-me bem mostrando minhas redações aos colegas. | Sim | Não | ? |
| 15. Gosto de mostrar minhas redações ao professor/a. | Sim | Não | ? |
| Total | ........ | ........ | ........ |

## Metacognição para a escrita

1. Quando você escreve uma redação, do que gosta mais?....................
2. É muito trabalhoso para você fazer uma redação? Por quê?........................
3. Você acha que escreve bem redações? Por que pensa isso?........................
4. O que acha que um aluno deve saber para fazer uma boa redação?...............
5. Por que você acha que algumas pessoas têm problemas quando fazem uma redação?..................................................................

6. O que você acha que lhe falta para fazer uma redação melhor do que as que faz agora?....................................................................................
7. Em que pensa quando escreve uma redação?.............................................
8. O que exatamente faz quando escreve?......................................................

**Reflexividade e impulsividade para a escrita 1**

No próximo exercício, vamos lhe mostrar diferentes nomes, uns estão escritos corretamente, enquanto outros têm algum erro ortográfico. Sua tarefa consiste em lê-los e modificar aqueles nomes que estejam mal-escritos, quer dizer, escrevê-los corretamente na linha abaixo da palavra, por exemplo: você modificaria carcol escrevendo embaixo caracol.

Não escreva nada embaixo das palavras que estão escritas corretamente.

Agora façamos alguns exemplos:

Fetiço     feitiço feitico
..........  ..........  ..........

Como vê, é a mesma palavra escrita de muitas maneiras.
A seguir, há cinco palavras apenas escritas de muitas formas. Às vezes, foi acrescentada ou tirada alguma letra. Às vezes, a palavra aparece escrita corretamente.

| Bulusa | barco | curba | hárvore | emplego |
|--------|-------|-------|---------|---------|
| ........ | ........ | ........ | ........ | ........ |
| arve | emprego | blusa | baraco | curav |
| ........ | ........ | ........ | ........ | ........ |
| curva | álvore | varco | blusa | enprego |
| ........ | ........ | ........ | ........ | ........ |
| bharco | vlusa | emprego | árvol | curuva |
| ........ | ........ | ........ | ........ | ........ |
| blusha | empego | cruva | barrco | árvre |
| ........ | ........ | ........ | ........ | ........ |
| curuba | barco | árvore | busa | eprego |
| ........ | ........ | ........ | ........ | ........ |

**Reflexividade e impulsividade para a escrita 2**

No próximo exercício, vamos lhe mostrar diferentes nomes, uns estão escritos corretamente, enquanto outros têm algum erro ortográfico. Sua tarefa consiste em lê-los e modificar aqueles nomes que estejam mal-escritos, quer dizer, escrevê-los corretamente na linha abaixo da palavra, por exemplo: você modificaria carcol escrevendo embaixo caracol.

Não escreva nada embaixo das palavras que estão escritas corretamente.

Agora vamos fazer alguns exemplos:

        Lampada    lâmprada    lâmpada
        ...............    ...............    ...............

Como vê, é a mesma palavra escrita de muitas maneiras.

A seguir há seis palavras apenas, escritas de muitas formas, às vezes com o acréscimo ou subtração de uma letra. Às vezes, pode aparecer escrita corretamente.

espectáculo
..................

                esferogarafica
                .....................

                                        prensa
                                        ...........

esferogaráfica
.......................    grão
                        .......    istituto
                                 ...........    garão
                                            .........    espetáculo
tauba                                                                 ................
.......
                                perensa
                   táubua    ...........
                   ...........
inisituto                                        tábua
............    premsa     isferográfica.........
                 ...........     ....................
espetácolo    grao
..................    .......                                     tápua
                                                     .........
                              garãm
                              ..........        prenesa
                                                  ............

|  |  | inistituto |  |  |  |
|---|---|---|---|---|---|
| tábau |  |  | esferográfica |  | estáculo |
| ....... |  |  | ..................... |  | ............ |
|  |  | grõa |  |  | instituto |
|  |  | ...... |  |  | ............ |
| esferógrafa |  |  | jrão | premesa |  |
| ............... |  |  | ...... | ............ | espetaculo |
|  |  |  |  |  | .................. |
| nisituto |  |  | esforográfica |  |  |
| ............ |  |  | .................. |  |  |
|  |  | esepectáculo | prinsa |  | tuaba |
|  |  | ..................... | ............ |  | ......... |
|  |  |  | intituto |  |  |
|  |  |  | ............ |  |  |

**Ortografia***

Por favor, marque as palavras que estão escritas corretamente em cada fila.

| Bulusa | blusa | bulsa | vlusa | busa | blusha |
|---|---|---|---|---|---|
| Bharco | baraco | varco | barco | barrco | braco |
| Curva | curba | curav | curuva | cruva | curuba |
| Arve | álvore | árvol | árvre | árvore | hárvore |
| Emplego | hemprego | enprego | empego | eprego | emprego |
| Esferográfica | esferogarafica | esferogaráfica | isferográfica | esferógrafa | esforográfica |
| Espectáculo | espetácolo | estáculo | espetaculo | espetáculo | esepectáculo |
| Prensa | perensa | premsa | prenesa | premesa | prinsa |
| Garão | grao | grão | grõa | jrão | grãm |
| Istituto | instituto | inisituto | inistituto | nisituto | intituto |
| Tauba | táubua | tápua | tábua | tápua | tábau |

---

* Servem para o controle dos erros das tarefas sobre reflexividade e impulsividade (1 e 2), permitindo assegurar que os erros não são por desconhecimento ortográfico e só se devem à "impulsividade" do sujeito.

# Intervenção Psicopedagógica nas Dificuldades de Aprendizagem da Matemática 7

## INTRODUÇÃO

As dificuldades de aprendizagem da matemática estão sendo objeto de preocupação especial e intensiva nos últimos anos, com um aumento do interesse, claro, por parte de pesquisadores, estudiosos e professores que fazem frente a dificuldades e aos problemas crescentes à medida que progridem os níveis educativos dos alunos em uma área tradicionalmente considerada como difícil e complexa.

A inclusão dessa problemática nos manuais gerais é praticamente a partir da origem do campo, e algum capítulo fundamental se desenvolve nos manuais espanhóis de hoje. Para ilustração, ver González-Pienda, que é considerado um dos primeiros especialistas na Espanha a abordar essa problemática e a continuar nessa linha tão frutífera (González-Pienda, 1983; 1998; González-Pienda e Álvarez, 1998; González-Pienda e González-Pumariega, 1998; González-Pienda e Martín del Buey, 1989), Monedero (1984), Miranda (1988), Fernández-Baroja, Llopis-Paret e Pablo de Riesgo (1991) ou Ángel Rivière (1990; 1999), e recentemente Orrantia (1996) ou Bermejo (Bermejo, Lago e Rodríguez, 1997; 2000).

Não podemos nos acostumar com o fracasso na aprendizagem da matemática (López Puig, 1997) porque se trata de algo generalizado. A assunção de um enfoque do desenvolvimento e educativo para a solução do problema parece uma via adequada (Miranda, Fortes e Gil, 1998).

Igualmente, foi crescendo o interesse em utilizar o âmbito da matemática em alunos com dificuldades de aprendizagem com fins educacionais. Uma ilustração disto se centra na problemática do desenvolvimento matemático em geral e como foco educacional, na Espanha, por Bermejo (Bermejo e Rodríguez, 1993; 1994; Bermejo, Lago e Rodríguez, 1994) e mais recentemente por Prieto (1998; Garrido e Prieto, 1997) ou por Bermejo, Lago e Rodríguez (2000).

A consideração das variáveis gerais determinantes do rendimento acadêmico (Núñez e González-Pienda, 1994), ou a aplicação de modelos de intervenção gerais baseados nos processos, nas estratégias e nas técnicas de aprendizagem, como o modelo de Beltrán (1993; 1998), são de um grande potencial, tanto para a pesquisa como para o desenvolvimento prático em situações educativas reais, valendo a pena a exploração de suas possibilidades. E isso sem sair das linhas de trabalho atuais na Espanha.

O recente livro de Miranda, Fortes e Gil (1998) ilustra o interesse do campo e o grau de desenvolvimento do mesmo na Espanha, tanto na caracterização e prevenção dos fatores de risco como na avaliação e na intervenção nos diferentes níveis educativos.

## ALGUMAS PROPOSTAS INTERNACIONAIS RECENTES

Além de nossas fronteiras, os desenvolvimentos são enormes, com um crescimento geométrico dos estudos e das pesquisas atuais, tanto em quantidade como em qualidade e rigor científico. Uma ilustração do que estamos comentando é a revisão teórica das pesquisas sobre intervenção em alunos com dificuldades de aprendizagem de solução de problemas verbais matemáticos por Rivera, Smith, Goodwin e Bryant (1998) ou a aplicação concreta de Wood, Frank e Wacker (1998) sobre o ensino da multiplicação para alunos com dificuldades de aprendizagem, ou o estudo do efeito da escolarização no rendimento matemático em adolescentes com dificuldades de aprendizagem (Anderman, 1998).

O uso de princípios de ensino eficazes, como os procedimentos de ajuda, o tipo de ajuda, as estratégias cognitivas, as folhas de processos mentais, a abertura educacional, a tutoria dos colegas (Gersten, 1998), a integração da cognição situada com a educação explícita (Gersten e Baker, 1998), o treinamento dos professores comuns em estratégias de ensino eficazes mediante a consulta especializada para favorecer o compromisso com os alunos de educação especial (Marks e Gersten, 1998), a seleção das estratégias de aprendizagem mais eficazes (Kovack, 1999) ou o uso da tecnologia (Bigler, Lajiness-O'Neill e Howes, 1998) estão sendo explorados e aplicados aos alunos com dificuldades de aprendizagem em geral, e naturalmente há de sê-lo no âmbito das limitações e dificuldades matemáticas e no cálculo numérico.

São muitos os estudos recentes sobre avaliação e intervenção na matemática nos alunos com dificuldades de aprendizagem em nível internacional.

Baroody (1996) considera que o poder da matemática está em sua compreensão, no envolvimento no processo da investigação matemática e na disposição positiva para aprender e usá-la. A compreensão implica o estabelecimento de conexões e a construção de conexões de assimilação e de integração. O processo de investigação matemática supõe a solução de problemas, o raciocínio, a comunicação e uma disposição positiva. Tanto a compreensão como o processo de investigação matemática podem-se alterar, o que ocorre nos alunos com dificuldades de aprendizagem em matemática. O ensino na matemática implicaria a potenciação do surpreendente poder do conhecimento informal, a construção ativa de conhecimentos e a curiosidade inerente nas crianças.

A falta de compreensão, aprendizagem mecânica em vez de significativa, daria lugar à memorização incompleta ou imprecisa da informação, à falta de retenção ou à falta de transferência.

Os problemas com o processo investigador se refletiriam em dificuldades na solução de problemas, dificuldades no raciocínio e/ou dificuldades na comunicação.

A disposição negativa para a matemática dá lugar a dificuldades que se refletem no desinteresse que pode dar lugar à falta de defesa ou à debilitação das crenças na matemática, na aprendizagem e em si mesmo.

Braten e Throndsen (1998) realizaram uma pesquisa de ensino de estratégias cognitivas mediante treinamento em auto-regulação, utilizando o paradigma auto-instrucional, e comprovam um uso espontâneo após o treinamento.

Gersten e Chard (1999) estudaram a importância da compreensão do sentido do número no ensino em alunos com dificuldades de aprendizagem em matemática, comparando-o com a consciência fonológica no caso das dificuldades de leitura. Consideram que há uma conexão entre o sentido do número e os problemas cognitivos específicos das pessoas com dificuldades de aprendizagem. Estes problemas são observados no contexto do desenvolvimento normal do raciocínio matemático e são: 1) a alta freqüência de erros procedimentais; 2) a dificuldade na representação e na recuperação dos fatos aritméticos; e 3) a falta de habilidade para representar visual ou simbolicamente ou codificar numericamente a informação para memorizar em contraste com o uso de palavras como unidades ou formas para armazenar no cérebro.

Ginsburg (1997) enfatiza o enfoque do desenvolvimento na consideração das dificuldades de aprendizagem da matemática, como construção de conhecimentos no contexto escolar e a importância de diferentes fatores, como o ensino adequado, a disponibilidade de conhecimento informal, o papel da motivação, os efeitos das intervenções específicas, o papel e a operação dos diferentes processos cognitivos, as dificuldades em áreas matemáticas diversas e o desenvolvimento do pensamento na criança na escola.

Goldman e colaboradores (1997) propõem assumir modelos construtivistas, socioconstrutivistas e significativos com tarefas relevantes diante de modelos condutuais da aprendizagem para fundamentar o ensino em matemática, além de revisar os níveis básicos de matemática para os alunos com dificuldades de aprendizagem.

González-Pienda e colaboradores (1999), ao compararem a compreensão de problemas aritméticos com enunciados textuais em alunos com e sem êxito, encontram mais erros semânticos e menos literais nos alunos sem êxito, o que indicaria que os alunos com êxito desenvolveriam um modelo do problema diante dos alunos sem êxito que elaboram um plano de situação de tradução direta das palavras.

Gurganus e Del Mastro (1998) fazem propostas diversas sobre a integração de crianças com problemas de leitura e escrita nas classes de matemática para que tenham êxito. Jordan (1995) propõe a avaliação clínica para a intervenção em alunos pequenos com dificuldades de aprendizagem da matemática precoces, que seriam por déficit na memória semântica, por déficit procedimental ou por déficit visuo-espacial. Jordan e Montani (1997) realizam pesquisas sobre a cognição em aritmética e o uso da solução de problemas matemáticos. Lucangeli e Cornoldi (1997) e Lucangeli e colaboradores (1998a; b) entram na relação entre matemática e processos cognitivos e metacognitivos. Por exemplo, Lucangeli e colaboradores (1998b) fazem uma exemplificação de um problema matemático verbal para a 4ª série em torno da compreensão, da representação, da classificação, da antecipação de resultados, da elaboração do plano de ação, da execução, da avaliação do procedimento e da avaliação do cálculo.

Miller e Mercer (1997) analisam diferentes questões educativas das dificuldades de aprendizagem da matemática, como Rivera (1997) ou Rivera e colaboradores (1998), baseando-se nos níveis básicos oficiais de referência e abordando questões específicas. Rivera e colaboradores (1998) abordam o enfoque de solução de problemas na matemática. Miller e Mercer (1997) revisam os problemas que podem aparecer nas pessoas com dificuldades de aprendizagem em matemática e sublinham os fatores no processamento da informação, como os déficits atencionais e os visuo-espaciais; no processamento auditivo; na memória e no âmbito motor, nos fatores cognitivos e metacognitivos, na linguagem, nas características sociais e emocionais, etc. Essas questões devem ser contempladas no desenvolvimento curricular e no ensino com materiais e textos e com os alunos de aprendizagens diversas.

Outras pesquisas e reflexões devem ser levadas em conta. Por exemplo, a comparação de alunos com dificuldades de aprendizagem em matemática com e sem dificuldades em leitura (Räsänen e Ahonen, 1995); o estudo dos padrões de mudança e indicadores do êxito (Raskind et al., 1999); os efeitos do treinamento em adição na melhora da subtração e da multiplicação (Royer e Tronsky, 1998); os subtipos de dificuldade aritmética (Silver et al., 1999) diferenciando-se um subtipo aritmético, um subtipo aritmético e em leitura, um subtipo aritmético e soletramento, um subtipo aritmético, leitura e soletramento, à parte dos subtipos em leitura, em soletramento, em leitura e soletramento e sem dificuldades de aprendizagem; as limitações mentais e sua influência na matemática (Siperspein e Leffert, 1999), como retardo mental; os estudos educacionais de Thornton e colaboradores (1997) ou de Woodward e colaboradores(1999).

Essas ilustrações refletem um campo muito ativo e com contribuições relevantes e de grande interesse na compreensão e na melhora das pessoas com dificuldades de aprendizagem da matemática.

## CARACTERIZAÇÃO

São diferentes os tipos de problema que as pessoas com dificuldades de aprendizagem e com dificuldades de aprendizagem na matemática, especificamente, podem apresentar (conforme García, 1998, Cap. 10). Ao abordar este tema dos problemas de cálculo aritmético, Wong (1996) reflete sobre duas questões de interesse. A primeira é a escassez de pesquisa em relação às operações matemáticas das pessoas com dificuldades de aprendizagem, e a segunda é a de que grande parte dos conhecimentos que se possui procede da observação cuidadosa das crianças com rendimentos adequados pelos pesquisadores e pelos professores de matemática.

Apesar das limitações de classificações do tipo do DSM-IV (Nathan e Langenbucher, 1999), estas podem ajudar na comunicação entre profissionais em nível internacional e a organizar o tipo de dificuldades que essas pessoas apresentam.

Embora certos problemas possam aparecer de forma muito precoce, já na educação infantil ou na 1ª série do ensino fundamental, como a confusão de conceitos numéricos ou a dificuldade para a contagem precisa, costuma ser difícil seu diagnóstico antes da 2ª série, entre outras coisas porque o ensino formal e sistemático em cálculo não tem muita importância antes e, principalmente, o diagnóstico é feito nas 2ª e 3ª séries. Se o nível de inteligência é elevado (por exemplo, o QI), torna-se difícil sua detecção antes das séries finais do ensino fundamental ou médio.

É preciso *excluir* do diagnóstico desse transtorno o retardo mental, a inadequada ou escassa escolarização, as deficiências auditivas ou visuais, os transtornos de desenvolvimento ou os transtornos da comunicação ainda que se possa dar superposição de Transtornos da Aprendizagem e até mesmo com algum dos anteriores, se se dá o caso e principalmente se os problemas vão além do explicável por esses outros transtornos do desenvolvimento, com o que a intervenção haveria de abarcar todos os problemas e transtornos.

## OS TIPOS DE PADRÃO DE ERRO NAS OPERAÇÕES MATEMÁTICAS

Bernice Wong (1996) sintetiza, seguindo Ashlock, em 1976, os padrões de erros idiossincrásicos encontrados nas crianças com rendimentos adequados em operações (p.182-184 deste livro), e se pergunta e tenta responder a duas questões: 1) Como os alunos desenvolvem tais tipos de padrão de erro? e 2) Se fosse o professor, o que poderia fazer para prevenir o surgimento de tais tipos de padrão de erro?

1. Erros ocasionados pela realização parcial ou incompleta de um dado problema. Alguns exemplos ajudarão a compreendê-lo:

| 45 | 66 | 51 | 271 | 39 | 86 |
|----|----|----|-----|----|----|
| -2 | -4 | %6 | %8  | +5 | +8 |
| 3  | 2  | 56 | 278 | 34 | 84 |

2. Erros ocasionados por colocação ou alinhamento incorretos. O aluno não domina quando deve alinhar ou reagrupar os dígitos e, em conseqüência, comete erros:

| 59 | 74 | 63 | 42 | 5 18<br>68 | 3 17<br>47 |   |   |
|----|----|----|----|------------|------------|---|---|
| +6 | +8 | -7 | -9 | -21 | -25 | 749:7 | 624:3 |
| 515 | 712 | 64 | 47 | 317 | 112 | 17<br>(107) | 28<br>(208) |

3. Erros originados por cálculos incorretos, em que se manifesta uma falta de aprendizagem do processo a ser seguido nas operações matemáticas, misturando procedimentos complexos, que às vezes é difícil de decifrar (no primeiro: 2 + 1 + 3 = 6):

| 21 | 17 | 16 | 42 | 35 | 44 | 56 | 34 | 65 |
|----|----|----|----|----|----|----|----|----|
| +3 | +4 | +2 | +7 | +3 | +8 | -7 | -3 | -2 |
| 6  | 12 | 38 | 119 | 32 | 36 | 63 | 37 | 43 |

|    | 1  | 1  | 2  | 2  |       |       |        |        |
|----|----|----|----|----|-------|-------|--------|--------|
| 73 | 38 | 45 | 26 | 35 |       |       |        |        |
| -2 | x2 | x3 | x4 | x5 | 98:7  | 96:4  | 636:6  | 540:5  |
| 51 | 36 | 45 | 164| 255| 11    | 21    | 16     | 18     |
|    |    |    |    |    | (14)  | (24)  | (106)  | (108)  |

4. E, por último, erros ocasionais por falhas no manejo do conceito zero.

|     |       | 2     | 2     |
|-----|-------|-------|-------|
| 20  | 400   | 507   | 507   |
| x4  | x7    | x4    | x4    |
| 84  | 2.877 | 2.068 | 2.088 |

Esses quatro tipos de padrão de erro indicam o uso de *estratégias equivocadas ou erradas*, daí que a avaliação tenha de tentar decifrar se existe algum tipo de sistematicidade. Facilita-se a intervenção quando essa sistematicidade está presente, pois pode abordar diretamente a estratégia errada. A avaliação informal será feita sempre que se trate de problemas *conceituais* ou de problemas *operacionais*. Esses quatro padrões ajudam a compreender o uso estratégico errado dos alunos.

## INTERVENÇÃO PSICOPEDAGÓGICA NAS DAs DA MATEMÁTICA

O enfoque mais adequado das dificuldades de aprendizagem em matemática não é a caracterização desde o *modelo de discrepância*, como mostrou muito bem Siegel (1993) e recentemente Jiménez e García Espinel (1999) na Espanha mas as *alternativas de intervenção*.

A intervenção no âmbito da matemática em relação aos alunos com dificuldades exige muito tempo e esforço (Woodward et al., 1999); implica que os professores repensem suas crenças sobre o ensino, a aprendizagem e a avaliação (Thornton et al., 1997); implica considerar que há dificuldades de aprendizagem em matemática gerais e específicas (Jordan e Montani, 1997), pois, quando as dificuldades em matemática se somam às de compreensão da leitura, as possibilidades são piores; implica conhecer os efeitos de um tipo de treinamento, por exemplo, na adição, na melhora de outros, como a subtração ou a multiplicação (Royer e Tronsky, 1998); implica considerar como referência os níveis básicos oficiais

(Rivera, 1997); implica considerar as atitudes cognitivas e as metacognitivas (Lucangeli et al., 1997; 1998a, b); implica conhecer que há vários subtipos de dificuldades com diferentes possibilidades (Silver et al., 1999; Sipersteinet al., 1999), pois não é a mesma coisa que haja ou não retardo mental, haveria de falar de baixos rendimentos e não de dificuldades de aprendizagem, apesar do quanto é discutível essa separação (Siegler, 1999). Para o caso dos adultos com dificuldades de aprendizagem (Vogel e Reder, 1998), o rendimento educativo depende também de variáveis sociais, contextuais, de personalidade, etc., que também devem ser exploradas. Pensemos nos alunos universitários que fracassam na matemática.

Nesse sentido, o enfoque do *desenvolvimento e da educação* dos problemas na aprendizagem da matemática (Ginsburg, 1997; Miranda, Fortes e Gil, 1998) parece adequado.

A *perspectiva educacional*, dentro dessa linha, é iniludível (González-Pienda, 1998; González-Pienda e Álvarez, 1998; González-Pienda e González-Pumariega, 1998), aplicando-se no domínio da matemática (Lago e Rodríguez, 1999) ou em outros domínios próximos (Beltrán e Genovard, 1999).

O conhecimento do *desenvolvimento* dos conceitos matemáticos (Bideaud et al., 1992; Campbell, 1992; Deaño, 1993) e da arquitetura da cognição matemática (Campbell, 1994; Campbell e Clark, 1992), como a contagem (Bermejo e Lago, 1991) ou a adição (Bermejo e Rodríguez, 1993; 1994; Maza, 1991a), da multiplicação e divisão (Maza, 1991b) ou o pensamento matemático em geral (Bermejo, Lago e Rodríguez, 1994; Maza, 1995) e das dificuldades que possam surgir neste desenvolvimento (Bermejo, Lago e Rodríguez, 1997) servem de base, sem nenhuma dúvida, para a intervenção e a potencialização da *construção* dos conhecimentos matemáticos (Bermejo, Lago e Rodríguez, 2000; Lago e Rodríguez, 1999; Maza, 1995) em todos os alunos, incluindo os que apresentam dificuldades de aprendizagem e na aula (Anderman, 1998).

O tratamento das discalculias (Deaño, 1998; González-Pienda e Martín del Buey, 1989) implica uma série de atuações complexas entre as quais, em nosso sistema educacional, são de importância as *adaptações curriculares* (Álvarez e Soler, 1997) mais ou menos significativas e as adaptações de acesso (Álvarez, González-Pienda, Núñez e Soler, 1999).

Os alunos com dificuldades de aprendizagem em matemática podem apresentar *problemas* nos seguintes aspectos (González-Pienda, 1998; González-Pienda e Álvarez, 1998):

1. Dificuldades em relação ao desenvolvimento cognitivo e à construção da experiência matemática; do tipo da conquista de noções básicas e princípios numéricos, da conquista da numeração, quanto à prática das opera-

ções básicas, quanto à mecânica ou quanto à compreensão do significado das operações. Dificuldades na resolução de problemas, o que implica a compreensão do problema, compreensão e habilidade para analisar o problema e raciocinar matematicamente.
2. Dificuldades quanto às crenças, às atitudes, às expectativas e aos fatores emocionais acerca da matemática. Questões de grande interesse e que com o tempo podem dar lugar ao fenômeno da ansiedade para com a matemática e que sintetiza o acúmulo de problemas que os alunos maiores experimentam diante do contato com a matemática.
3. Dificuldades relativas à própria complexidade da matemática, como seu alto nível de abstração e generalização, a complexidade dos conceitos e algoritmos. A hierarquização dos conceitos matemáticos, o que implica ir assentando todos os passos antes de continuar, o que nem sempre é possível para muitos alunos; a natureza lógica e exata de seus processos, algo que fascinava os pitagóricos, dada sua harmonia e sua "necessidade", mas que se torna muito difícil para certos alunos; a linguagem e a terminologia utilizadas, que são precisas, que exigem uma captação (nem sempre alcançada por certos alunos), não só do significado, como da ordem e da estrutura em que se desenvolve.
4. Podem ocorrer dificuldades mais intrínsecas, como bases neurológicas, alteradas. Atrasos cognitivos generalizados ou específicos. Problemas lingüísticos que se manifestam na matemática; dificuldades atencionais e motivacionais; dificuldades na memória, etc.
5. Dificuldades originadas no ensino inadequado ou insuficiente, seja porque a organização do mesmo não está bem seqüenciado, ou não se proporcionam elementos de motivação suficientes; seja porque os conteúdos não se ajustam às necessidades e ao nível de desenvolvimento do aluno, ou não estão adequados ao nível de abstração, ou não se treinam as habilidades prévias; seja porque a metodologia é muito pouco motivadora e muito pouco eficaz.

Esses elementos ilustram os campos e as preocupaçõesnas quais *focalizar a intervenção*.

## INTERVENÇÃO E ENSINO

A intervenção psicopedagógica nas dificuldades de aprendizagem em matemática enfatiza os *enfoques de ensino*, seja em situações de aula e/ou especializadas, seja em forma de solução de problemas, seja em forma estratégica de tipo cognitivo e de consciência e controle metacognitivo, de forma imbricada. Isso sem esquecer a perspectiva do desenvolvimento e dos níveis educativos dos alunos. Faremos uma breve reflexão sobre essas questões neste e nos tópicos seguintes.

Após uma *avaliação compreensiva* precisa, é necessário intervir em todos os elementos deficitários e apoiar-se nas habilidades disponíveis do aluno.

Por exemplo, González-Pienda (1998) propõe: 1) a *intervenção* na numeração e nas operações; 2) o uso da contextualização para otimizar o acesso aos conceitos matemáticos; 3) o uso de enfoques de ensino e de resolução de problemas, como os passos de Schoenfeld (1994) de análise e compreensão do problema, projeto do plano de solução, exploração e transformação do problema em rotina, execução de operações e verificação da solução; e 4) o uso de ensino de estratégias metacognitivas do tipo de autocontrole e aprendizagem auto-regulada.

Beltrán (1998) apresenta três âmbitos básicos em que aparecem os problemas estratégicos dos alunos com dificuldades de aprendizagem: o âmbito da memória, o âmbito da atenção e o âmbito metacognitivo. Daí que sejam três focos de interesse prioritário para a intervenção psicopedagógica. No caso dos alunos com dificuldades na matemática, os problemas específicos que comentamos no capítulo anterior e neste e que apresentam, por exemplo, González-Pienda e colaboradores ou Miranda e colaboradores, teria de ser aplicado de forma conseqüente. Do mesmo modo, considerar a dinâmica da aprendizagem relativa aos conhecimentos, à metacognição e aos processos, às estratégias e às técnicas de aprendizagem de conhecimento (Beltrán, 1993; 1998) em relação às dificuldades deste tipo de alunos serve de marco para a intervenção psicopedagógica também para os alunos com dificuldades em matemática.

González-Pienda e González-Pumariega (1998) propõem uma intervenção *baseada no ensino* em torno de quatro formatos: 1) ensino direto; 2) ensino interativo; 3) ensino mediado pelos iguais; e 4) ensino estratégico.

Garrido e Prieto (1997), por sua vez, propõem *enfoques de solução de problemas* baseados em estratégias do tipo: 1) buscar modelos ou padrões; 2) elaborar tabelas; 3) construir listas organizadas; 4) fazer representações; 5) aproveitar os objetos e a ação sobre eles; 6) exercitar-se em um trabalho ao contrário, para trás, buscando soluções; 7) utilizar o grafismo e a escrita para construir equações e algoritmos; 8) utilizar a análise de tarefas e simplificação dos problemas; 9) formular idéias e propostas em forma de *brainstorming*; e 10) flexibilizar o ponto de vista e assumir pontos de vista diversos que ajudem na solução.

A proposta de utilizar *estratégias cognitivas e metacognitivas*, como a de Montague (1997), é de grande interesse.

Por outro lado, os *processos e as estratégias cognitivas*, específicas de solução de problemas, supõem: 1) ler para compreender; 2) parafrasear; 3) visualizar; 4) fazer hipóteses para planejar; 5) estimar e prever; 6) calcular; e 7) controlar e avaliar.

Juntamente, os *processos e as estratégias metacognitivas* correlativas implicam a consciência e a regulação das estratégias cognitivas e supõem: 1) a autoinstrução para o conhecimento e o uso das estratégias; 2) o autoquestionamento para o conhecimento e uso das estratégias; e 3) o autocontrole para o controle das estratégias.

**INTERVENÇÃO NAS DIFERENTES ETAPAS EDUCACIONAIS**

Está claro que o desenvolvimento dos conceitos e das operações matemáticas não é igual em diferentes momentos do desenvolvimento. Também as exigências educativas nos diferentes níveis não são iguais.

Nos primeiros anos, nas séries iniciais, se trataria de potenciar e estimular o desenvolvimento dos conceitos e das operações matemáticos, mas como parte da atividade da criança em seu ambiente natural e como parte das atividades lúdicas e globais do desenvolvimento e dos processos educativos desta etapa.

No ensino fundamental adquire-se e se afiança o domínio das quatro operações matemáticas básicas – adição, subtração, multiplicação e divisão. A importância desse domínio é fundamental para as etapas posteriores do sistema educacional, mas também para a adaptação social e para o uso das habilidades para a vida ou para a sobrevivência.

No ensino médio se produz um aprofundamento no uso das operações básicas, já automatizadas, e na expansão de outros conceitos matemáticos mais complexos e de outras operações que, em última instância, exigem o domínio da lógica e da compreensão dos conceitos das operações básicas. No ensino médio, quando o fracasso na matemática se prolongou durante vários anos, se somam problemas e dificuldades em âmbitos emocionais e da personalidade, e se torna mais agudo o fenômeno denominado "ansiedade para com a matemática" e que exige intervenções não somente educacionais, como também terapêuticas.

PREVENÇÃO/INTERVENÇÃO NA
EDUCAÇÃO INFANTIL (0 A 6 ANOS)

Neste momento, a criança pode acabar conquistando o conceito de número e de numeração – conceitos de classe, conceitos de correspondência termo a termo entre duas classes assimétricas e ordenadas, conservação do número apesar da mudança de distribuição no espaço. Inicia-se na contagem e nas operações aritméticas de forma verbal e atuando sobre os objetos.

É preciso considerar o desenvolvimento das competências prévias à compreensão do número, como a aquisição de conceitos, a aquisição de símbolos e sinais exigidos nas operações, ou o desenvolvimento da atenção, da memória, da compreensão verbal, do raciocínio (Bideaud et al., 1992; Campbell, 1992; Deaño, 1993; Grows, 1992; Miranda, Fortes e Gil, 1998).

Dada a importância do conceito do sentido do número no ensino, comparável ao conceito de consciência fonológica na leitura segundo Gersten e Chard (1999), esse parece um foco obrigatório.

A conquista da contagem implica uma série de princípios: 1) um a um; 2) ordem estável; 3) cardinal; 4) irrelevância de itens; e 5) irrelevância de ordem.

O conceito de número implica o domínio coordenado dos princípios: 1) de correspondência; 2) de ordem estável; 3) de unicidade; 4) de abstração para formar um conjunto; 5) de valor cardinal final; e 6) de irrelevância da ordem de numeração.

A intervenção deverá incidir nestas questões e na prevenção dos fatores de risco e das dificuldades que possam surgir ao longo do processo de conquista desses conceitos e dessas operações.

As estratégias de intervenção de interesse são (Miranda, Fortes e Gil, 1998):
1. O ensino direto da caligrafia dos números, das séries, de cada um dos conceitos e da regra.
2. A estratégia cognitivo-condutual ilustrada pelo programa "o Urso Artur", que implica o treinamento auto-instrucional de Bash e Camp baseado em Meichenbaum, que segue uma série de autoperguntas, como: O que devo fazer? – começar pelo nariz de um e continuar para baixo até acabar na madeira –, estou fazendo direito? – se sim, devo continuar, se não, devo começar de novo –; Como fiz? – se bem, estou aprendendo, se mal, devo tentar de novo e controlar os erros prestando mais atenção.
3. Mediante o brinquedo, nesta etapa as crianças aprendem e se divertem ao mesmo tempo. As possibilidades que o brinquedo oferece são enormes, e muitos tipos de jogo podem ser utilizados.
4. Mediante a narração, sugerida por Bruner em seu livro *Realidade mental e mundos possíveis*. Entre as estratégias narrativas mais interessantes estão seu uso: a) como motivação inicial; b) como estratégia para a compreensão de conceitos; c) como estratégia para evitar erros; e d) como recurso para centrar um problema.
5. O uso de canções pode ajudar na motivação.

O tipo de atividades que se podem desenvolver são (Miranda, Fortes e Gil, 1998): 1) as atividades lógicas; 2) as de cálculo; 3) as de medida; 4) as espaciais; e 5) as atividades com o tempo. Dispõem-se de uma grande variedade de materiais, desde cadernos, ábacos, barras, blocos lógicos, números, programas de computador, ou em forma de jogos diversos, etc.

## INTERVENÇÃO NO ENSINO FUNDAMENTAL (6 A 12 ANOS)

Nessa etapa os alunos desenvolvem os processos básicos de atenção, percepção, memorização e diferentes processos cognitivos e metacognitivos em relação à matemática também. E, igualmente, desenvolvem aspectos sociopessoais, como o autoconceito, o padrão atribucional, o padrão comportamental, o controle da ansiedade, etc., em relação à matemática. Em todos estes aspectos podem aparecer dificuldades e problemas que exijam uma intervenção específica, seja na aula pelo professor, seja por um especialista.

O cálculo mental, praticado na etapa anterior, há de se concretizar no cálculo escrito, exigindo maior formalização, mas ao mesmo tempo poder seguir certos passos estabelecidos por diferentes regras e algoritmos, principalmente e, em princípio, em relação às quatro operações básicas.

As estratégias de ensino e de aprendizagem que são de interesse neste momento (Miranda, Fortes e Gil, 1998) podem incluir: a observação, a manipulação, a experimentação, o estabelecimento de relações, a avaliação, o cálculo aproximado, a aprendizagem da linguagem matemática e a resolução de problemas. A estes procedimentos gerais poderia se acrescentar outras técnicas mais específicas de cálculo, de medida, de representação geométrica, etc. Igualmente, haveria de diferenciar no ensino de técnicas específicas de cálculo entre os algoritmos, o cálculo exato ou aproximado e o tipo de instrumentos utilizados, seja a própria mente, seja o lápis e papel ou seja a calculadora, etc.

Na avaliação, à parte os instrumentos padronizados (TEA dos Thurstone; BADYG de Yuster; PMA – cálculo – de Thurstone; BAPAE de Mª Victoria de la Cruz; WISC-R – aritmética), e da avaliação criterial a partir do DCB para a avaliação do rendimento em função de um conjunto de objetivos educativos, é de muito interesse a análise de erros e de tarefas.

Rivera (1997) sintetiza os métodos de avaliação em função do propósito. Assim, para a *identificação e para a elegibilidade* assinala os instrumentos de avaliação da matemática referentes a normas, os referentes a critérios e os testes de rendimento padronizados, para o *diagnóstico educacional* até mesmo os instrumentos de avaliação da matemática referentes a normas, os referentes a critérios, a avaliação baseada no currículo, a análise de erros (não-padronizado), e a solução de problemas cognitivos, pensando em voz alta (não-padronizados). E para a *avaliação do programa* sugere os instrumentos de avaliação da matemática referente a normas, referente a critérios e a avaliação centrada no currículo.

A avaliação de processos é algo que cada vez mais se realiza analisando a capacidade para explicar como se obtêm as respostas, avaliando tanto o conhecimento informal como o formal, explicitando os pontos fortes e fracos, detectando a precisão e a eficácia das técnicas, dos conceitos, das estratégias seguidas e da análise dos padrões sistemáticos de erros.

As informações prévias facilitam a intervenção que se basearia (Miranda, Fortes e Gil, 1998): 1) na individualização do ensino e adequação ao nível e necessidades dos alunos; 2) na análise de tarefas e correspondência com subabilidades; 3) no apoio multisensorial; 4) na manipulação precedendo a representação; 5) na conexão com a experiência cotidiana dos alunos; e 6) na potenciação do vocabulário matemático.

A metodologia de ensino teria de considerar: 1) o ensino direto baseado na seqüenciação precisa do conteúdo, no envolvimento do aluno, em um controle específico do professor e *feedback* concreto, enfatizando as habilidades de pré-requisito e o ensino explícito da auto-regulação no uso de estratégias; 2) a aprendizagem interativa ou variante do ensino direto denominado "ensino recíproco" de Palincsar e colaboradores; 3) o treinamento auto-instrucional, que no modelo de Meichembaum inclui cinco componentes metacognitivo-motivacional: a) o planejamento; b) o ensino de estratégias específicas e gerais; c) os mecanimos de *feedback*/observação; d) a correção de erros; *e* e) o auto-esforço; 4) O uso do brinquedo com números e operações, adivinhação, representações gráficas, etc., é de grande interesse. 5) A implementação de programas específicos de reeducação na resolução de problemas a partir da classificação dos tipos de problema verbal na soma (troca, igualar, combinar, comparar), na multiplicação e divisão (de razão, de comparação, de combinação, de conversão), como os de Willis e Fuson, ou os de Arlandis e Miranda, ou o uso de técnicas cognitivo-complementares na sala de aula (Miranda, Arlandis e Soriano, 1997). O uso de materiais didáticos e a referência do DCB são uma via adequada de possibilidades para a intervenção.

Podem-se ver outras questões em Wong (1996) relativas à análise de tarefas e à solução de problemas, e em relação à conexão da experiência da aula com a vida cotidiana, assim como a elaboração de mapas conceituais hierarquizados e em forma de redes e representações gráficas da conquista significativa dos conhecimentos em Burton (1999); ou uma revisão em Deaño (1993; 1994; 1998) sobre diferentes enfoques, ou investigações sobre ensino explícito de estratégias baseadas em esquemas para solucionar problemas matemáticos e verbais em Jitendra et al. (1996; 1998; 1999).

## INTERVENÇÃO NO ENSINO MÉDIO (12 A 16 ANOS)

As crianças utilizam a matemática "informal" (Baroody, 1988) antes e além do ensino formal. Além disso, as crianças utilizam diferentes estratégias de resolução de problemas informais e que, ao entrarem na escola, se difundem nas formas canônicas ou formais. A questão que, no ensino médio, é fundamental é se se potencia a conexão entre a escola e as necessidades da vida cotidiana, quer dizer, se as aprendizagens matemáticas são aprendizagens para a vida ou para a "sobrevivência", e parece que isto a escola não o potencia, produzindo-se ao longo da escolaridade uma descontextualização.

O ensino da soma e da subtração (Maza, 1991a), da multiplicação e da divisão por meio da resolução de problemas (Maza,1991b), e enfim a aritmética e sua representação, partindo da compreensão do texto e chegando ao uso de materiais (Maza, 1995), há de se prolongar nesta etapa de ensino médio e deve se vincular com a vida cotidiana. Trata-se de recuperar o processo de solução de problemas e fazê-lo funcionar nos problemas da vida. O ensino formal volta a funcionar de forma informal, mas dessa vez com a bagagem de toda uma escolaridade prévia e de outra escolaridade pela frente. Os fracassos nesse processo exigirão uma intervenção específica e iniludível.

A resolução de problemas será, pois, o foco básico de avaliação e intervenção durante essa etapa (Miranda, Fortes e Gil, 1998).

A resolução de problemas implica o domínio de uma série de conceitos prévios, como: 1) o uso de estratégias gerais; 2) o uso de pressupostos implícitos eficazes; 3) a representação do problema, por exemplo, de forma externa mediante a manipulação, o uso de desenhos, o uso de linguagem apropriada, ou as representações simbólicas; 4) a transparência ou atenção à relevância do problema e à semelhança entre a representação e o referente; 5) o conhecimento procedimental; 6) o uso da analogia; 7) o uso da abstração; e 8) o uso da generalização. Em cada um desses conceitos, podem-se utilizar estratégias que favoreçam ou facilitam seu desenvolvimento, como as que facilitam a representação ou o planejamento (Alonso Tapia, 1995) ou a generalização, etc.

Hoje se aceita a aprendizagem da matemática desde a aprendizagem significativa e construtivista diante das teorias prévias da "absorção" e o exterior dos conhecimentos. Montague e colaboradores descreveram uma série de requisitos básicos para a resolução de problemas do tipo cognitivo, metacognitivo e afetivo, assim como as habilidades e subabilidades envolvidas; ou os tipos de conhecimento envolvido, conforme Mayer, como a tradução, a integração, o planejamento e a monitorização, ou até mesmo as fases da solução de um problema: 1) análise do problema; 2) representação do problema; 3) planejamento; 4) execução; e 5) a generalização do problema.

**Quadro 7.1** Erros que se observam freqüentemente no cálculo

*Soma*

- Erros nas combinações básicas.
- Contar para achar a soma.
- Acrescentar o número transportado ao final.
- Esquecer de acrescentar o número transportado.
- Reiniciar a soma parcialmente feita.
- Agregar irregularmente o número transportado.
- Escrever o número transportado.
- Errar o número transportado.
- Procedimentos irregulares.
- Agrupar números.

*Subtração*

- Erros nas combinações básicas.
- Não prever a soma de dez a toda a cifra do minuendo inferior a seu correspondente subtraendo diminuindo em um a imediata da esquerda.
- Contar para achar a subtração.
- Erros devido a zeros no minuendo.
- Nomear os termos ao contrário.
- Subtrair o minuendo do subtraendo.
- Pôr zero quando a cifra do subtraendo é superior a seu correspondente no minuendo.
- Somar em vez de diminuir.
- Erros de leitura.
- Subtrair duas vezes a mesma cifra do minuendo.

*Multiplicação*

- Erros relacionados com "levar": erros ao agregar o número que se leva, "levar" um número erradamente, esquecer-se de "levar", escrever o número que se "leva", erros ao agregar o número que se leva a zero, multiplicar o número que se leva, agregar duas vezes o número que se leva e agregar um número quando não se leva.
- Erros relacionados com contar: contar para conseguir o produto, repetir a tabuada até chegar ao número que se deve multiplicar, multiplicar mediante somas e escrever a tabuada.
- Procedimentos defeituosos: escrever uma fila de zeros quando há um no multiplicador, usar o multiplicando como multiplicador, erros por causa do zero no multiplicador ou no multiplicando, omitir alguma cifra no multiplicador ou no multiplicando, erros na colocação dos produtos parciais, confundir produtos quando o multiplicador tem duas ou mais cifras, não multiplicar uma cifra do multiplicando, omitir uma cifra do produto, dividir o multiplicador em dois ou mais números, repetir uma cifra no produto, começar pela esquerda, multiplicar os produtos parciais.
- Lapsos e outros: confundir o processo, derivar combinações desconhecidas de outras conhecidas, erros na leitura ou ao escrever os produtos, multiplicar a mesma cifra duas vezes, inverter as cifras dos produtos.

*Divisão*

- Erros nas combinações básicas.
- Erros de subtração.
- Erros de multiplicação.
- Achar uma subtração superior ao divisor.
- Achar o cociente por sucessivas multiplicações.

- Esquecer a subtração ao seguir dividindo.
- Omitir o zero no cociente.
- Omitir uma cifra do dividendo.
- Enganar-se no processo.
- Contar para achar o cociente.

(Elaborado por Miranda, Fortes e Gil, 1998, p. 113).

Essas questões podem-se alterar ou parecer dificuldades mais ou menos gerais ou específicas no processo de solução de problemas, nos aspectos sociopessoais, etc. (Miranda, Fortes e Gil, 1998) e que devem ser objeto de intervenção.

Observaram-se dificuldades nos processos de solução do problema, tais como limitações nos recursos atencionais, seja no esforço mental ou seja na atenção continuada; no perceptivo e espacial; na percepção temporal; na memória operativa; na linguagem e na compreensão na leitura; na elaboração de uma estrutura representacional do problema; no conhecimento procedimental; ou em outras características cognitivas e metacognitivas.

Igualmente, dificuldades comportamentais, emocionais e de personalidade que requerem a ação específica. Padrões comportamentais do tipo de conduta impulsiva, de tendência a perseverar em tipos de problema e operação, ou uma atenção continuada muito reduzida originam dificuldades na aprendizagem da matemática. Um autoconceito pobre em relação à matemática e ao desempenho verbal influi negativamente. A auto-eficácia baixa na matemática; um padrão atribucional de falta de defesa aprendida e não-baseada no esforço para com a matemática ou fatores como a depressão ou até mesmo expectativas e condutas ligadas ao gênero e que se potenciam no sistema educacional podem incidir de forma negativa e é necessário atuar sistematicamente.

Uma avaliação padronizada, criterial e informal compreensiva servirá de base para a intervenção na resolução de problemas. Os diferentes programas de solução de problemas costumam apresentar alguma das seguintes características (Miranda, Fortes e Gil, 1998): 1) basear-se em estratégias de organização e estruturação do problema; 2) utilizar estratégias de auto-regulação como o treinamento auto-instrucional; 3) o uso de representações externas como as representações icônicas; e 4) o re-treinamento atribucional que diagnostique as percepções acerca das causas dos fracassos em esforço insuficiente e aumente o número de êxitos que obtém, etc.

Desenvolveram-se programas de solução de problemas como os de Montague (1997), ou os baseados no projeto de inteligência Harvard, ou os de Pérez, Bados e Beltrán (1998) de ensinar a pensar e a resolver problemas. Além de terem se desenvolvido muitos recursos didáticos, materiais, programas informáticos, etc. No próximo capítulo, exemplificam-se alguns problemas que são pertinentes no nível educativo no anterior e nesta etapa de ensino médio.

Igualmente, para facilitar a evolução dos níveis de ensino estratégico, se propõem autoperguntas (Montague, 1997) nestes quatro níveis: 1) aquisição de estratégias; 2) aplicação de estratégias; 3) manutenção de estratégias; e 4) generalização de estratégias.

Podem se ver algumas idéias adicionais em Burton (1999) sobre o uso de redes e organizações hierárquicas para o ensino em matemática e a consideração do contexto e das conexões-ensino e vida cotidiana; em Garrido e Prieto (1997) e em Prieto (1993; 1998) relativo à solução de problemas matemáticos; em Lago e Rodríguez (1999) sobre a construção de conhecimentos matemáticos; em Castejón (1999) para compreender a técnica de análise de tarefas; ou em Beltrán (1993; 1998) para ver o enfoque estratégico e suas possibilidades de aplicação, também em relação aos alunos com dificuldades de aprendizagem na matemática.

# As Dificuldades de Aprendizagem e o Ensino: Conceitualização e Ilustração

## INTRODUÇÃO

Inclui-se parte do material próprio apresentado em García (1997c, e 2000), junto com atualizações recentes.

O capítulo tenta reunir e integrar elementos, contribuições, âmbitos e estratégias provenientes da psicologia do ensino que sirvam de base para a compreensão teórica e aplicada no campo das necessidades curriculares, especiais ou não, e das dificuldades de aprendizagem. Desde estas pretensões se exploram, analisam e desenvolvem diversos âmbitos e estratégias educacionais de grande interesse desde a psicologia do ensino e que proporcionam soluções no campo das necessidades curriculares e as dificuldades de aprendizagem. A demanda de profissionais, psicólogos, educadores, psicopedagogos, professores e de outras pessoas interessadas na intervenção educativa em geral e na busca de soluções científicas para os problemas que o sistema educativo apresenta, como é o caso das instruções e das necessidades curriculares e das dificuldades de aprendizagem, que melhorem a qualidade do ensino e reduzam o fracasso escolar, é amplamente sentida. É evidente que não estão "todos" os temas possíveis, o que seria pretensioso, mas pelo menos alguns dos fundamentais e nucleares.

## DA PSICOLOGIA DO ENSINO ÀS NECESSIDADES CURRICULARES E DIFICULDADES DE APRENDIZAGEM

A *psicologia do ensino*, que é a conjunção das contribuições da psicologia e de um âmbito educativo e aplicado, o ensino, tem uma trajetória recente e relacionada com a psicologia da educação, com mais história e tradição, compartilhando suas preocupações (Beltrán, 1996a).

A psicologia do ensino, como ramo da psicologia da educação, se centra no estudo de como se adquirem o conhecimento e as habilidades cognitivas, e no de seu desenvolvimento por meio do projeto da aprendizagem e suas condições (Vega, 1986b). É, pois, uma disciplina científica, mas aplicada, elaborada desde a psicologia educativa, interessada nos fatores psicológicos e suas conexões com os elementos do processo ensino-aprendizagem manejada por certas pessoas e dirigida a outras e em uma situação específica (Genovard e Gotzens, 1997).

Como traços característicos da psicologia do ensino teria de se falar de (Beltrán, 1996a): 1) ser um ramo da psicologia da educação; 2) centrar-se nos processos de ensino e aprendizagem; 3) estar relacionada com o currículo; 4) seguir uma orientação específica e molecular mais que geral ou sistêmica; e 5) o foco de preocupação são as situações educativas intencionais: "Assim a definimos como um ramo da psicologia da educação que estuda os processos de ensino-aprendizagem, relacionados com os conteúdos curriculares, desde uma perspectiva molecular e em situações deliberadamente planejadas para produzir aprendizagem significativa" (p. 56).

As *necessidades curriculares* surgem sempre neste contexto, sejam ordinárias ou as que apresentam todos os alunos ou os especiais e que exigem adaptações curriculares ou respostas extraordinárias (Álvarez e Soler, 1997) ou "acomodações educativas" diversas e nos diferentes níveis educativos, incluindo o universitário (McGuire, 1998).

As dificuldades de aprendizagem, como campo multidisciplinar (Rivas, 1985), podem ser vistas, também, no extremo destas necessidades curriculares especiais e serem abordadas desde os âmbitos, estratégias e soluções que a psicologia do ensino proporciona (García, 1997a, c). As dificuldades de aprendizagem podem ser vistas, ao menos em parte, desde as necessidades curriculares e de diversidade de aprendizagens (García, 1997b).

A psicologia do ensino foi descrita como um ramo da psicologia da educação com base fundamentalmente cognitiva, ao lado de outro grande ramo que seria a psicologia escolar (Vega, 1986a).

As características que deveria ter a nova face do ensino teriam de incluir: 1) a construção significativa de conhecimentos; 2) a consideração dos conhecimentos prévios; 3) um enfoque estratégico; e 4) um enfoque situado (Beltrán, 1996a).

Estas características teriam de ser aplicadas, ao menos, ao campo das *dificuldades de aprendizagem* e dos aprendizes com variedade de aprendizagens e *necessidades curriculares especiais*, tentando transportar as práticas de ensino validadas para a sala de aula (Stone, 1998) também em relação aos alunos com dificuldades de aprendizagem.

Nesse sentido, as áreas de leitura, de escrita e de cálculo são as áreas-chave das dificuldades de aprendizagem gerais e específicas (González-Pienda e Núñez, 1998; Miranda, 1988; Sánchez, 1997), tal como se apresenta na classificação internacional do DSM-IV (APA, 1995a, b), embora seja evidente que inclui outras áreas, outros aspectos e outras questões (Obrzut e Hynd, 1991; Wong, 1991; 1996), como o tema das dificuldades sociais ou todas as questões relacionadas aos processos básicos, como a atenção e a memória, a metacognição, os aspectos intelectuais ou as questões relacionadas às estratégias utilizadas para aprender e que devem ser consideradas também no campo das dificuldades de aprendizagem, pelo que as contribuições da psicologia do ensino são fundamentais e obrigatórias.

A melhora da qualidade do ensino será possível graças a um conjunto complexo de fatores e variáveis (Marchesi e Martín, 1998), em que não são de pouca importância os fatores que se referem à qualidade da docência universitária (Genovard, Castelló e Gotzens, 1999), ou da docência em geral (Aymerich e Gotzens, 1999). Os fatores educativos e psicológicos, mesmo não sendo únicos, são importantes, daí que as contribuições da psicologia da educação, concretizadas na psicologia do ensino (Genovard, Beltrán e Rivas, 1995; Renau, 1998; Vila, 1998), apresentam pontos obrigatórios dos quais o campo das *dificuldades de aprendizagem* muito poderá se beneficiar. Algumas ilustrações esclarecerão a questão.

Um primeiro exemplo, e talvez o mais interessante nesse momento, representa-o o *enfoque estratégico da aprendizagem* (Beltrán, 1993; 1996b; Nisbet e Schucksmith, 1987) que está sendo aplicado a diversas áreas curriculares (Beltrán e Genovard, 1999), em relação aos alunos com e sem dificuldades de aprendizagem (Alexander, Graham e Harris, na imprensa; Butler, 1995; 1998a; MacArthur et al., 1996; Kovack, 1999). A aplicação das estratégias de aprendizagem e do que se denomina *"aprender a aprender"* se generalizou nos últimos tempos, tentando sua incorporação na prática educacional (Monereo e Castelló, 1997), na formação do professorado e sua aplicação na escola (Monereo et al., 1994), no desenvolvimento do pensamento (Garrido e Prieto, 1997; Prieto, 1995), e tudo isso em relação às dificuldades de aprendizagem (González-Pienda, Núñez e García, 1998; Molina, 1997).

O estudo dos processos cognitivos implicados na aquisição da linguagem (Vila, 1999), na aprendizagem das ciências sociais (Rivera, 1999), na aprendizagem das ciências (Beltrán, 1999a), na aprendizagem da matemática (Lago e Rodríguez, 1999), no âmbito da educação física (García Correa e Marrero, 1999) ou na aprendizagem dos valores sociais e na solução de conflitos (Beltrán, 1999b), são aspectos de grande interesse, também para o campo das DAs, podendo se aplicar muito de seus elementos na melhora dessas pessoas. A conjunção de sistemas e técnicas conseqüentes dirigidas à otimização do processo e comportamento docente (Aymerich e Gotzens, 1999), a melhora do processo docente universitário (Genovard, Castelló e Gotzens, 1999), por exemplo, para a preparação de futuros profissionais da psicopedagogia, ou com técnicas específicas como as de análise de tarefas no projeto de ensino (Castejón, 1999), ou a consideração de variáveis nãocognitivas na interação educacional, como a extroversão (Clariana, 1999), são questões que necessariamente interessam no campo das DAs.

Outro exemplo está nas contribuições que a psicologia do ensino está proporcionando para o conhecimento e para a melhora das condições dos alunos (González-Pienda, 1996), os determinantes do rendimento acadêmico (González-Pienda e Núñez, 1997; Núñez et al., 1998), incluindo os alunos com dificuldades de aprendizagem (Núñez e González-Pienda, 1994) e os processos de aprendizagem em geral (Barca et al., 1997). Entre esses aspectos pessoais estão a motivação (Alonso Tapia, 1997; Valle e González Cabanach, 1998), a metacognição (Gombert, 1993; Justicia, 1996), a autodeterminação (Field, 1996; e Hoffman, 1998a, b, c), o controle executivo (Graham, 1997), a auto-eficácia acadêmica (Hampton, 1998), a inteligência (Beltrán e Pérez, 1996; Castelló, 1995), as atribuições causais (González Cabanach e Valle, 1998), o afeto e sua influência no processamento social da informação (Bryan, Sullivan-Burstein e Mathur, 1998) ou as práticas educativas que impedem o desenvolvimento afetivo dos adolescentes com dificuldades de aprendizagem (Ellis, 1998), o autoconceito (Núñez, González-Pienda, González-Pumariega e García, 1998), a capacidade de auto-regulação (Graham et al., na imprensa; Roces e González, 1998), centrados em áreas curriculares diversas e habitualmente em situações de aula.

Estes aspectos pessoais estão sendo aplicados de forma profusa e eficaz no *ensino de alunos com dificuldades de aprendizagem*, como no caso do desenvolvimento do enfoque da aprendizagem de conteúdo estratégico para promover a aprendizagem auto-regulada pelos alunos com dificuldades de aprendizagem (Butler, 1998b); na identificação e remediação dos alunos que se concentram de forma ineficaz na tarefa (Butler, 1999); na auto-regulação na composição escrita (Sexton et al., na imprensa); no manejo das atribuições de causa para os sentimentos de solidão dos alunos com dificuldades de aprendizagem (Tur-Kaspa, Weisel e Segev, 1998); nas possibilidades de adaptação e êxito social dos alunos com dificuldades de aprendizagem integradas (Klingner, Vaughn, Hughes, Schumm e Elbaum, 1998; Vaughn, Elbaum, Schum e Hughes, 1998); na escrita desde o enfoque dos processos para todos os alunos (Sorenson, 1997) ou aplicado aos alunos com dificuldades de aprendizagem (Mather e Roberts, 1995; Wong, 1997; 1998; et al., 1996; 1997) ou seguindo a metáfora construtivista nas áreas da leitura, da escrita e da construção de significados em geral (Spivey, 1997).

Os alunos que apresentam *baixo rendimento* (Goldstein e Mather, 1998) se beneficiam de uma maneira especial dos avanços da psicologia do ensino. Uma ilustração está nos tipos de crença acerca da aprendizagem (que os professores comuns têm sobre os alunos com dificuldades) que afetam claramente suas práticas de ensino na sala de aula (Simmons, Kameenui e Chard, 1998).

Este capítulo trata de servir de base para a prática educativa na sala de aula e em relação aos alunos que apresentam *necessidades curriculares* (todos os alunos as apresentam) e *dificuldades de aprendizagem*. Outros capítulos desta terceira parte do livro vão nesta mesma direção.

## A PSICOLOGIA DO ENSINO APLICADA AO CAMPO DAS DIFICULDADES DE APRENDIZAGEM

Um dos avanços da psicologia do ensino foi possível graças ao desenvolvimento e aplicação no campo das *dificuldades de aprendizagem*. A psicologia do ensino procurou integrar as contribuições da teoria cognitiva com a prática educativa na sala de aula (Gaskins, 1994; Griffin, Case e Siegler, 1994), considerando naturalmente o contexto de experiências significativas e cotidianas familiares (Hart e Risley, 1995) e escolares (Bruer, 1994). Há, ainda, as grandes figuras de primeira linha na pesquisa básica internacional voltando o olhar para o campo das *dificuldades de aprendizagem*, dado o grande interesse teórico e aplicado do campo e das enormes possibilidades que oferece.

Por exemplo, a comparação entre os bons e maus leitores permitiu desenvolver modelos de funcionamento muito úteis para a prática de ensino (Bruer, 1993) (ver Quadro 8.1). É um exemplo adicional da aplicação exitosa da psicologia do ensino no campos das DAs (ver Quadro 8.2).

## ALGUMAS ESTRATÉGIAS DE ENSINO BEM-SUCEDIDAS

Ensaiaram-se muitos modelos e muitas estratégias de ensino com as pessoas com dificuldades de aprendizagem. Essas tentativas marcam o caminho a seguir no futuro imediato, proporcionando vias proveitosas, tanto para a investigação como para a prática educativa aplicável por professores nos diferentes níveis educativos.

**Quadro 8.1** Modelo cognitivo do bom leitor

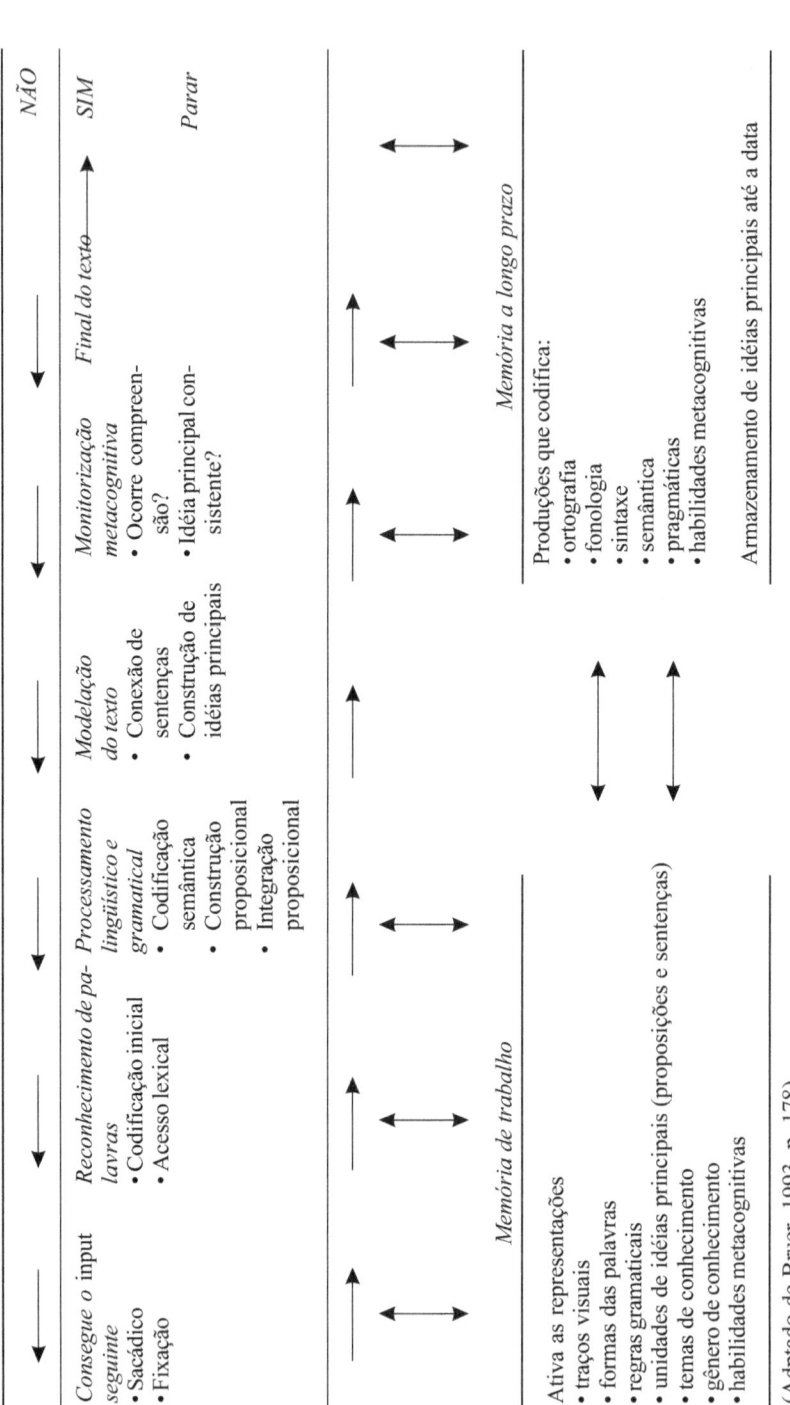

|  | Reconhecimento de palavras | Processamento lingüístico e gramatical | Modelação do texto | Monitorização metacognitiva | Final do texto | *NÃO* *SIM* |
|---|---|---|---|---|---|---|
| *Consegue o* input *seguinte* • Sacádico • Fixação | • Codificação inicial • Acesso lexical | • Codificação semântica • Construção proposicional • Integração proposicional | • Conexão de sentenças • Construção de idéias principais | • Ocorre compreensão? • Idéia principal consistente? |  | *Parar* |

*Memória de trabalho*

Ativa as representações
• traços visuais
• formas das palavras
• regras gramaticais
• unidades de idéias principais (proposições e sentenças)
• temas de conhecimento
• gênero de conhecimento
• habilidades metacognitivas

*Memória a longo prazo*

Produções que codifica:
• ortografia
• fonologia
• sintaxe
• semântica
• pragmáticas
• habilidades metacognitivas

Armazenamento de idéias principais até a data

(Adptado de Bruer, 1993, p. 178).

**Quadro 8.2** Modelo de Hayes e Flower da escrita expositiva

|  | *Tarefa do meio* | |
|---|---|---|
|  | O problema<br>teórico | Textos produzidos<br>até agora |
|  | Tópico<br>Audiência<br>Exigência | |

| *Memória a longo prazo*<br>*do escritor* | C | *Processos da escrita na memória de trabalho* | | |
|---|---|---|---|---|
| Conhecimento do: | R | *Planejamento* | *Tradução* | *Revisão* |
|  | I |  |  |  |
| Tópico | A | Organização |  | Avaliação |
| Audiência | Ç | Estabelecimento |  | Revisão |
| Planos de escrita | Ã | de objetivos |  |  |
|  | O |  |  |  |

*Monitoração*

(Adaptado de Bruer, 1993, p. 223)

## ESTRATÉGIAS DOS PARES ASSOCIADOS

Bulgren, Hock, Schumaker e Deshler (1995) realizaram um estudo para avaliar a eficácia da estratégia de ensino de identificar e recordar pares ou pequenos grupos de informação e comprovar seus efeitos em alunos com dificuldades de aprendizagem. Ensinou-se a 12 estudantes com dificuldades de aprendizagem de ensino médio – idade média de 16,9 anos –, mediante um projeto de linha base múltipla, a encontrar elementos pares de informação em materiais escolares de conteúdo, a selecionar uma estratégia mnemônica apropriada para o manejo de cada par, a criar um dispositivo memorístico para os elementos e para se autoenvolver no estudo de materiais para manejar os elementos. O estudo mostrou: 1) uma melhora significativa em relação à criação de fichas de estudo e à execução do teste como resultado da estratégia da aprendizagem; 2) que os alunos apresentavam distintas preferências para diferentes tipos de dispositivo memorístico; 3) que os alunos fizeram mudanças nas estratégias; 4) que os alunos acudiam à experiência prévia com outras estratégias de aprendizagem à medida que adaptavam a estratégia; e 5) que, por parte de professores e alunos, o grau de satisfação com as estratégias e com o ensino foi grande.

Os passos da estratégia podem ser enunciados com o acrônimo LISTS *(Look for clues; Investigate the itens; Select and design a mnemoic device; Transfer the information to a study card; Self-test).*

O terceiro passo *(Select and design a mnemoic device*) concretiza-se em quatro possibilidades representadas pelo acrônimo CRAM *(Create a mental image; Relate to something familiar; Arrange boxes around keys syllabes; Make a code).*

A estratégia inicia-se pela busca de chaves para determinar a informação importante, tais como visuais, palavras marcadas – em negrito, itálico, sublinhado, maiúscula –, números, primeiros níveis dos esquemas, palavras que denotam importância ou que relacionam pares ou grupos de informação (verbos de conexão, etc.). O segundo passo consiste em examinar detidamente ou investigar o item ou elemento encontrado e decidir se tem conexão fundamental com outro elemento do texto, com o que se tratará de que este par informacional relacionado significativamente seja memorizado.

O terceiro passo consiste em que os próprios estudantes determinem, selecionem e criem um dispositivo que os ajude a lembrar a informação associada. Esse passo se prolonga e materializa em quatro técnicas ou dispositivos mnemônicos diferentes: 1) criação de uma imagem mental da informação; 2) estabelecimento de relações com conhecimentos prévios e familiare; 3) circulação das sílabas-chave; e por último 4) a criação de um código.

Cada uma das técnicas ou dos dispositivos mnemônicos podem ser mais ou menos úteis, dependendo do tipo de conteúdo a ser memorizado. Por exemplo, *a visualização mental* é fácil com conteúdos que podem ser desenhados como no caso do "tijolo de ouro com que Felipe II concluiu o Escorial", em que os alunos facilmente podem visualizar um tijolo, um lingote de ouro e um palácio de um rei e desenhá-lo. Em troca, quando não é tão fácil a visualização imediata, pode ser mais útil utilizar o dispositivo de *conectar com algo familiar*; no exemplo anterior, a imagem de um tijolo e do ouro – um anel, por exemplo – é mais fácil que a de Felipe II, que pode ser associada ao presidente do governo ou ao príncipe Felipe, e imaginar o príncipe Felipe construindo um palácio e terminando a construção com tijolos de ouro.

Quando se trata de informações mais longas ou complexas, pode ser útil *desenhar um quadro das sílabas-chave* e associar seus significados de modo separado para formar uma imagem completa. Bulgren e colaboradores (1995) dão o exemplo de lembrar "A. Petry escreveu *Harriet Tubman*", desenha-se um quadro na sílaba *pet* (de *Petry*) e na sílaba *tub* (de *Tubman*) e a seguir podem se elaborar imagens mentais de seu animal (pet) favorito em uma cuba ou tonel (tub). *A elaboração de um código* pode ser útil especialmente para memorizar informação de datas, números, dados, etc. A estratégia consiste em transformar a data em letras e em criar uma frase mnemônica, utilizando as quatro letras resultantes como as primeiras letras das quatro primeiras palavras de uma frase que se refere aos fatos que devem ser associados ou manejados.

O quarto passo inclui a transferência da informação, pelos próprios alunos, para uma ficha de estudo em que se põe em letras maiúsculas um dos elementos do par da informação de um lado e o outro do outro lado, escrevendo uma pergunta em letra pequena em cada uma das faces da ficha. Incluem, igualmente, em uma das faces uma nota com a técnica mnemônica utilizada para recordar a informação e uma numeração da ordem de aparição do elemento em relação a outros elementos. Por último, trata-se de que os próprios alunos utilizem o rotineiro autoteste para dirigir a informação que contém, dando resposta à pergunta escrita em uma parte da ficha, lembrando a técnica memorística, lembrando a informação requerida e comprovando a resposta no outro lado da ficha. O processo se repete, respondendo a pergunta do outro lado da ficha. À medida que o número de fichas aumenta, todo o processo se repete com todas as fichas.

## ENSINO EFETIVO DE TEXTOS

Como os livros-texto constituem um dos instrumentos educativos nucleares nos diferentes níveis educativos e como as pessoas que apresentam dificuldades de aprendizagem ou baixos rendimentos se deparam com uma grande desvantagem em seu acesso e aproveitamento, o que se pode tentar para que os alunos que "não os podem ler" se beneficiem de seu uso? Ciborowski (1995) tenta responder a esta questão, em relação aos alunos com "diversidade de aprendizagens", proporcionando uma estratégia eficaz, *o ensino efetivo de textos*, que implicaria a melhora dos livros texto, além de seu uso correto com estratégias de ensino precisas que não suponham uma diminuição da qualidade em relação a seus colegas, mas que ajudem o aluno "com habilidades baixas em leitura" a recuperar a confiança em suas aptidões e a tomar a responsabilidade e o controle de suas aprendizagens.

A estratégia de ensino que Ciborowski (1995) desenvolve em relação à leitura se centra em três fases, tanto para o instrutor como para o aprendiz e que poderia se sintetizar em antes, durante e depois da leitura. Essas três fases são abordadas de formas muito diferentes pelos bons e pelos maus leitores, daí que sua comparação possa proporcionar idéias muito interessantes a respeito (ver Quadro 8.3).

Na primeira fase, *antes da leitura*, se trata de ativar os conhecimentos prévios. Isso implica trabalhar em pequenos grupos, utilizando a aula de apoio, e estar centrado na aprendizagem e com uma base tutorial importante.

As estratégias que poderiam ser utilizadas nesta primeira fase são diversas: 1) a seleção pelo professor de vocabulário nuclear e com grande quantidade de informação ou que contém as idéias principais e relacioná-lo com o que o aluno acredita saber do tema (palavras e termos do novo capítulo, que termos pensa saber já?); 2) escrever previsões ou antecipar-se ao propósito e conteúdo do texto por estudar (que vou aprender?, que gostaria de aprender?); 3) o uso de analogias e imagens visuais para prever as discussões, o que permite conectar o relevante já conhecido pelo aluno com o novo e potencia o desenvolvimento do pensamento abstrato; 4) o uso de mapas cognitivos ou semânticos que deverão ser gerais, basear-se em relações explícitas e significativas, não ser muito detalhado – não é um resumo. Isto permite a colaboração entre professores que trabalham com os mesmos alunos.

Estas estratégias se desenvolvem com diagramas, desenhos em que se recolhem as questões que o aluno vai fazendo ou onde se deixam espaços em branco para que o aluno vá completando as tarefas.

A segunda fase, *durante a leitura*, consiste em ajudar os alunos na compreensão e no pensamento ativos. Trata-se de instruir no uso de estratégias ativas, e isso leva tempo e exige certa preparação por parte dos professores. Os professores "especialistas" se ajustam a diretrizes como as seguintes (Ciborowski, 1995): 1) planejamento cuidadoso e contínuo do ensino estratégico; 2) modelagem explícita do pensamento auto-regulado encoberto (apud., por exemplo, Miranda e Presentación, 1997); 3) identificar e ensinar os pré-requisitos das estratégias antes de ensinar diretamente as estratégias em si; 4) focalizar o ensino estratégico no que se está fazendo e no por que se está fazendo; 5) ênfase em conseguir que seja o próprio estudante que se auto-regule e estabeleça suas metas e auto-reforço e 6) ter sempre presente que a aprendizagem estratégica exige tempo e esforço e não se consegue da noite para o dia.

Em geral, nessa segunda fase se tratará de ir descobrindo as estratégias de pensamento e de leitura que melhor funcionam e que conseguem que o aluno se centre no significado global e específico de palavras e frases e não só em palavras isoladas, que seja capaz de enfrentar as ambigüidades do texto de forma mais eficaz, que estimule a aquisição de estratégias de estudo e de auto-ajuda para a compreensão, assim como se motive e se interesse pela leitura.

**Quadro 8.3** Formas diferenciais de atuação dos bons diante dos maus leitores no uso de livros texto

| Bom leitor | Mau leitor |
|---|---|
| Antes da leitura<br>• Pensa sobre o que já conhece de uma matéria.<br>• Sabe o propósito para o que lê.<br>• Está interessado ou motivado em começar a ler.<br>• Tem uma noção geral acerca de como aparecerão juntas as idéias principais. | • Começa a ler sem pensar no tema.<br>• Não sabe por que está lendo.<br>• Não tem interesse nem motivação para começar a ler.<br>• Pouca noção sobre como aparecem juntas as idéias principais. |
| Durante a leitura<br>• Está atento ao mesmo tempo às palavras e ao significado.<br>• Lê com fluência.<br>• Concentra-se quando lê.<br>• Não desanima diante de palavras difíceis e é eficaz no manejo das ambigüidades textuais.<br>• Elabora estratégias eficientes para monitorizar a compreensão.<br>• Deixa de usar estratégias feitas quando se confunde.<br>• Melhora nas habilidades de leitura. | • Atenção excessiva a palavras individuais, esquecendo o principal.<br>• Leitura lenta e na mesma velocidade.<br>• Tem dificuldades em se concentrar, principalmente na leitura silenciosa.<br>• Não se "arrisca", se frustra facilmente diante de palavras ou textos.<br>• Incapaz de elaborar estratégias eficientes para monitorar a compreensão.<br>• Raramente utiliza uma estratégia "feita", avança trabalhosamente, ansioso para terminar.<br>• O progresso na leitura é penosamente lento. |
| Depois da leitura<br>• Compreende como se encaixam as partes de informação.<br>• Capaz de identificar o que é importante.<br>• Interessado em ler mais. | • Não compreende como se encaixam as partes de informação.<br>• Pode se concentrar em aspectos estranhos ou periféricos.<br>• Vê a leitura como desagradável. |

(Adaptado de Ciborowski, 1995, p. 93).

Especificamente, podem se sugerir as seguintes técnicas (Ciborowski, 1995): 1) as técnicas de ensino recíproco baseadas na participação com alunos com diversidade cultural, lingüística, experiências prévias, conhecimentos, prévios, etc.; 2) a inserção de marcas e sinais no texto que se está estudando, como algo muito importante (*), penso de modo diferente (X), não entendo o que quer dizer (??), nova informação (+), curiosidade (!); 3) estratégias baseadas em mapas semânticos sejam ou não uma prolongação da primeira fase. O professor pode modelar ou dar chaves ou ajudar a pensar acerca da estrutura dos textos e potenciar que os alunos dominem a capacidade de elaborar mapas cognitivos por si mesmos; 4) as estratégias de ensino transacionais supõem a utilização planejada e coordenada de estratégias diferentes mediante o ensino direto, a explicação e modelagem, e se centra tanto na ajuda ao aluno para que compreenda suas respostas e uso estratégico – natureza das estratégias, por que são importantes e as idéias do aluno quando utiliza as estratégias – como no ensino estratégico mesmo.

O ensino estratégico transacional supõe (Ciborowski, 1995): 1) a construção e a reconstrução do significado do texto pelo aluno e professor conjuntamente; 2) a proposta de estratégias diversas em cada sessão de ensino, sua demonstração e conexão com os procedimentos de aprendizagem já conhecidos; 3) comentários verbais sobre a importância do uso cotidiano das estratégias e de sua conexão com o que os textos proporcionam; e 4) potenciação da motivação de rendimento na relação com a leitura.

Por último, na terceira fase, *depois da leitura*, consiste no assentamento e generalização do conhecimento dos livros-texto. O ensino estratégico nesta fase busca que os alunos compreendam a construção completa do *puzzle* de informações, que os alunos aprendam como identificar as idéias principais e as estranhas e que se motivem mais para a leitura. Algumas técnicas úteis podem ser ilustrativas: 1) completar as tarefas de previsão e de vocabulário da primeira fase; 2) o uso de perguntas após acabar o tema, como a busca de respostas literais ou factuais, pedir que se analise ou faça inferências, perguntas ao aluno acerca de sua opinião; depois, que seja o próprio aluno que se formule tipos diferente de pergunta acerca do texto; 3) a extensão de mapas cognitivos elaborados pelos próprios alunos e que vá aumentando o uso de símbolos, cores, desenhos, frases, etc.; 4) revisar e buscar estruturas textuais (apud García Madruga, 1997; García Madruga et al., 1999), primeiro com direção do professor e muito elaboradas, por exemplo, depois com menos detalhes e que o aluno vá se responsabilizando pela construção de marcos que identifiquem a estrutura textual do tipo causa-efeito, problema-solução, comparar-contrastar, inventariar, etc.

Segundo Ciborowski (1995), as crenças do professor em relação ao uso da aprendizagem estratégica e especificamente do *ensino efetivo de livros-texto* são fundamentais. Na primeira e na segunda fases, são relevantes as crenças do professor no potencial dos conhecimentos prévios do aluno e na aprendizagem baseada no aluno. Na terceira, em troca, são determinantes as aptidões do professor em dar apoios ou guiar ajudando a que os alunos relacionem e consolidem as aprendizagens novas baseando-se nos conhecimentos e experiências prévios, tanto dentro como fora da aula.

Em síntese, Ciborowski (1995) proporciona estratégias eficazes para o uso correto dos livros-texto, embora não tenham bons textos:
- As características dos professores que utilizam bem os livros-texto mostram que eles lhe dedicam tempo e esforço em pensar e planejar como aproveitar os pontos fortes dos alunos e como conseguir que estes relacionem os conteúdos do texto com os conhecimentos prévios.

- As crenças de que o que o aluno aprende é menos importante do que como aprende, de que todos os alunos incluindo os maus leitores conseguirão metas altas, de que a diversidade de aprendizagem é um desafio apaixonante.
- Além disso, promove um ensino conjunto da leitura, do aprender a pensar e do conteúdo específico, modela o uso estratégico mediante verbalizações explícitas e colabora ativamente com outros professores na prolongação de ações tutoriais de outros colegas, do trabalho extra-escolar, etc., de forma cooperativa.

## A INTEGRAÇÃO DO ENSINO EM LEITURA E EM ESCRITA

São amplamente conhecidas as pesquisas e aplicações da "gramática da história" em relação à memória ou à compreensão na leitura ou aos estudos sobre textos expositivos. Parte-se da idéia básica de que quando nos deparamos com qualquer narração, seja de forma oral ou seja escrita, o fazemos com esquemas prévios mais ou menos desenvolvidos sobre o que esperamos encontrar neles. Estes esquemas prévios vão sendo adquiridos com o desenvolvimento da memória e do conhecimento, e isso afeta a qualidade e quantidade de informação extraída dos textos narrativos ou expositivos.

Como as aplicações no ensino são cada vez maiores, também o são em relação aos alunos com dificuldades de aprendizagem e de diversidade de aprendizagem, seja de forma isolada como estratégia que potencia a compreensão na leitura (Dimino, Taylor e Gersten, 1995) ou seja de forma integrada junto com o ensino na escrita (Simmons et al., 1994).

É possível desenvolver os princípios básicos do projeto curricular em que se integrem o ensino em leitura e a em escrita, incorporando os conhecimentos atuais disponíveis procedentes da pesquisa educacional e da prática educativa. Esses princípios podem ser sintetizados assim (Simmons et al., 1994): basear-se nas idéias principais e na estrutura narrativa dos textos, realizar um ensino estratégico em leitura e em escrita, basear-se nas estratégias mais chamativas nos processos de escrita, uso de apoios mediados e revisão criteriosa.

O primeiro princípio se enuncia como o uso dos conhecimentos disponíveis acerca das *idéias principais* e de um exemplo destas, a estrutura narrativa do texto. Basicamente, consiste em acudir às noções que aparecem no texto com mais potencial de aplicação a diferentes situações (idéias principais) e que, portanto, são fundamentais na compreensão do texto e estão situadas no núcleo de redes de conexões conceituais que permitem a recuperação e utilização rápida dos conhecimentos. A idéia principal *(big idea)* poderia ser ilustrada pela estrutura narrativa dos textos nas tarefas de leitura e escrita. A idéia principal, quando se desenvolve a escrita narrativa ou a leitura narrativa de textos, implica o fato de que podemos lhe aplicar um esquema ou "gramática da história" que guia a busca de novas informações, assim como organiza os conhecimentos novos e em relação com os prévios, seja de tipo declarativo, seja de tipo procedimental ou seja estratégico.

A *gramática da história* pode ser utilizada como objetivo de ensino estratégico, baseando-se, por exemplo, no ensino direto (Dimino et al., 1995). Nesse estudo de Dimino e colaboradores, se implementa uma estratégia de gramática da história para a promoção da compreensão de textos narrativos em alunos com dificuldades de aprendizagem e em situação de risco de sê-lo. Busca-se a criação de uma linguagem compartilhada entre alunos e professores, facilitando que estes proporcionem *feedbacks* adequados que ajudem os alunos a superar as dificuldades. Proporcionar um *feedback* preciso e claro para os alunos, baseado nos elementos constituintes de uma gramática da história, o estímulo da prática baseada nesses elementos, assim como o uso de perguntas facilitadoras, parece ter resultados positivos na compreensão da leitura (Dimino et al., 1995).

Os elementos que se costuma incluir em um sistema de gramática da história são: 1) o protagonista; 2) os conflitos ou problemas do protagonista; 3) as tentativas deste para resolvê-los; 4) a cadeia de acontecimentos que levam à sua solução; 5) explicação de como as personagens atuam diante dos fatos; e 6) a concatenação e coordenação dos temas ou tema da história (Dimino et al., 1995). Em geral, o ensino direta e explícita das *idéias principais*, ou especificamente a *gramática da história* ou outra estrutura textual, são eficazes tanto na compreensão da leitura como na escrita narrativa.

O segundo princípio consiste na integração estratégica da leitura e escrita, quer dizer, ensinar de forma conjunta ambas produz efeitos positivos em cada uma delas em maior medida que sua instrução separada, tratando-se de alunos com ou sem dificuldades de aprendizagem.

O terceiro princípio enfatiza as *estratégias notáveis dos processos da escrita*. Como se aconselhou que o ensino na leitura seja intencional e deliberado, além de flexível, estimulando o raciocínio e a consciência metacognitiva, na escrita se desenvolveram estratégias diversas, como o planejamento, a organização, a escrita, a edição e a revisão em alunos com e sem dificuldades de aprendizagem (POWER, acrônimo de: *plan, organize, write, edit,* and *revise*).

O quarto princípio se centra em *apoios mediados*, tentando integrar as idéias de Vygotsky dentro do projeto curricular para alunos com ou sem dificuldades de aprendizagem. O *scaffolding* estabelece pontes *(bridging)* entre o nível atual do aluno ou desenvolvimento real e os objetivos de ensino, ajudando, guiando, apoiando gradualmente, pondo "andaimes" na aprendizagem do aluno. Estes apoios podem ser nas tarefas ou na pessoa do aluno; podem ser por meio de instrumentos de mediação, como a tecnologia ou o uso de sinais gráficos, elaboração de modelos visuais ou por meio da ajuda, fazendo perguntas, proporcionando chaves, utilizando analogias ou metáforas, ou até mesmo possibilitando elementos de uma gramática da história de forma simplificada ou o uso de materiais diversos, etc. Utilizaram-se muitos tipos de estímulos por exemplo, no ensino da escrita como folhas conceituais para ativar o planejamento, a organização, a redação, a edição, a revisão; uma folha resumo para registrar os elementos da gramática da história (Dimino et al., 1995), fichas com esquemas para a gramática da história, lembretes verbais, estratégias metacognitivas de checagem, etc.

O último princípio consiste na *revisão criteriosa*, o que assegura que o conhecimento se mantenha e seja reforçado. Uma prática bem-sucedida nesse sentido deve considerar o tempo entre revisões, a quantidade de revisões e a maneira de fazê-la. Conviria repetir todo o processo e aplicar todos os princípios, assegurando a estabilização das aprendizagens e sua transferência.

## TEORIA E PRÁTICA DA LINGUAGEM INTEGRADA

O enfoque da linguagem integrada *(whole language)* é um marco no qual se busca o ensino da leitura e da escrita. Esse marco se justifica em torno das seguintes críticas ou insatisfações no campo das dificuldades de aprendizagem: 1) a busca pelos professores de aulas comuns de uma educação holística; 2) a insatisfação com os enfoques condutuais predominantes em épocas anteriores; e 3) pela influência das tentativas de transferir a teoria e a prática da linguagem integrada no projeto curricular de pessoas imersas em programas de educação especial (Dudley-Marling, 1995).

As críticas à linguagem integrada procedem basicamente da psicologia da linguagem ao entender que se simplifica excessivamente a tarefa educativa ao assumir semelhanças entre a aquisição da linguagem oral e escrita, ao não considerar suficientemente a importância das diferenças individuais (por exemplo, os alunos hiperléxicos com grande desenvolvimento de habilidades de reconhecimento das palavras, mas que não as compreendem; ou ao contrário, os alunos com grandes capacidades em outras áreas e incapacidade para reconhecer as palavras), com o que levaria a uma distorção da tarefa educativa (Sánchez, 1996).

O enfoque da linguagem integrada pode ser combinado com outros métodos de ensino dentro de um marco em que se concebe o ensino da leitura e da escrita baseado na literatura, se bem que não se trataria de um método propriamente dito, mas de um conjunto de crenças, uma perspectiva com uma série de princípios de base que se sustenta com o fim de aproximar e prover os alunos com dificuldades de aprendizagem de experiências de aprendizagem literária ricas e amplas (Dudley-Marling, 1995).

Os nove princípios ou pressupostos de base deste enfoque são (Dudley-Marling, 1995): 1) os alunos estão aprendendo sempre; 2) os alunos aprendem melhor aquilo que é significativo e relevante para eles; 3) o aprendiz tem o controle da aprendizagem; 4) os alunos aprendem a ler lendo; 5) os erros são fundamentais para a aprendizagem; 6) a aprendizagem dos alunos é feita e se baseia na motivação intrínseca; 7) a aprendizagem é de natureza social; 8) os professores devem praticar o que ensinam; e 9) os professores também são aprendizes.

Como o pensamento, em termos vygotskianos, é um diálogo interno e uma internalização do diálogo com outros, a interação e a comunicação são fundamentais neste processo.

Diante desse transcorrer natural da aprendizagem centrada na literatura, a psicologia da linguagem demonstra a grande artificialidade da aprendizagem do princípio alfabético que permite que se possam extrair os componentes fonológicos e segmentar as palavras em sílabas, grafemas e fonemas (Sánchez, 1996). A recuperação de aspectos sociais da aprendizagem da leitura e da escrita, a importância das semelhanças entre a linguagem oral e a escrita, o papel fundamental da aprendizagem formal e da informal, incluindo a importância do projeto cultural, assim como a recuperação dos princípios educacionais vygotskianos são alegados desde o enfoque da linguagem integrada como nucleares e baluartes da defesa da mesma no campo educativo (Lacasa, 1996) e naturalmente em relação aos alunos com dificuldades de aprendizagem.

A linguagem integrada fundamenta o ensino da leitura e da escrita, enraizando-se nos processos culturais e concentrando-se nos seguintes componentes propostos por Goodman (Lacasa, 1996): 1) ensino contextual relacionando o conteúdo da leitura e da escrita com as experiências cotidianas e vitais dos alunos; 2) integração do conteúdo da leitura e da escrita em discursos coerentes nos quais o aluno se conscientizará do impresso; 3) ênfase nas formas e nas funções da escrita; 4) utilização conjunta da fala e da linguagem escrita com base no uso de seu "depósito lingüístico" e de seus "fundos de conhecimento" com base cultural e social; e 5) ênfase na reflexão nos processos de leitura e de escrita e, portanto, em todos os processos metalingüísticos e de consciência lingüística (pensemos na importância da consciência fonológica e morfológica na explicação das dificuldades de aprendizagem).

Posto que o debate continua, e o movimento da "linguagem integrada" está se estendendo entre os professores, parece pertinente tê-lo presente, porque trará idéias interessantes que permitem ajustar enfoques contrapostos. Uma ilustração deste debate pode ser vista na obra de Adams e Bruck (1995), na qual pretendem compatibilizar a linguagem integrada e o ensino fonológico, entendendo que o ensino da decodificação fonológica é necessário para a conquista da leitura e da escrita, assim como para recontextualizar e trazer um sopro de seiva nova ao caduco e mecânico ensino fonológico. Marilyn Jager Adams, reconhecida como a autora do livro mais importante sobre o início da leitura, publicado pela American Federation of Teachers (1995), enfatiza: 1) a importância das relações soletramento-som, do soletramento e das palavras; 2) o fato de a aprendizagem da leitura ser um processo experimental e não-biológico faz com que seja importante determinar o tipo de experiências nas quais os alunos se envolvem; 3) a importância de se basear tanto no desenvolvimento natural da leitura como no do reconhecimento da palavra em três etapas de ensino: primeiro, o incentivo da emergência do conhecimento literário precoce; segundo, a ajuda ao principiante para segmentar o código, e por último estimular as etapas seguintes que implicam a prática da leitura atrativa, o que levará a um aumento da prática e do enriquecimento e, portanto, das oportunidades de aproveitamento do contexto e da cultura (Adams e Bruck, 1995).

Ninguém duvida da importância das habilidades de decodificação na aprendizagem da leitura (Beck e Juel, 1995) ou do papel do código fonético na explicação das dificuldades de aprendizagem (Apthorp, 1995), mas o papel do contexto não pode ser esquecido nem os fatores que enfatizam o movimento da linguagem integrada.

## PROJETO DE EXPANSÃO DA ALFABETIZAÇÃO DE EXETER (EXEL)

Lewis e colaboradores (1993, 1994) desenvolveram o projeto de expansão da alfabetização de Exeter, baseando-se em um conjunto coordenado de estratégias. Toda escrita deve incluir o propósito, a audiência e a forma. Para consegui-lo, são necessárias as seguintes estratégias:

- O uso de *marcos de escrita expositiva* que consistem em utilizar palavras ou frases-chave nos marcos de seqüenciação, de enumeração (listar), de comparação, de contraste, de reação e de revisão. Esses marcos são utilizados com a modelagem do professor e com a discussão.
- Formas *pictóricas* também podem ser usadas como uma etapa que medeia entre o texto original e a realização bem-sucedida da escrita. Por exemplo, fazer desenhos após a leitura, colocar etiquetas ou fazer diagramas

após a leitura de um tema e depois escrever de novo (do texto ao desenho e deste ao texto novamente), o que facilita a interiorização e a construção da própria escrita.

• A *remodelagem do texto*. Pede-se ao aluno que reúna e escreva a informação de uma maneira distinta do original. A remodelagem pode tomar a forma de um diagrama, de uma árvore, de um quadro, etc., que o professor inicialmente proporciona. Depois o aluno cria seus projetos.

• O *intercâmbio do gênero*, ou fazer com que o aluno vá passando a escrita de um gênero para outro, embora também se possam: 1) resumir um argumento para um fax; 2) escrever uma notícia sobre um fato histórico; 3) escrever uma experiência científica como uma receita; 4) escrever cartas para casa sobre um fato histórico; ou 5) escrever um acontecimento no formato de um diário. Isso se faz passando de um "apoio externo" para outro "interno", apropriado para o próprio aluno.

O programa EXEL, junto com o modelo EXIT, é implementado pelos professores (ver Quadro 8.4) de forma bem-sucedida com alunos normais e com alunos com dificuldades de aprendizagem.

## OUTRAS ESTRATÉGIAS EFICAZES

Pensou-se que a conduta de revisão dos alunos com dificuldades de aprendizagem e com dificuldades de aprendizagem da escrita especificamente apresentasse limitações por eles serem incapazes de estabelecer intenções e objetivos claros em sua escrita, de avaliarem sua escrita do ponto de vista do leitor; por manifestarem dificuldades em determinar o que se deve mudar e como se deve mudar, ou no adequado controle executivo para coordenar e manejar metas de revisão contraditórias ou de separar o conhecimento e as habilidades na base dos processos de revisão.

Se isto é assim, parece pertinente qualquer estratégia que se contraponha a essas dificuldades. Graham, MacArthur e Schwartz (1995) estudaram os efeitos de um objetivo de revisão para acrescentar informação na conduta de revisão e na execução da escrita em alunos de 5ª e 6ª séries do ensino fundamental com dificuldades de escrita e de aprendizagem.

Neste estudo se vê que, quando se enfatiza um objetivo geral de revisão, a qualidade da escrita não melhora, o que só ocorre quando se enfatizou o objetivo de acrescentar informação. Na condição em que se introduz um procedimento facilitador para o cumprimento do objetivo de acrescentar informação não se deu melhoria nem na conduta de revisão, nem na qualidade do texto. Portanto, fazer com que os alunos revisem e melhorem o escrito é insuficiente para que se reflita

**Quadro 8.4** O modelo de promoção das interações com o texto
(EXIT: Extending Interactions with Text)

| Etapas de processo | Perguntas | Estratégias do professor |
|---|---|---|
| 1. Ativação do conhecimento prévio. | 1. O que realmente conheço desta matéria? | 1. Torvelinho de idéias, mais conceituais, grade KWL (know, want, learn: conhecer, querer, aprender). |
| 2. Estabelecimento de própósito. | 2. O que necessito averiguar e o que quero fazer com a informação? | 2. Estabelecer perguntas, grade QUADS (question, answer, deatail, source: pergunta, resposta, detalhe, fonte), grade KWL. |
| 3. Localização de informação. | 3. Onde e como conseguirei esta informação? | 3. Situar a aprendizagem. |
| 4. Adoção de uma estratégia apropriada. | 4. Como usarei esta fonte de informação para conseguir o que necessito? | 4. Discussão metacognitiva, método. |
| 5. Interagir com o texto. | 5. O que posso fazer para me ajudar na melhor compreensão disto? | 5. DARTs, marcar o texto, reestruturar o texto, intercâmbio do gênero. |
| 6. Monitoração da compreensão. | 6. O que posso fazer se há partes que não compreendo? | 6. Método, quadros de estratégias, grades. |
| 7. Fazer um registro. | 7. Que anotação poderei fazer desta informação? | 7. Método, marcos de escrita, grades. |
| 8. Avaliação da informação. | 8. Posso acreditar nesta informação? | 8. Método, discussão de textos direcionados. |
| 9. Ajudar na memorização. | 9. Como posso me ajudar para lembrar as partes importantes? | 9. Repassar, revisão, reestruturação. |
| 10. Comunicar a informação. | 10. Como conseguirei que outras pessoas saibam disto? | 10. Escrever em um tipo de gênero, escrever marcos, publicar livros de não-ficção, dramas, trabalhos 2D/3D, outros resultados alternativos. |

(Adaptado de Lewis et al., 1994).

em um texto de melhor qualidade, é preciso, além disso, que se diga a eles, por exemplo, que *acrescentem algo* (três ou cinco coisas) para melhorá-los, ou que *listem e numerem* várias coisas que se possam acrescentar e melhorar o texto. O uso combinado de diferentes estratégias de ensino aumentará de forma significativa os efeitos positivos (Graham, MacArtur e Schwartz, 1995).

O uso dos *organizadores gráficos* para a melhora da compreensão e da lembrança nos textos expositivos é algo que se está pesquisando de forma crescente (Griffin e Tulbert, 1995). O leitor tem de integrar e manejar um vocabulário complexo, com princípios e conceitos desconhecidos, com formas de organização e estruturas específicas, com tabelas e figuras, para poder compreender e lembrar. Como as idéias se apresentam de forma seqüencial e densa, o papel do ensino dirigido e explícito pelo professor se faz necessário.

Quando se trata de alunos com dificuldades de aprendizagem, a questão se complica, seja pelo material utilizado (expositivo, centrado em uma área de conteúdo ou manual), seja pelas técnicas de ensino empregadas. É aqui que é preciso situar a importância dos organizadores gráficos (Griffin e Tulbert, 1995). Nesse sentido, utilizaram-se os organizadores gráficos) apresentados antes da tarefa da leitura (pré-organizadores) e os organizadores apresentados depois da tarefa de leitura sem examinar ainda quais são os mais eficazes.

O uso de organizadores após a apresentação da tarefa da leitura parece que influi positivamente porque proporciona uma visão geral do material que terá de ser aprendido, proporciona um marco de referência para o estudante para organizar as idéias principais e assimilar o novo vocabulário em um padrão ordenado, apresenta guias e chaves sobre os elementos importantes, serve como instrumento de revisão conciso e como ajudas e guias visuais para a informação oral e escrita. Os pós-organizadores são utilizados até mesmo como integrantes de técnica de sumarização.

Em geral, recomenda-se que os *pós-organizadores* sejam usados seguindo passos precisos, como dividir os capítulos em passagens de não mais de 1.500 palavras, pôr uma anotação com as idéias principais contidas no texto, escolher um formato de organizador que se ajuste à estrutura da informação e preparar versões de organizadores entre o professor e o aluno de forma conjunta.

Para o uso de *pré-organizadores* de forma efetiva na sala de aula recomenda-se auxiliar a identificação das idéias principais e de detalhes, informar os alunos de que estão utilizando uma estratégia para ajudá-los a identificar e lembrar a informação importante do texto, compensar a organização deficitária dos textos, utilizar treinamentos prolongados (de, pelo menos, duas semanas) e inseri-los dentro do contexto do ensino estratégico e do reforço grupal (Griffin e Tulbert, 1995).

A opção por se centrar nos déficits enfatizou estratégias baseadas na decodificação (Beck e Juel, 1995) ou no código fonético (Apthorp, 1995), dada a coexistência de maus leitores e déficits nos processos fonológicos. Uma forma de ajudar a superar os problemas com as palavras não-familiares ou pseudopalavras é usar a apresentação visual, escrevendo as palavras para ler, ou incentivando os alunos a perguntarem para revisar suas anotações e para a familiarização do vocabulário, fazendo-os lerem antes os textos e fazerem uma análise estrutural e segmentando os novos termos em sílabas que vão pronunciando. Além disso, podem ser utilizadas estratégias compensatórias, como o uso de revisões multissensoriais ou estratégias que desenvolvam a autoconsciência e a auto-eficiência, analisando o uso de estratégias, por que o fazem, como o fazem, que efeito produz na aprendizagem, etc. (Apthorp, 1995). Igualmente, dependendo da concepção de dificuldades de aprendizagem que se tenha, assim se fará a intervenção.

Por exemplo, se a idéia é de que se trata de *alunos com aprendizagens diversas*, as estratégias de ensino relevantes teriam de ser centradas nas habilidades de memorização a curto e longo prazos, nas estratégias de aprendizagem, no conhecimento do vocabulário e na codificação lingüística e principalmente na relacionada com a alfabetização precoce.

Entre essas estratégias estariam a repetição, a categorização, a seleção, a sumarização, a organização dos conhecimentos e o uso dos conhecimentos prévios, as idéias principais, as gramáticas da história, os apoios, a revisão, a exposição a uma linguagem rica (Baker, Kameenui e Simmons, na imprensa). Isso é necessário, considerando as deficiências dos alunos com diversidade de aprendizagens nestes aspectos e que não se dá no restante dos alunos.

Uma questão a ser considerada é a relação que se dá entre o uso de estratégias efetivas e as atitudes dos professores e a integração dos alunos com dificuldades de aprendizagem. Não só é mais importante a "qualidade do ensino" como também as reações mais ou menos negativas com a integração. Parece que os professores com atitudes mais positivas utilizam estratégias de ensino efetivas com maior freqüência, o que tem implicações importantes, embora, em geral, os professores de integração realizem modificações suaves (variar o formato do ensino ou usar provas de avaliação diversas), pois apenas fazem mudanças "substanciais" (uso de textos de níveis inferiores ou variação dos objetivos curriculares) (Bender, Vail e Scott, 1995).

O uso de programas informatizados é um dos desenvolvimentos relevantes que está ocorrendo neste campo. O uso de ajudas baseadas em hipertexto para a melhora da compreensão da leitura, assim como para a melhora das aprendizagens acadêmicas, parece uma estratégia de ensino efetiva.

Por exemplo, MacArthur e Haynes (1995) desenvolveram um *software* específico que implementa versões hipermídia dos textos aplicáveis com alunos com dificuldades de aprendizagem e com baixos rendimentos para compensar suas dificuldades. A ajuda ao estudante para a aprendizagem de textos (SALT) inclui os elementos dos livros-texto, como texto, gráficos, sublinhados, perguntas e bloco de notas junto com sintetizador de voz, um glossário *on-line*, conexões entre as perguntas e o texto, ressaltando as idéias principais e descrições e explicações adicionais que resumem as idéias principais.

Em geral, fica fácil a aprendizagem do programa e seu aproveitamento para a melhora da aprendizagem dos alunos com dificuldades de aprendizagem, sugerindo-se a possibilidade de que os livros-texto sejam editados também em CD-ROM para ser utilizado no modo hipermídia.

# As Dificuldades de Aprendizagem e Ensino: Elementos Metacognitivos e Contextuais 9

## INTRODUÇÃO

São muitos os elementos, contribuições, âmbitos e estratégias que, provenientes da psicologia do ensino, basicamente, se relacionam e proporcionam luzes no campo das dificuldades de aprendizagem, como vimos no capítulo anterior e mostramos mais detalhadamente em García (2000), com um desenvolvimento amplo dessas bases de ensino que proporcionam caminhos e vias de intervenção nas dificuldades de aprendizagem.

Desde uma perspectiva próxima, Jiménez (1999, Cap. 6) conceitualiza cinco áreas de estudo associadas às dificuldades de aprendizagem: a inteligência, a atenção, a memória, a metacognição e a competência social. Em geral, essas áreas são tratadas nesta terceira parte do livro, como se pode observar pelos capítulos já desenvolvidos.

Como ilustração, o enfoque que predomina no recente manual sobre dificuldades de aprendizagem de González-Pienda e Núñez (1998) vai nesta mesma linha, dedicando capítulos diferentes para tratar os temas das habilidades e dos processos cognitivos básicos (Crespo e Carbonero, 1998), as estratégias de aprendizagem (González-Pienda, Núñez e García Rodríguez, 1998), o conhecimento-base (Carbonero e Crespo, 1998), as atribuições consensuais (González Cabanach e Valle, 1998), as orientações motivacionais (as metas acadêmicas) (Valle e González Cabanach, 1998), o autoconceito (Núñez et al., 1998), a capacidade de auto-regulação do processo de aprendizagem (Roces e González Torres, 1998). Todos esses temas são claramente de ensino e se concretizam em modelos de intervenção educacionais integradores e operativos nas dificuldades de aprendizagem (Núñez e González-Pumariega, 1998; González-Pumariega e Núñez, 1998). Outra ilustração recente é em torno da compreensão da leitura que vem sendo treinada de forma promissora em alunos com DA (Vidal-Abarca, 2000a, b).

Como é impossível tratar todos estes temas aqui, recolhemos alguns elementos.

## O PAPEL DA METACOGNIÇÃO

Neste tópico e nos seguintes, se reuniu parte do material próprio apresentado em García (1997c; 1998, Cap. 5), junto com atualizações recentes.

A metacognição e seu papel na aprendizagem e no ensino está sendo investigado de forma crescente (Justicia, 1996). O problema é complexo, principalmente quando se aceita que o uso espontâneo das habilidades metacognitivas não aparece senão muito tardiamente no desenvolvimento cognitivo infantil, por acaso na etapa do ensino fundamental. As habilidades relacionadas ao autocontrole e ao autoconhecimento, como as variáveis determinantes da motivação de rendimento, as atribuições de causa (Tur-Kaspa, Weisel e Segev, 1998) e o "lócus de controle", são fatores de interesse para a compreensão das dificuldades de aprendizagem em áreas acadêmicas diversas, como a auto-eficiência acadêmica (Hampton, 1998). Uma ilustração deste interesse pode ser vista em González-Pienda (1996), González-Pienda e Núñez (1997), ou em Chan (1994). Um aspecto da mesma, como a aprendizagem auto-regulada, deve ser considerado de grande interesse para compreender e ajudar as pessoas com dificuldades de aprendizagem, principalmente à medida que vão crescendo (Butler, 1998a, b, 1999).

## TREINAMENTO ATRIBUCIONAL, APRENDIZAGEM ESTRATÉGICA E RENDIMENTO EDUCATIVO

Em um estudo recente, Chan (1994) investiga as relações entre crenças atribucionais, autopercepção de competência, conhecimento e utilização de estratégias de aprendizagem e de leitura e rendimento em leitura em alunos com e sem dificuldades de aprendizagem.

Encontra-se estreita relação entre a motivação e as estratégias de aprendizagem, sendo mais importantes as variáveis motivacionais do que as de aprendizagem para explicar o nível de rendimento nas crianças menores (de 10 a 11 anos) e nas maiores (de 14 a 15 anos); as estratégias de aprendizagem intervêm mediante os efeitos da motivação sobre o rendimento na leitura.

Em geral, a maioria dos alunos (de 10 a 15 anos), vistos como maus leitores, apresentam um quadro de *falta de defesa aprendida*, com padrões atribucionais não-efetivos das causas de suas dificuldades ao pensar que não podem fazer nada para superá-las. Os alunos com dificuldades de aprendizagem tendem a atribuir seu fracasso a causas incontroláveis para eles, como sua falta de habilidade, a dificuldade da tarefa ou o "jeito" do professor, e seu êxito à sorte ou à ajuda do professor. Isso determina "falta de defesa" e baixo nível de competência percebido em relação à aprendizagem escolar.

Em geral, os padrões atribucionais causais baseados no esforço são os mais determinantes na melhora do rendimento educativo.

O *treinamento atribucional* adaptativo parece desejável, posto que reduz ou elimina os sentimentos de culpa associados com o fracasso, assim como os efeitos sociais de rejeição e de "humilhação".

Os fracassos podem ser focalizados como situações de solução de problemas, em que o objetivo é a busca de estratégias mais efetivas. Parece que a combinação de programas de re-treinamento atribucional, junto com o treinamento em estratégias cognitivas seria o modo mais eficaz de intervenção a respeito.

O estudo das crenças atribucionais em relação à utilização de estratégias se centrou basicamente nos efeitos entre a atribuição à aptidão diante da atribuição ao esforço como causa dos êxitos ou dos fracassos dos alunos nas tarefas acadêmicas. Fazer com que os alunos atribuam seu êxito a um uso eficaz de estratégias parece pertinente, embora seja muito desconhecido.

A atribuição às próprias aptidões é algo que muda claramente com a idade em três etapas: 1) inicialmente, as crianças de educação infantil e dos primeiros anos do ensino fundamental têm um conceito de aptidão muito global, incluindo a conduta social, os hábitos de trabalho e conduta, entendida como uma *habilidade incremental-instrumental* que se desenvolve com a prática e com o esforço; 2) nos anos intermediários e finais do ensino fundamental, as crianças entendem as aptidões intelectuais de forma mais específica, tendendo a imaginá-las como *traços estáveis*; e 3) no ensino médio distinguem claramente a aptidão do esforço e consideram a aptidão como algo não-afetado pelo esforço.

Esta diferenciação entre aptidão e esforço requer o pensamento operacional formal, além de mudanças nas práticas escolares, nas atividades, na organização, na avaliação, etc. A diferenciação entre a atribuição ao esforço e ao uso de estratégias não se daria igualmente até metade do ensino médio (Chan, 1994).

Com Chan (1994) podemos concluir que: 1) os alunos com dificuldades de aprendizagem manifestam um padrão atribucional desadaptado (falta de defesa aprendida; 2) as crianças mais jovens (ensino fundamental e início do ensino médio) tendem a pensar menos em seu controle pessoal sobre o êxito nas aprendizagens por meio do esforço e do uso de estratégias; 3) as crianças com baixos níveis de rendimento manifestam estratégias motivacionais não-centradas nas estratégias; 4) a direção *adaptativa* parece desejável na motivação, como as crenças no controle pessoal, a não-tendência a manifestar crenças de falta de defesa aprendida e os altos níveis de autopercepções de competência aumentam o uso de estratégias e o rendimento. Parece necessário, portanto, o re-treinamento atribucional que potencie uma direção adaptativa da motivação junto com a instrução no uso de estratégias.

## LÓCUS DE CONTROLE E AVALIAÇÃO DE CONTINGÊNCIAS

Em outro estudo recente, Fuller e McLeod (1995) estudaram a relação entre a orientação do *lócus de controle* e a avaliação das *contingências* entre as próprias ações e as mudanças em um dispositivo informatizado simples. Os sujeitos (adolescentes com e sem dificuldades de aprendizagem) tinham de interagir com um dispositivo pressionando duas teclas que tinham a mesma probabilidade de responder entre ensaios, mas eram diferentes porque a resposta a uma tecla só também podia ocorrer sem que ela fosse pressionada.

Os juízos de controle entre os alunos com dificuldades de aprendizagem foram menos sensíveis às mudanças em respostas à probabilidade, e seus juízos refletiram níveis de probabilidade menores. No entanto, os dois grupos pensaram erroneamente ter mais controle quando suas ações foram desnecessárias para que se desse uma mudança do que quando suas ações eram realmente necessárias para que o dispositivo mudasse.

Encontram-se diferenças nos juízos contingentes entre alunos adolescentes com dificuldades e sem dificuldades de aprendizagem, embora ambos os grupos não se diferenciassem nas pontuações de lócus de controle, se tratasse de atribuições internas para as situações de êxito ou de fracasso, ou se tratasse da tendência a atribuir o êxito ou fracasso à habilidade ou ao esforço. Se se tivessem utilizado medidas não só em uma dimensão de causalidade (externa diante da interna), mas outras, como lócus, estabilidade e controle, as diferenças possivelmente teriam sido detectadas. Em troca, os juízos de controle foram menos sensíveis às demandas e às condições da tarefa nos alunos com dificuldades de aprendizagem do que nos sem elas.

As relações de contingências percebidas diante da presença de mudanças aleatórias expressas em juízos de controle e na confiança em seus juízos foram diferentes nos alunos com dificuldades de aprendizagem e nos sem elas. Parece pertinente recomendar aos alunos com dificuldades de aprendizagem que utilizem programas que promovam suas habilidades para avaliar seu controle sobre os fatos que se podem desenvolver e se avaliar.

## HABILIDADES METACOGNITIVAS EM ALUNOS COM DOTAÇÃO SUPERIOR E DIFICULDADES DE APRENDIZAGEM

Como as habilidades metacognitivas parecem ser deficitárias nas pessoas com problemas de aprendizagem, ao se comparar essas habilidades com as de um tipo de aluno que as apresenta muito desenvolvidas (o aluno com dotação superior ou superdotação), podem-se lançar luzes sobre o nuclear ou não que possa ser em relação às dificuldades de aprendizagem.

Quando se estudam alunos *superdotados com dificuldades de aprendizagem*, por exemplo, encontram-se habilidades metacognitivas mais similares às dos superdotados do que às dos com dificuldades de aprendizagem, sugerindo que o problema nuclear das dificuldades de aprendizagem não estaria neste nível (Hannah e Shore, 1995).

Como as habilidades metacognitivas aparecem de forma muito tardia durante o desenvolvimento, é difícil saber se se trata de um atraso no desenvolvimento ocasionado pela não-conquista das aprendizagens ou se é consubstancial e explicativo das próprias dificuldades de aprendizagem.

O fato de que se produzam melhoras importantes na situação dos alunos com dificuldades de aprendizagem mediante o treinamento em metacognição confirmaria seu papel causal (Hannah e Shore, 1995). A superdotação se caracteriza por altas habilidades metacognitivas, inclusive nos casos com dificuldades de aprendizagem; isso reflete a complexidade do problema e do apoio à existência de uma grande heterogeneidade entre os alunos com dificuldades de aprendizagem.

## TREINAMENTO EM METACOGNIÇÃO

O treinamento em metacognição produz efeitos gerais e específicos, tanto nos alunos normais como nos que apresentam dificuldades de aprendizagem. Lucangeli, Galderisi e Cornoldi (1995), em uma experiência com alunos da 5ª série do ensino fundamental, acharam que o treinamento estratégico melhorava o nível de conhecimento, e a execução em um teste de memória categórica por alunos que tinham recebido treinamento em metamemória superaram os controles na manutenção e transferência da estratégia.

Em uma segunda experiência, em que participaram alunos com dificuldades de aprendizagem de 3ª, 4ª e 5ª séries do ensino fundamental, divididos em três grupos, um de treinamento metacognitivo, um de leitura metacognitiva e um de controle, descobriu-se que os grupos com treinamento metacognitivo se saíram melhor no conhecimento metacognitivo e no rendimento acadêmico. Parece que treinar os alunos a refletirem sobre seus processos cognitivos melhora os resultados escolares e as aptidões cognitivas gerais.

Os programas metacognitivos utilizados por Lucangeli e colaboradores (1995) se centram na promoção das atitudes gerais metacognitivas e na promoção de conhecimento específico em metamemória. O treinamento nas atitudes metacognitivas inclui sete pontos: 1) a diferenciação entre o mundo interno e o externo ao aluno; 2) a consciência física e psíquica do próprio corpo; 3) a consciência da realidade ou de algumas características dos sonhos, das fantasias e das imagens mentais; 4) a consciência dos próprios estados emocionais; 5) a consciência da presença distinta dos processos cognitivos; 6) a consciência dos limites e dos requisitos específicos da memória; e 7) o reconhecimento do esquecimento e de como preveni-lo.

O treinamento no *conhecimento metamemorístico* e nas *atitudes para com as estratégias de memorização* se baseia: nas variáveis do esquecimento, nas diferenças individuais em relação à memória, na importância do esforço mental, na consciência de que somos limitados em recursos cognitivos, nas relações e influências entre atividades e processos cognitivos, na importância da repetição, na importância do processamento da informação por diversas vias, no discernir as falhas da memória devidas à recuperação das falhas de perda de informação, na importância da categorização e da organização semântica dos conhecimentos e nas conseqüências de avaliar a memória de maneiras distintas.

## ALTERNATIVAS DE AVALIAÇÃO

Falar de avaliação não significa que se faça de forma separada do ensino. A avaliação faz parte do ensino e, portanto, as *alternativas de avaliação* que temos de considerar não são mais do que programas, como no caso da avaliação centrada no currículo ou estratégias de ensino eficazes e concordantes com os resultados das investigações mais recentes.

### AVALIAÇÃO MULTIDIMENSIONAL

A avaliação das dificuldades de aprendizagem, por exemplo, é complexa e implica considerar muitos aspectos dentro de enfoques teóricos coerentes que são os que asseguram uma prática relevante e rigorosa. Entre os aspectos que necessitam de uma avaliação estão as estratégias cognitivas e os processos que estão na base da aprendizagem (Meltzer, 1994).

Meltzer (1994) advoga por enfoques de avaliação multidimensional para a identificação das necessidades integrais da criança nas áreas cognitivas, motivacionais e condutuais em diferentes contextos e ao longo de todo o ciclo vital do desenvolvimento. Esses enfoques interacionistas devem estar presentes em toda a avaliação, assim como na avaliação dos processos metacognitivos, que também são muito importantes.

Os aspectos importantes que devem ser considerados incluem: 1) a solução de problemas, a linguagem, a memória e a atenção; 2) a ênfase no uso de técnicas interativas centradas nos processos e, além disso, nos resultados da aprendizagem; 3) a ênfase em conectar a avaliação e a intervenção e que a avaliação proporcione elementos claros que guiem o ensino e o tratamento; e 4) o conceber a discrepância aptidão-rendimento típica dos alunos com dificuldades de aprendizagem dentro de um contexto de desenvolvimento que tem de ser mais pesquisado.

O processo diagnóstico deve incluir a aprendizagem estratégica e os processos metacognitivos, além de construir um sistema de avaliação multidimensional que permita explicar as interações entre os processos cognitivos e metacognitivos e seu influxo na aprendizagem de diferentes áreas acadêmicas.

A avaliação dos processos estratégicos incluem: os processos de múltipla coordenação, organização e acesso; as estratégias auto-reguladoras; a consciência e a explicação; a flexibilidade cognitiva; e a avaliação dessas estratégias nas áreas acadêmicas específicas, assim como a avaliação da interação entre a metacognição, a memória automática, a velocidade de processamento, a atenção e o autoconceito, a auto-eficiência e a motivação.

As condições necessárias para a avaliação na área cognitiva supõem assumir algumas questões (Meltzer, 1994).

1. Os enfoques de avaliação interativos e holísticos, como a avaliação dinâmica e interativa, com o que se deve considerar a idéia de que os processos de aprendizagem são compartilhados de modo relevante pelo contexto social, a idéia de que o aprendiz constrói seu conhecimento progressivamente de forma mais eficaz e flexível e a idéia de que a avaliação deve servir para elaborar objetivos educionais específicos.

2. A avaliação das mudanças no desenvolvimento, nas exigências curriculares e nas demandas da aula, por exemplo, no contexto da iniciativa da educação regular (REI: *regular education initiative*).

3. Assegurar que a avaliação esteja estreitamente unida ao ensino, quer dizer, que a *avaliação do ensino* há de: identificar as áreas em que se necessita de instrução; identificar de forma precisa o ponto em que se iniciará a instrução; definir o método de ensino que será usado e de valorar o êxito do ensino.

Os sistemas de avaliação disponíveis, embora representem enfoques diversos que cumprem essas características, poderiam ser agrupados em três modelos: a avaliação dinâmica interativa, a avaliação centrada no currículo: paradigma de avaliação para o ensino e o questionário de soluções de problemas e habilidades educativas (Meltzer, 1994).

A *avaliação dinâmica interativa* busca a avaliação do potencial de aprendizagem. Ela se desenvolveu a partir do programa de Feuerstein de enriquecimento instrumental e apresenta os traços comuns de se centrar em um enfoque teste-ensino-teste, junto com a aprendizagem guiada e a busca do modo como o aluno aprende, de acreditar na modificabilidade e plasticidade dos processos de pensamento e de enfatizar o papel do adulto como mediador nos processos de avaliação. Desenvolveram-se muitos modelos desta avaliação, como o enfoque de avaliação de processos, o enfoque de avaliação assistida no contexto das demandas da sala de aula, incorporando os princípios vygotskianos do desenvolvimento e a aprendizagem, o ensino recíproco ou diálogo entre professor e aluno acerca do que este vai obtendo, etc.

O *paradigma de avaliação para o ensino* de Meltzer incorpora a solução de problemas e as tarefas educativas (ver Figura 9.1). O *instrumento de avaliação de solução de problemas* consiste em seis tarefas de solução de problemas, três não-lingüísticas, que são as de completar séries – análise de padrões e memória –, de categorização – flexibilidade temática e conceitual – e de execução de matrizes – análise de padrões e memória – ; e três lingüísticas ou verbais, que são a mudança categorial – flexibilidade temática e conceitual –, o raciocínio seqüencial – análise de padrões e memória –, e de classificação – flexibilidade temática e conceitual.

O instrumento de *avaliação das habilidades educativas* inclui tarefas de *leitura*, como o vocabulário visual, decodificação de palavras isoladas, compreensão – recuperação e formulação – e compreensão – perguntas estruturadas –; de escrita, como a produção automática do alfabeto, produção de frases – ditado e ler e recordar –, e a escrita criativa; de soletramento, como as tarefas de localizar a letra correta – escolha múltipla –, soletramento de palavras isoladas e o soletramento no contexto; e de *matemática* com as tarefas de operações automáticas, cômputo e conceitos e aplicações.

Trata-se de sistematizar a avaliação informal que se opera na sala de aula em relação aos alunos com dificuldades de aprendizagem (Meltzer, 1994), mas que é facilmente extensível a todos os alunos.

## A AVALIAÇÃO CENTRADA NO CURRÍCULO

A avaliação centrada no currículo *(curriculum-based measurement:* CBM) já tem certa tradição e parece especialmente interessante e benéfica, tanto do ponto de vista do professor como do aluno. Consiste na monitorização rotineira dos progressos dos alunos de educação especial em relação às metas curriculares anuais, incluindo guias para a avaliação dos processos de aprendizagem seguidos e os métodos de medição, técnicas de graficação e utilização de dados curriculares. Isso permite, tanto para o professor como para o aluno, comprovar de forma significativa e constante dados gráficos dos progressos. O professor pode ter um *feedback* concreto para preparar estratégias de ensino eficazes e conseguir melhores rendimentos educativos. Os alunos adquirem maior consciência do processo de sua aprendizagem.

A avaliação centrada no currículo se centra na discrepância entre a execução por uma criança específica e a execução por outros alunos dentro do mesmo contexto da aula (Meltzer, 1994).

O papel e a consciência do aluno em relação a seu processo de aprendizagem estão sendo estudados de forma crescente (Davis, Fuchs, Fuchs e Whinnery, 1995). Os professores potenciam cada vez mais em seus alunos a automonitoração, a planificação, a auto-revisão e a auto-avaliação. Quando se trata de alunos com dificuldades, este tipo de processo psicológico é difícil de ser conquistado. A avaliação centrada no currículo parece favorecer a conquista destes processos de auto-regulação do uso de estratégias e procedimentos na aprendizagem pelos próprios alunos. Este tipo de programa favorece a melhora no conhecimento que os alunos têm de sua aprendizagem, na percepção acerca da utilidade do *feedback* – do professor, das provas, dos dados graficados –, na descrição mais exata das metas educativas a serem alcançadas e em que o aluno está trabalhando (Davis et al., 1995). Parece que esse tipo de programa favorece o treinamento atribucional adaptado nos alunos com dificuldades de aprendizagem ao afirmar que o êxito depende de seu esforço e a aceitar sua responsabilidade em relação aos resultados educativos, o que incide positivamente no rendimento educativo.

**Figura 9.1** Paradigma de avaliação para o ensino de Meltzer.

## ALGUNS CONCEITOS VYGOTSKIANOS E CONTEXTUAIS

## DA REVOLUÇÃO COGNITIVA À REVOLUÇÃO CONTEXTUAL

As limitações do enfoque do processamento da informação (PI) são evidentes, apesar de suas contribuições relevantes, que já fazem parte do acervo da psicologia e que ainda estão por esgotar suas possibilidades, porque as pessoas não são computadores isolados social, cultural ou historicamente, senão que suas possibilidades dependem de fatores sociais, culturais e históricos. Pensemos igualmente nas limitações do procedimento serial e que o processamento distribuído e paralelo (PDP) ou conexionismo tentam superar, se bem que ao nível microgenético ou de química da cognição diante do nível macro ou do enfoque do PI; ou nas limitações ao não considerar os fatores motivacionais e de atribuição e que os estudos recentes sobre a teoria da atribuição e da motivação de rendimento estão tentando superar.

Uma maneira diferente de abordar o desenvolvimento e a aquisição do conhecimento e do pensamento, e, portanto, sua aplicação nas dificuldades de aprendizagem, foi proposta nos primeiros 25 anos do século passado por Vygotsky e recentemente foi atualizada e aprofundada pelo enfoque sóciohistórico cultural que se oferece como alternativa teórica mais adequada quando se trata de servir de marco para a intervenção educativa e de resolver a difícil questão das relações entre desenvolvimento e educação. Fizemos recentemente uma reflexão sobre essas questões ao comentar o panorama geral de novidades editoriais em Educação Especial na revista *Infancia y Aprendizaje* (conforme García, 1994).

Faz aproximadamente quatro décadas que aconteceu a denominada "revolução cognitiva", baseando-se na metáfora do computador. Um ator (uma exceção) desta revolução em psicologia foi Bruner, ator-chave também nas proposições destes novos enfoques, que ele próprio, em um recente livro *(Atos de significado)*, conceitualiza como "revolução contextual". De qualquer forma, trata-se de uma obra coletiva, e o enfoque foi conceitualizado como início de um novo paradigma (o contextual-dialético). Desenvolveremos alguns elementos conceituais e que foram propostos ou elaborados por autores diferentes.

Examinaremos brevemente algum conceito útil e com aplicações para a educação de crianças de diferentes culturas, incluindo crianças com e sem deficiências, e com e sem dificuldades de aprendizagem.

## A ZONA DE DESENVOLVIMENTO PRÓXIMAL (ZDP)

Um conceito-chave neste enfoque é o de zona de desenvolvimento proximal ou potencial (ZDP). Podemos distinguir várias acepções deste conceito, que iremos comentando brevemente.

1. Um primeiro conceito é o desenvolvido por Vygotsky e que poderia se enunciar como a distância existente entre as capacidades, conhecimentos, realizações da criança quando resolve um problema ou realiza uma tarefa por si mesma e sem ajuda, ao qual denomina de zona de desenvolvimento atual (ZDA), e o que a criança é capaz de realizar com a orientação, a ajuda ou o apoio do adulto.

2. Um segundo conceito implica a zona ou o âmbito condutual referente ao que a criança pode aprender em um "futuro imediato". Quer dizer, trata-se do que a criança poderá aprender imediatamente. Este conceito é muito mais flexível do que o anterior, posto que define a zona de desenvolvimento próximal, não como algo estático, mas sim dinâmico, móvel e que "também" viria definido pelo que a criança ou o aluno adquirisse a seguir.

3. Posto que a zona de desenvolvimento próximal ou potencial não é algo estático, não é algo que a criança "possui", como se cria e quais são seus limites? A zona de desenvolvimento próximal se cria e se amplia ou limita em função de *processos interativos* que se estabelecem entre a mãe e a criança, entre os pais e a criança, entre algumas crianças e outras com distintos níveis de capacidade, entre o aluno e o professor. A zona de desenvolvimento próximal se cria em um meio social que possibilita a realização de atividades de ensino-aprendizagem. Bruner fala que o desenvolvimento da criança depende dos andaimes que lhe proporcionam as ajudas, os guias, as orientações do meio social.

O conceito de zona de desenvolvimento próximal como criada nos processos interativos tem um interesse especial nas situações educativas, posto que as aprendizagens são adquiridas primeiro no âmbito social e somente depois se internalizam ou se fazem individuais. Essa noção é desenvolvida por Wertsch (1991), que fala de três idéias na conceitualização da zona de desenvolvimento próximal:

1. Definição da situação, que é de natureza interativa e social e proporciona o marco em que se produzem as aprendizagens e a aquisição de novos desenvolvimentos. Bruner fala de um conceito muito atrativo e que representaria o microcosmo, marco ou situação habitual e específica em que se produz a aquisição da linguagem: é o conceito de *formato*. Ele permite o estabelecimento da comunicação da criança com o meio ao dominar sucessivamente situações repetidas, como

a de mudar as fraldas, a de ler contos para ela, a do banho, etc. (conforme García, 1992). Em situações educativas e dentro do marco das dificuldades de aprendizagem é ilustrativa a utilização de rotinas, com um significado próximo, no ensino da linguagem por Yoder e Davies (1994).

2. A intersubjetividade ou *plano interpsicológico* ou de negociação. Em situações de comunicação e interação social, repetidas e controláveis, vão se estabelecendo os significados da realidade, o papel de cada ator, os novos conhecimentos, tendo, para isso, de ser "negociados", porque se trata de conhecimentos compartilhados, significados compartilhados, normas compartilhadas, estilos compartilhados.

3. A mediação semiótica que possibilita a atividade compartilhada. Possibilita-se o desenvolvimento pela interação entre a criança e seu meio, principalmente social. Para que possa ocorrer a interação, o intercâmbio, a negociação entre a criança e seu meio, é necessário o uso de instrumentos de mediação que podem ser naturais (nossos sentidos ou nosso sistema motor) ou artificiais (adquiridos historicamente por nossa sociedade) ou culturais.

## UMA CAIXA DE FERRAMENTAS DIFERENTE?

Em certo sentido, abordar as dificuldades de aprendizagem é abordar um aspecto da psicologia diferencial ou até mesmo da psicologia das diferenças transculturais (Wertsch, 1991). Conforme essa proposição, o conceito tão atrativo de Wertsch (1991, Cap. 5, p. 1) é especialmente relevante: "Relacionado com isto, sugeriria que, em lugar de considerar *os instrumentos mediacionais* como algum tipo de totalidade única e indiferenciada, seria proveitoso contemplá-los em termos de diversos elementos que poderiam formar uma *'caixa de ferramentas'*" (o itálico é meu).

Cada cultura disporia de instrumentos mediacionais diferentes ao alcance dos membros dessa cultura. Em certo sentido, poderíamos aplicá-lo às pessoas com deficiências ou com dificuldades de aprendizagem (DAs). Ao dispor de uma caixa de ferramentas, se alguma apresenta problemas, poderiam se utilizar outras para cumprir a mesma função.

Essas ferramentas poderiam ser hierarquizadas conforme diversos conceitos de heterogeneidade (Tulviste, 1978, 1986):

1. Heterogeneidade como hierarquia genética, segundo o desenvolvimento. Isso supõe que todas as ferramentas estão ordenadas desde as menos às mais adequadas, desde as inferiores às superiores.

2. Heterogeneidade apesar da hierarquia genética ou segundo o desenvolvimento dentro de cada cultura ou deficiência. Nesse sentido, as ferramentas são mais eficazes e poderosas para certos âmbitos da vida, para cumprir diferentes motivos sociais (atividades), enquanto outras ferramentas serão mais apropriadas para cumprir outras funções ou outros motivos sociais (atividades).

3. Heterogeneidade não-genética, ou à margem do desenvolvimento normal, ou sem considerar pré-requisitos. Suporia a não-existência de hierarquização das ferramentas. Dentro da caixa, algumas ferramentas psicológicas servirão para um tipo de tarefa ou contexto, e outras servirão para outros tipos.

Parece mais pertinente, no caso de intervenção, considerar o segundo e o terceiro conceitos de heterogeneidade e, nessa ordem, à medida que o déficit ou a dificuldade for mais grave.

Um exemplo extremo estaria em um disfásico receptivo com traços autistas que não adquire a linguagem verbal. Se houvesse de lhe ensinar os *pré-requisitos* da linguagem, provavelmente nunca poderia adquiri-los. Em troca, se optamos por um ensino alternativo mediante gestos e símbolos, pode ser que lhe proporcionemos uma linguagem de signos que cumpriria a mesma função que a verbal, a comunicação e a representação mental, mas por uma rota diferente. Pode-se ver a recente obra de Tetzchner e Martinsen (1993) para uma reflexão em torno das possibilidades do uso de sistemas de comunicação alternativos, incluindo o problema dos pré-requisitos e a necessidade de rotas alternativas, rotas que, curiosamente, ao se praticar, facilitam o acesso à linguagem verbal em certas pessoas, até mesmo em adultos, com graves problemas de comunicação verbal.

## AS AUTO-INSTRUÇÕES

Segundo Vygotsky (1991), a criação das funções psicológicas superiores está representada por dois pontos importantes: "Ao estudar os processos das funções superiores nas crianças chegamos a uma conclusão que nos surpreendeu. Toda forma superior de comportamento aparece em cena *duas vezes* durante o desenvolvimento: primeiro, como *coletiva* do mesmo, como *forma interpsicológica*, como um procedimento *externo* do comportamento, etc, depois como forma *individual*, como forma *intrapsicológica e interna* (itálico meu)" (p. 77).

Luria (1983) desenvolveu e aplicou a teoria sócio-histórica de Vygotsky na investigação do cérebro e na explicação das formas superiores da atividade psicológica, considerando que:

1. têm origem sócio-histórica;
2. são processos que se *auto-regulam*;
3. estão mediados pela própria estrutura;
4. são de natureza complexa;
5. e funcionam de maneira voluntária.

Pensemos no conceito de reflexo da realidade de Vygotsky no cérebro. O pensamento, como fala interiorizada, tem seu *reflexo no cérebro*. O pensamento, como superestrutura, assenta-se na estrutura cerebral. Conceito de natureza dialética.

Aplicando estes conceitos no desenvolvimento da fala, como processo para a internalização (pensamento), podemos descrever três etapas que marcam o progresso para um controle cada vez maior da consciência.

1. Em a primeira etapa, a conduta e a atividade da criança são controladas pela fala do adulto, por instruções externas dos pais, de outros adultos, de outras crianças, etc. A direção da conduta é externa.

2. Em uma segunda etapa, a conduta e a atividade da criança são controladas e dirigidas pela própria fala, mas em voz alta, por autoconversações audíveis.

3. A última etapa supõe a internalização da fala e a direção da atividade da criança desde sua fala, mas agora interna ou linguagem subvocal e privada, porque a fala interna se transformou em pensamento.

Aplicou-se esse esquema na aprendizagem ou treinamento educacional, mediante o desenvolvimento das habilidades de mediação verbal (Meichenbaum, 1981), no controle, por exemplo, da impulsividade. No livro de Labrador, Cruzado e Muñoz (1993), são apresentadas diversas técnicas específicas, incluindo esta (p. 656-666) e outras terapias racionais (p. 667-709). Haveria de integrar estas em um enfoque mais amplo, como busca a perspectiva sócio-histórica cultural. Segundo esse esquema, é preciso desenvolver diversos passos no treinamento de se dar instruções a si mesmo.

1. Primeiro o professor ou o adulto realiza certas ações falando alto, para que o aluno observe o modelo. A modelagem cognitiva inclui a definição do problema, a orientação da atenção, o uso de auto-reforços e o uso de estratégias para enfrentar os erros e se autocorrigir.

2. A seguir, o aluno realiza a mesma ação guiado pela fala do professor, que lhe dá instruções.

3. Progressivamente o aluno irá realizando a tarefa falando a si mesmo, dando-se instruções cada vez mais baixo até chegar ao último passo de falar a si mesmo de forma privada ou subvocal ou com o pensamento (é a auto-orientação implícita).

Este mesmo esquema pode ser utilizado em processos de solução de problemas diversos, em que o desenvolvimento da mediação verbal seja útil e favoreça a conquista de instrumentos culturais, como no desenvolvimento de habilidades sociais – pode-se ver uma ilustração em Rustin e Kuhr (1989) em relação a pessoas com dificuldades de aprendizagem da linguagem – ou no treinamento em leitura e escrita ou cálculo ou na aquisição de habilidades conversacionais.

## TREINAMENTO AUTO-INSTRUCIONAL E FALA INTERIOR

O ensino auto-instrucional foi amplamente utilizado tanto para as dificuldades de aprendizagem como para pessoas com dificuldades atencionais, de impulsividade, hiperatividade e condutuais com resultados discutíveis e sobre os quais as pesquisas e aplicações oferecem dados contraditórios.

Por exemplo, Presentación (1996) demonstrou que a estrutura perceptiva de pais e de professores muda positivamente em relação aos alunos dispersivos, hiperativos e impulsivos, e que esta mudança positiva é mais eficaz quando a intervenção está especificamente dirigida aos alunos dentre os classificados como agressivos ou como não-agressivos, promovendo estratégias de ensino diferenciais, tendo como foco o treinamento em autocontrole. Em troca, nas condutas das crianças avaliadas pelas provas respectivas de atenção, etc., mal ocorrem mudanças.

Isso reflete a natureza interativa das dificuldades e naturalmente de todas as situações educativas e de aprendizagem, ao refletir uma percepção de problema ou não nos alunos, dependendo da intervenção específica de apoio, do tipo auto-instrucional. Se, em parte, a existência de dificuldade ou não – neste caso de problemas de conduta – depende do julgamento de pais e/ou professores, isso deve nos deixar atentos diante do papel fundamental da rotulagem diante de situações de dificuldade nos alunos e da necessidade de incidir, não só nas defasagens reais dos alunos, como na estrutura perceptiva e atitudes de pai, professores e sociedade em geral, incluindo em primeiro lugar os outros alunos.

Por sua vez, Díaz e Berk (1995), desde uma perspectiva vygotskiana crítica, tentam analisar as razões do "fracasso" desse tipo de técnicas na melhora do autocontrole ou do rendimento acadêmico. Essas razões são analisadas fazendo uma releitura em torno de quatro pontos aceitos do treinamento auto-instrucional.

Em primeiro lugar, a idéia de que os alunos com dificuldades de aprendizagem e com problemas de conduta apresentam uma ausência ou deficiência no uso auto-regulatório da fala interior, o que não estaria confirmado ao se observar que os alunos com problemas de auto-regulação produzem mais fala interior (auto-instruções) do que os controles. O tema da imaturidade na fala interior, não a freqüência, teria de ser considerado. Parece que as crianças com dificuldades atencionais e dificuldades de aprendizagem produzem grande quantidade de fala interior relevante para a tarefa e a usam de forma adaptada em resposta à demanda da tarefa; o que ocorre é que apresentam dois tipos de dificuldade com a fala interior em relação às mudanças evolutivas: 1) a mudança da fala que acompanha a fala que precede a ação; e 2) a mudança da fala aberta para a oculta, que podem não acontecer de forma oportuna.

Em segundo lugar, a aceitação de que a modelagem das autoverbalizações incidirá aumentando a produção espontânea da fala interior infantil. Os estudos demonstram que há mais formas de enfrentar a autodireção do que a modelagem – que o/a professor/a vai verbalizando em voz alta ou dando instruções a si mesmo/a para que o aluno/a as reproduza – e isso pode ocasionar formas imaturas, rígidas e sem flexibilidade de "autocontrole" em vez de formas flexíveis e maduras de "auto-regulação".

Em terceiro lugar, a idéia de que se daria uma inter-relação coordenada da fala e da conduta. Espera-se que os alunos espontaneamente produzam "verbalizações auto-reguladoras" a partir da modelagem e de que tais "verbalizações guiem a conduta no futuro". E isso não acontece necessariamente. Parece que utilizando o contexto social mediante ajudas dosadas e apropriadas em forma de andaimes – *scaffolding* – por professores/as em tarefas conjuntas de solução de problemas, pode-se aumentar a auto-regulação dos alunos com dificuldades atencionais, impulsividade e hiperatividade, de forma muito mais eficaz do que copiando o modelo de seus colegas ou dos adultos em relação às autoverbalizações.

As dificuldades que implicam a coordenação da fala e a ação para os alunos com dificuldades de atenção e aprendizagem exigem um planejamento cuidadoso de ajudas, de guias, de pistas, de "andaimes" em interação com o professor, que não proporciona a imitação simples de um modelo falando a si mesmo diante de problemas ou tarefas. E, por último, a concordância de que a internalização da fala ou do pensamento verbal tem a ver com a subvocalização da fala interior.

Outra interpretação vygostskiana mais de acordo com a complexidade dinâmica da realidade seria de que a fala interior vai desaparecendo ao se incrementar a especialização, a habilidade ou a competência ou a automatização no plano pessoal do funcionamento psicológico em uma área específica, o que seria uma aplicação do duplo desenvolvimento psicológico de Vygotsky, segundo o qual toda função aparece duas vezes, primeiro no plano interpsicológico e depois no intrapsicológico, nesse caso, refletindo-se a interiorização do funcionamento psicológico da auto-regulação pelo desaparecimento progressivo da fala interior, mas não pela subvocalização.

A busca da solução teria de proceder de enfoques do desenvolvimento da auto-regulação verbal mais adequados – por exemplo, histórico-culturais – e de pesquisas sistemáticas que abordem o problema da origem social e do desenvolvimento da fala interior. Se ocorre que a fala interior não é o problema dos alunos com dificuldades atencionais, de impulsividade, hiperatividade, condutuais ou de aprendizagem, não parece muito oportuno o treinamento auto-instrucional.

As luzes podem provir de estudos futuros sobre os conteúdos da fala interior, sua relação funcional para dirigir a conduta, os determinantes que afetam a internalização em crianças com dificuldades de aprendizagem (DAs) ou com déficit de atenção, impulsividade e hiperatividade (DAIH). Além de considerar as experiências cotidianas de aprendizagem de colaboração social que fundamentam e promovem o desenvolvimento da fala interior nas pessoas com DA e com DAIH.

Há de se superar a concepção estreita de unidirecionalidade da transferência desde o adulto – modelo – para a criança e aceitar posturas mais dinâmicas, complexas e reais, nas quais as características das crianças, seu contexto, seu nível, sua situação específica sejam abordados pelo ensino em um marco planejado de "andaimes" e de ajuda para as necessidades dos alunos e partindo das capacidades presentes, também em auto-regulação. Em poucas palavras, atuando na comunicação dialógica entre a criança e o adulto sobre tarefas que se achem dentro da zona de desenvolvimento próximal da criança.

O ensino recíproco, o grupo de aprendizagem cooperativo, etc. parecem uma via adequada na melhora da fala interior e dos processos de auto-regulação nos alunos com DA e com DAIH, e que logicamente pode ser aplicável a todos os alunos. As palavras finais de Díaz e Berk (1995, p. 388-389) são ilustrativas:

> ... concebemos a fala interior como um instrumento de solução de problemas disponível universalmente para as crianças que são educadas em contextos interativos ricos socialmente – crianças que se desenvolvem normalmente e crianças com dificuldades de aprendizagem graves semelhantes. A teoria de Vygostky nos lembra de que a fala interior se situa no núcleo de um sistema governado por um complexo punhado de fatores, incluindo o contexto social da aprendizagem (a comunicação de estratégias efetivas em situações de ensino dialógicas e o apoio adulto dos esforços auto-regulatórios infantis), as demandas da tarefa (o grau de desafio que oferece, baseado no conhecimento atual infantil e na capacidade auto-regulatória) e as características individuais da criança (incluindo fatores atencionais e motivacionais como outros ainda desconhecidos). Pode-se

conceber procedimentos para estimular e apoiar o desenvolvimento da auto-regulação verbal nas crianças com problemas atencionais e de aprendizagem, mas esses procedimentos devem: a) ser edificados sobre estratégias auto-reguladoras verbais usadas espontaneamente por crianças precoces; b) serem baseados na colaboração com "andaimes", em que o apoio interativo do adulto é proporcionado ou retirado conforme as crianças o necessitem no manejo de tarefas desafiantes e apropriadas evolutivamente; e c) buscar que a criança, de forma ativa, tome seu controle, baseando-se no papel colaborativo do adulto que estimulará a passagem da colaboração inter-pessoal para o controle ou auto-colaboração mediante a fala interior ou as auto-instruções da própria criança.

# Organizações e Fontes de Informação sobre Dificuldades de Aprendizagem 10

## ORGANIZAÇÕES SOBRE DIFICULDADES DE APRENDIZAGEM

São diversas as organizações que de uma ou de outra forma incidem neste campo, seja proporcionando fontes de informação, seja como organizações profissionais ou seja em torno de revistas profissionais ou científicas, principalmente nos Estados Unidos, onde o campo adquiriu proporções consideráveis ao representar entre 40 e 50% de toda a educação especial.

Parte deste anexo aparece em García (1996), *RE*. Aqui se faz uma revisão e atualização

ORGANIZAÇÕES PROFISSIONAIS

**American Psychiatric Association**
1400 K Street, NW
Washington, DC 20005
202-682-6000; USA

**American Psychological Association**
750 First. Street, NE
Washington, DC 20002-4242
202-336-5500; USA

**American Speech, Language and Hearing Association**
10801 Rockville Pike
Rockville, MD 20852
800-638-8255; USA

**Association for Children and Adults with Learning Disabilities (ACLD)**
(desde 1989, LDA)
4156 Library Rd
Pittsburgh, PA 15234; USA

**Association on Handicapped Student Service Programs in Postsecondary Education (AHSSPPE)**
P.O. Box 21192
Columbus, OH 43221
614-488-4972; USA

**Association of Learning Disabled Adults (ALDA)**
P.O. Box 9722
Friendship Station
Washington, DC 20016; USA

**A Closer Look**
Box 1492
Washington, DC 20013

**Children and Adults with Attention Deficit Disorder (CHADD)**
499 Northwest 70th Avenue
Suite 308
Plantation, FL 33317
(305) 587-3700
(305) 587-4599 (Fax); USA

**Council for Exceptional Children (CEC) and Division for Learning Disabilities (DLD)**
Council for Exceptional Children
1920 Association Drive
Reston, VA 22091-1589
730-620-3660
800-328-0272; USA

**Council for Learning Disabilities (CLD)**
P.O. Box 40303
Overland Park, KS 66204
913-492-8755; USA

**Foundation for Children with Learning Disabilities (FCLD)**
99 Park Avenue
New York, NY 10016
212-687-7211; USA

**International Dyslexia Association (antes Orton Dyslexia Society)**
Chester Building, Suite 382
8600 La Salle Road
Baltimore, MD 21204
800-ABCD123; USA

**Learning Disabilities Association of America, Inc (LDA)**
4156 Libray Road
Pittsburgh, PA 15234
(412) 341-1515; USA
(412) 344-0224 (Fax); USA

**National Attention Deficit Disorder Association (ADDA)**
9930 Johnnycake Ridge, Suite 3E
Mentor, OH 44060
216-350-9595; USA

**National Joint Commitee on Learning Disabilities (NJCLD)**
c/o The Orton Dyslexia Society
724 York Road
Baltimore, MD 21204; USA

**National Network of Learning Disabled Adults (NNLDA)**
800 N. 82nd Street Suite F2
Scottsdale, AZ 85257
602-941-5112; USA

**Orton Dyslexia Society (agora International Dyslexia Association)**
[724 York Rd. Baltimore, MD 21204
301-296-0232]
8600 La Salle Road;
Chester Building, Suite 382;
Baltimore, MD 21286-2044
(410) 296-0232; (800) 222-3123; USA

**Recording for the Blind (RFB)**
20 Roszel Road
Princeton, NJ 20542
(609) 452-0606
(800) 221-4792; USA

**Time Out to Enjoy**
715 Lake Street Suite 100
Oak Park, IL 60301; USA

**Tourettes Syndrome Association**
4240 Bell Boulevard
Bayside, NY 11361-2874
718-224-2999; USA

ORGANIZAÇÕES PROFISSIONAIS:
EDUCAÇÃO E DESENVOLVIMENTO

**National Association for Developmental Education (NADE)**
P-O- Box 60227
Chicago, IL 60660
312-262-NADE; USA

**New York College Learning Skills Association (NYCLSA)**
Susan Huard
Director, Developmental Studies; USA
Community College of the Finger Lakes
Canandaegua, NY 14424; USA

**New York Metropolitan Association for Developmental Education (NYMADE)**
Hunter College SEEK-ARC Rm 1013E
695 Park Avenue
New York, NY 10021; USA

ORGANIZAÇÕES PROFISSIONAIS:
MATEMÁTICA

**American Mathematics Association of Two-Year College (AMATYC)**
Amber Steinmetz, President
Santa Rosa Jr. College
Santa Rosa, CA 95401; USA

**National Council of Teachers of Mathematics (BCTM)**
1906 Association Drive
Reston, VA 22091; USA

**New York State Mathematics Association of Two-Year Colleges (NYSMATYC)**
Ernie Danforth, President
Corning Community College
Corning, NY 14830
607-962-9243; USA

OUTRAS ORGANIZAÇÕES

**Asociación de Padres de Niños con Dislexia y otras Dificultades de Aprendizaje**
Plaza San Amaro, 7
28020 Madrid
[Com uma orientação fundamentalmente médica. Celebrou seu *I Congreso Nacional sobre la Detección Precoz de la Dislexia y otras Dificultades de Aprendizaje* em Madri, em 26 e 27 de novembro de 1993]

**Asociación Española de Psicología, Educación y Psicopedagogía, Sección de Dificultades de Aprendizaje**
Universidad Complutense de Madrid
Facultad de Educación
Avda. Juan XXIII
28040 Madrid

**Confederación Española de Federaciones y Asociaciones pro Personas Deficientes Mentales (FEAPS)**
C/. General Perón, 32, 1º
Oficinas: Tf. 91-556 74 13
28020 Madrid

## FONTES DE INFORMAÇÃO

### FONTES DE INFORMAÇÃO: TECNOLOGIA

**Apple Office of Special Education**
*Programs*
Apple Computer; 20525 Mariana Avenue
MS23D; Cupertino, CA 95014
408-973-6484; USA

**Center for Special Education Technology Information Exchange**
1920 Association Drive
Reston, VA 22091
1-800-345-TECH; USA

**Closing the Gap**
P.O. Box 68; Henderson, MN 56044
612-248-3294; USA

**Fondo Documental Fundación Infancia y Aprendizaje (1978-2001) en CD-ROM Infancia y Aprendizaje Cultura y Educación (antes Comunicación, Lenguaje y Educación)**
Aprendizaje S. L. Carretera de Canillas, 138, 2.°, 16C; 28043 Madrid; España

**IBM National Support Center for Persons with Disabilities**
4111 Northside Parkway
Atlanta, GA 30327
404-238-3521
1-800-426-2133; USA

**Insight MEDIA**
- Psychology on video & CD-Rom
- Counseling Skills on video
- Psychologists & Their Theories on video
- Social & Developmental Psychology on video
2162 Broadway; New York, NY 10024-062l; 212-721-6316; 800-233-9910; USA

**PSICODOC'2001, CD-Rom de Psicología en España (Psicología y disciplinas afines, Educación, Salud y Bienestar social)**
Colegio Oficial de Psicólogos de Madrid, com a colaboração da Universidad Complutense de Madrid Cuesta de San Vicente 4, 6ª planta 28008 Madrid; 915-419-999/915-419-998; 915-472-284 (fax) E-mail:dmadrid@correo.cop.es

**PsycLIT (CD-ROM) (1887-2001) (Trimestral acumulativo)**
American Psychological Association
1200 17th Street NW, Washington DC 20036; USA

**Siglo Cera en CD-Rom (1967-1999)**
FEAPS – Confederación Española de Organizaciones en favor de las Personas con Retraso Mental General Perón, 32, 1.°; Tf. 91-556-7413; 28020 Madrid (Espanha)

**Special Net National Association of State Directors of Special Education**
2021 K St. NW Suite 315
Washington, DC 20006
202-296-1800; USA

## FONTES DE INFORMAÇÃO: DIFICULDADES DE APRENDIZAGEM

**College Students with Learning Disabilities: A Handbook**
LDA Bookstore
4156 Library Road
Pittsburgh, PA 15234
(412) 341-1515; USA

**Directory of Facilities and Services for the Learning Disabled (1989):**
Novato, CA:
Academic Therapy Publications

**Northeast Technical Assistance Center for Learning Disability College Programming (NETAC)**
Dr. Loring C. Brinckerhoff, Project Coordinator The University of Connecticut School of Education Special Education Center, U-64 249 Glenbrook Rd Storrs, CT 06269-2064
203-486-5035; USA

**Peterson's Guide to Colleges with Programs for Learning Disabled Students**
Book Ordering Department
P.O. Box 2123
Princeton, NJ 08543-2123
(800) 338-3282; USA

**Scholsearch Guide to College with Programs and Services for Students with Learning Disabilities**
Schoolsearch Press
127 Marsh Street
Belmont, MA 02178
(617) 489-5785; USA

**Unlocking Potential: College and Other Choices for Learnig Disabled People: A Step by Step Guide**
Woodbine House
5615 Fishers Lane
Rockville, MD 20852
(800) 843-7323; USA

## FONTES DE INFORMAÇÃO: CENTROS DE RECURSOS

**Cátedra de Ocio y Minusvalías del Instituto Interdisciplinar de Estudios de Ocio,** fruto do convênio de colaboração entre a Universidad de Deusto e la Fundación de la ONCE, em 1994, com a finalidade de ser um foro de encontro para o apoio ao/e desenvolvimento da investigação nos temas do livre exercício e gozo do ócio das pessoas com incapacidade, colaborando com os agentes sociais e promovendo novas iniciativas em torno das áreas de: 1) Pequisa; 2) Formação e 3) Documentação/Difusão

**Center of Development and Learning (CDL)**
208 S. Tyler Street, Suite A
Covington, LA 70433
504-893-777; USA

**Centro Bibliográfico y Cultural (CBC)**
**de la ONCE**
**Museo Tiflológico**
**Centro de Producción en Braille**

C/. La Coruña, 18
28020 Madrid (Espanha)

**Centro Nacional de Recursos para la Educación Especial (CNREE)**
integrado em 1994 no Centro de Desarrollo Curricular
Ministerio de Educación y Cultura
C/ General Oraá, 55
Tf. 91-262 11 90
28006 Madrid

**Educational Resources Information Center (ERIC) ERIC Clearinghouse on Disabilities and Gifted Education**
1920 Association Drive
Reston, VA 22091
800-328-0272; USA

**ERIC Clearinghouse for Junior Colleges**
8118 Math-Sciences Bldg
University of California
Los Angeles, CA 90024; USA

**ERIC Clearninghouse on Handicapped & Gifted Children**
1920 Association Drive
Reston, VA 22091
703-620-3660; USA

**ERIC Clearinghouse on Higher Education**
George Washington University
One Dupont Circle NW Suite 630
Washington, DC 20036
202-2962597; USA

**Franklin Learning Resources**
122 Burrs Road
Mount Holly, NJ 08060
800-525-9673; USA

**HEATH Resource Center, National Clearinghouse on Postsecundary Education for Handicapped Individuals**
American Council on Education
One Dupont Circle NW
Suite 670
Washington, DC 20036-1193
800-54-HEATH; USA

**National Alliance for the Mentally Illness**
800-950-NAMI (6264)
USA

**National Alliance for lhe Mentally Illness Children and Adolescent Network**
703-524-7600
USA

**National Center for Law and Learning Disabilities (NCLLD)**
P.O. Box 368
Cabin John, MD 20818
301-469-8308; USA

**National Center for Learning Disabilities (NCLD)**
381 Park Avenue, Suite 1420
New York, NY 10016
212-545-75 10; USA

**National Foundation for Depressive Illness**
800-248-4344
USA

**National Right to Read Foundation**
Box 490
The Pains, VA 20198
800-468-8911; USA

**Parents' Educational Resource Center (PERC)**
1660 South Amphlett Boulevard,
Suite 200
San Mateo, CA 94402-2508
415-655-2410; USA

**Recording for the Blind and Dyslexic**
20 Roszel Road
Princeton, NJ 08540
800-221-4792; USA

**Servicio Internacional de Información sobre Subnormales (SIIS)**
C/. Reina Regente, 5, bajo
20003 San Sebastián
C/. Orense, 12 (oficinas)
28020 Madrid

## FONTES DE INFORMAÇÃO: RECURSOS DE INTERNET

- **American School Directory,** http://www.asd.com. Lista todas as escolas de USA, desde Educação Infantil ao final do Bacharelato (K-12).

- **CHADD,** http://www.chadd.org. Proporciona informação sobre ADD/ADHD, crianças e adultos.

- **Council for Exceptional Children, Division for Learning Disabilities,** htt://curry.edschool.virginia.edu/-sjs5d/dld. (CEC=www.cec.sped.org). Dirigido a educadores, está muito bem conectada, também para pais.

- **International Dyslexia Association** (antes Orton Dyslexia Society), http://interdys.org. Informação sobre a dislexia; pesquisa, legislação; capítulos legislativos dos Estados.

- **LD Online,** http://www.ldonline.org. Cobre todos os aspectos das DAs; câmara de compensação.

- **LD Resources** (foi Poor Richard's Publishing), http:/www.ldresources.com. Muitos temas; *software* para DAs.

- **Learning Disabilities Association of America,** http://www.idnati.org. Informação, recursos, em nível local, estatal e em função dos capítulos legais de cobertura de ajudas e recursos.

- **Matrix Parent Network,** http://marin.org/edu/matrix/index.html. Apoio para os pais de crianças com incapacidades.

- **Ministerio de Educación y Cultura,** http://www.mec.es. Proporciona qualquer informação relacionada ao Sistema Educacional em seus diversos níveis, incluindo a universidade. A conexão com as Consejerías de Educación y Cultura das diferentes Comunidades Autônomas é básica e permite obter informação específica sobre centros de integração, legislação e normativa específica, serviços de apoio à escola, recursos variados.

- **National ADD Association**, http://www.add.org. Medicações, grupos de apoio, hyperlinks com muitos temas.

- **National Adult Literacy and Learning Disabilities Center (NALLDC)**, http://www.novel.nifl.gov/nalldtop.htm. Publicações, temas candentes, hyperlinks com DAs da leitura e com alfabetização de adultos.

- **National Center for Learning Disabilities (NCLD)**, http://www.ncld.org. Informação de todos os aspectos das DAs; recursos; hyperlinks.

- **National Information Center for Children and Youth with Disabilities (NICHCY)**, http://www.nichcy.org. Informação sobre todas as incapacidades e questões relacionadas.

- **One ADD Place**, http://www.greatconnect.com/oneaddplace. Inventários e questionários, produtos, recursos, conferências e congressos, sobre tudo para ADD/ADHD.

- **Parents Educational Resource Center (PERC)**, http://www.perc.schwabfdn.org. Recursos por matérias e tipo; serviços; publicações; hyperlinks.

- **Parents of Gifted/Learning Disabled Children**, http://www.geocities.com/athens. Informação sobre crianças com DAs e superdotação; apoio para os pais, para a criança e para o educador.

- **Parents Helping Parents**, http://www.php.com. Recursos, hyperlinks, tecnologia.

- **Recordings for the Blind and Dyslexic**, http://www.rfbd.org. Informação sobre materiais e CD-ROM e formatos digitais.

## REVISTAS PROFISSIONAIS E *ABSTRACTS*

**Academic Elite, EBSCOhost Database**
Recolhe "abstracts" de 3 mil revistas internacionais, e de 1.250 delas textos completos, podendo-se copiar ou imprimir os artigos desejados.

**Academic Therapy**
Academic Therapy Publications
20 Commercial Blvd
Novato, CA; USA

**ACEHI Journal**
Association of Canadian Educators
of the Hearing Impaired
6-102 Education North
Faculty of Education
University of Alberta
Edmonton, Canada T6G 2G5

**Adolescence**
Libra Publishers, Inc
391 Willets Road
Roslyn Heights
Long Island
NY 11577, USA

**Adult Foster Care Journal**
Human Sciences Press, Inc
233 Spring Street
New York, NY 10013-1578, USA

**Alberta Journal of Educational Research**
Faculty of Education
845 Education South
The University of Alberta
Edmonton T6G 2G5, Canadá

**American Annals of the Deaf**
Convention of American Instructors
of the Deaf
Keds Pas 6, 800 Florida Avenue
NE, Washington, DC
20002, USA

**American Educational Research Journal**
Publ of the American Educational
Research Association
1126 Sisteenth St
Washington
DC 20036; USA

**American Journal of Community Psychology**
Plenum Publishing Co
233 Spring Street
New York, NY 10013, USA

**American Journal of Education**
University of Chicago Press
5801 South Ellis Avenue
Chicago, IL 60637, USA

**American Journal of Family Therapy**
Brunner/Mazel Publishers
19 Union Square West
New York, NY 10003, USA

**American Journal of Mental Retardation**
American Association of Mental
Retardation 1719 Kalarama Road
N.W., Washington, DC 20009-2684
USA

**American Journal of Orthopsychiatry**
American Orthopsychiatric Association
1775 Broadway
New York, NY 10019; USA

**American Journal of Psychology**
University of Illinois
Press Illinois; NY; USA

**American Journal of Public Health**
American Public Health Association
1015 15th Street
NW, Washington
DC 20005, USA

**American Psychologist**
American Psychological Association (APA)
1400 North Uhle St
Arlington
VA 22201; USA

**Análisis y Modificación de Conducta**
Editorial Promolibro
C/. El Bachiller, n.° 27, bajo
46010 Valencia – España

**ANATYC Review**
Don Cohen, Editor
SUNY College of Agr & Tech
Cobbleskill, NY 12043

**Annals of Dyslexia**
ODS
724 York Road
Baltimore
MD 21204; USA

**Annals of the New York Academy of Sciences**
The New York Academy of Sciences
2 East 63rd Street – New York
NY 10131-0164; USA

**Annual Review of Psychology**
Annual Reviews Ins
Califórnia USA

**Anthropology & Education Quarterly**
Council on Anthropology and Education
1703 New Hampshire Avenue
NW, Washington
DC 20009, USA

**Anuario de Psicología**
Facultad de Psicologia
Universidad de Barcelona
Av. de Chile, s/n.
Zona Universitaria
08028 Barcelona; Espanha

**Anuario Español e Iberoamericano de Investigación en Educación**
*Especia*l
CEPE, S. A.
C/. General Pardiñas, 95
28006 Madrid; Espanha

**Applied Linguistics**
Oxford University Press
Walton Street
Oxford OX2 6DP; England

**Applied Measurement in Education**
Lawrence Erlbaum Associates, Inc
365 Broadway, Hillsdale
NJ 07642, USA

**Applied Psycholinguistics**
Cambridge University Press
Edinburgh Building
Shaftesbury Road
Cambridge CB2 2RU; England

**Arithmetic Teacher**
National Council of Teachers of Mathematics
1906 Association Drive
Reston, VA 22091

**Australia & New Zealand Journal of Developmental Disabilities**
Unit for Rehabilitation Studies
School of Education
Macquarie University
New South Wales, 2109
Australia

**Australian & New Zealand Journal of Psychiatry**
Royal Australian and New Zealand
College of Psychiatrists
P.B. Box 1
Rozelle 2039; Australia

**Australian Educational Development Psychologist**
Board of Educational Developmental
Psychologists
Nedlands Campus
Western Australia College of Advanced
Education
Stirling Highway
Nedlands
Western Australia 6009

**Australian Journal of Adult and Community Education**
Australian Association of Adult
and Community Education
Inc, P.B. Box 1346
Canberra City
ACT 26001, Australia

**Australian Journal of Early Childhood**
Australian Early Childhood
Association
Inc, Knox Street
P.B. Box, Watson
ACT 2602, Australia

**Australian Journal of Education**
Distribution Services Division
Australian Council for Educational
Research Ltd.
P.B. Box 210
Hawthorn, Victoria
3122, Australia

**Australian Journal of Remedial Education**
Australians Special Book Services
319 High Street
Kew, Victoria 3101; Australia

**Australian Social Work**
Australian Association of Social
Workers
Box 1059, North Richmond
Victoria 3121, Australia

**Behavior Therapy**
Association for Advancement of
Behaviour Therapy
15 West 36th Street
New York; NY 10018, USA

**Behavioral Disorders**
Council for Children with Behavioral
Disorders
1920 Association Drive
Reston, VA 22901; USA

**Behaviour Change**
Pergamon Press, Inc
Maxwell House
Fairview Park
Elmsford; NY 10523, USA

**Behavioural Psychotherapy**
Academic Press Ltd
24-28 Oval Road

London NW1 7DX
England

**Biofeedback & Self Regulation**
Plenum Press
233 Spring Street
New York; NY 10013, USA

**Biomedical FullTEXT Collection**
EBSCOhost Database
Reúne mais de 500 revistas com textos na íntegra desde 1990 até hoje. Os artigos desejados podem ser gravados ou impressos.

**British Journal of Clinical Psychology**
British Psychological Society
St. Andrews House
48 Princess Road
Leicester LE1 7DR; England

**British Journal of Mental Subnormality**
British Society for the Study of Mental Subnormality
«The Globe»
4 Great William Street
Stratford-upon-Avon
Warwickshire CV27 6RY; England

**British Journal of Music Therapy**
British Society of Music Therapy
Guildhall School of Music & Drama
Barbican, London EC27 BDT
England

**British Journal of Social Work**
Oxford University Press
Pinkhill House
Southfield Road
Eynsham; Oxford OX8 1JJ
England

**British Journal of Sociology of Education**
Carfax Publishing Company
P.B. Box 25
Abingdon
Oxfordshire OX14 3 UE; England

**British Journal of Visual Impairment**
South Regional Association for the Blind
55 Eton Avenue
London NW3 3ET; England

**British Medical Journal**
British Medical Association
BMA House
Tavistock Square
London WC1H 9JR
England

**Canadian and International Education**
Comparative & International Education Society of Canada
Althouse College
University of Western Ontario
London, Ontario N6G lG7; Canada

**Canadian Ethic Studies**
University of Calgary
2500 University Drive NW
Calgary, Alberta T2N 1N4; Canada

**Canadian Journal of Behavioural Science**
Canadian Psychological Association
558 King Edward Avenue
Ottawa, Ontario
KIN 7N6, Canada

**Canadian Journal of Counselling**
Canadian Guidance and Counselling Association

P.B. Box 13059
Kanata, Ontario
K2K 1X3, Canada

**Canadian Journal of Education**
Canadian Society for the Study
of Education
205-1 Rue Stewart Street
Ottawa K1N 6H7, Canada

**Canadian Journal of Pschiatry**
294 Albert St.; Suite 204, Ottawa
Ontario KIP 6E6; Canada

**Canadian Journal of Psychology**
University of Toronto Press
Front Campus
Toronto; Ontario M5S 1A6; Canada

**Caribbean Journal of Education**
University of the West Indies
Faculty of Education
Mona, St. Andrews; Jamaica

**Child: Care, Health and Development**
Blackwell Scientific Publications Ltd
Osney Mead
Oxford OX2 OEL; England

**Child and Family Behavior Therapy**
Haworth Press, Inc
10 Alice Street
Binghamton
NY 13904, USA

**Child & Youth Care Quarterly**
Human Sciences Press, Inc
233 Spring Street
New York, NY 10013-1578; USA

**Child & Youth Services**
Haworth Press, Inc

10 Alice Street
Binghamton, NY 13904-1580; USA

**Child Development**
University of Chicago Press
5801 South Ellis Avenue
Chicago; IL 60637, USA

**Child Development. Abstracts and Bibliography**
University of Chicago Press
5801 South Ellis Avenue
Chicago
IL 60637; USA

**Child Education**
Montague House
Rusell Square
London WC 1B 5BX; England

**Child Language Teaching and Therapy**
Edward Arnold (Publishers) Ltd
41 Bedford Square
London WC1B 3DQ; England

**Child Study Journal**
Behavioral and Humanistic Studies
State University College
1300 Elmwood Avenue
Buffalo, NY 14222; USA

**Child Welfare**
Child Welfare League of America, Inc
440 First Avenue
Street 310
Washington; DC 20001, USA

**Children & Society**
Whiting and Birch Ltd
90 Dartmouth Road
Forest. Hill
London SE23 3HZ; England

**Children and Youth Services Review**
Pergamon Press, Inc
Maxwell House
Fairview Park
Elmstad, NY 10523; USA

**Clínica y Salud**
Colegio Oficial de Psicólogos de Madrid
Cuesta de San Vicente 4, 6.a planta
28008 Madrid
915-419-999/915-419-998
915-472-284 (fax)
E-mail:dmadrid@correo.cop.es

**Clinical Social Work Journal**
Human Sciences Press, Inc.
233 Spring Street
New York
NY 10013-1578; USA

**Cognitiva**
Aprendizaje, S.L.
Carretera de Canillas, 138, 2.°, 16C
28043 Madrid
España

**Cognitive Therapy and Research**
Plenum Press
233 Spring Street
New York
NY 10013, USA

**College Student Journal**
Project Innovation
P.B. Box 8508
Springhill Station
Mobile, AL 36689; USA

**Communication Quarterly**
Eastern Communication Association
Department of Speech
Temple University
Philadelphia
PA 19122, USA

**Community Mental Health Journal**
Human Sciences Press
233 Spring Street
NY 10013-1578; USA

**Comparative Education**
Carfax Publishing Company
P.B. Box 25
Abingdon; Oxfordshire OX14 3UE
England

**Comparative Education Review**
University of Chicago Press
5801 South Ellis Avenue
Chicago, IL 60637; USA

**Compare**
Carfax Publishing Company
P.B. Box 25
Abingdon
Oxfordshire OX14 3UE; England

**Comunicación, Lenguaje y Educación. Métodos y Técnicas para el Educador en las Áreas del Currículum.**
Transformada em
*Cultura y Educación*
Aprendizaje, S. L.
Carretera de Canillas, 138, 2.°, 16C
28043 Madrid; España

**Comunidad Escolar**
(Atualmente somente
em versão informatizada na Internet)
Servicio de Publicaciones del MEC
Ciudad Universitaria s/n.
28040 Madrid – Espanha

**Contemporary Education**
Indiana State University
1005 Statesman Towers West
Terra Haute
IN 47809; USA

**Contemporary Family Therapy**
Human Sciences Press, Inc
233 Spring Street
New York
NY 10013-1578; USA

**Counselling Psychology Quarterly**
Carfax Publishing Company
P.B. Box 25
Abingdon
Oxfordshire OX14 5UE
England

**Counselor Education and Supervision**
2 Skyline Place
Suite 400
5203 Leesburg Pike
Falls Church
VA 22041; USA

**Cuadernos de Pedagogía**
(Edita EDISA)
C/ López de Hoyos, 141
28002 Madrid; Espanha

**Cuadernos de Psicología**
Servicio de Publicaciones
de la Universidad Autónoma
de Barcelona
Bellaterra
Barcelona; Espanha

**Current**
Helen Dwight Reid Educational
Foundation
4000 Albemarle Street

NW, Washington
DC 20016, USA

**Curriculum and Teaching**
James Nicholas Publischers
P.B. Box 244
Albert Park – Australia 3206

**Day Care and Early Education**
Human Sciences Press, Inc
233 Spring Street
New York
NY 10013-1578; USA

**Developmental Medicine and Child Neurology**
Blackwell Scientific Publications Ltd
Osney Mead
Oxford OX2 0EL; England

**Developmental Psychology**
American Psychological Association
1200 17th Street
N.W., Washington
DC 20036; USA

**Disability and Rehabilitation**
Taylor & Francis
Rankine Road
Basingstoke
Hants RG 24 OPR; England

**Disability, Handicap & Society**
Carfax Publishing Company
P.B. Box 25
Abingdon
Oxfordshire OX14 3UE – England

**Disability Now (antes Spactics News)**
Spastics Society
12 Park Cescent
London; W1N 4EQ; England

**Educare**
National Bureau for Students with
Disabilities
336 Brixton Road
London SW9 5AA; England

**Education and Society**
James Nicholas Publishers
P.O. Box 244
Albert Park; Australia 3206

**Education and the Law**
Longman Group (UK) Ltd
Fourth Avenue
Harlow
Essex CM19 5AA; England

**Education and Training in Mental Retardation**
Lancaster Press
1920 Association Drive
Reston, Arlington
VA 22091; USA

**Education Canada**
Canadian Education Association
252 Bloor Street West
Toronto; Ontario; M55 1V5
Canada

**Éducation et Dévelopement**
11 rue de Clichy
París, 9; Francia

**Educational and Child Psychology**
Britisch Psychological Society
St. Andrews House
Leicester LE1 7DR; England

**Educational and Psychological Interactions**
Malmö School of Education
P.O. Box 23501
S-200 45 Malmö; Sweden

**Educational and Psychological Measurement**
Educational and Psychological Measurement, Inc.
P.O. Box 6907
College Station
Durham; NC 27708; USA

**Educational Horizons**
Pi Lambda Theta, Inc
4101 E. Third Street
Bloomington; IN 47401; USA

**Educational Leadership**
Association for Supervision
and Curriculum Development
1250 N. Pitt Street
Alexandria
VA 22314-1403; USA

**Educational Perspectives**
University of Hawaii
College of Education
1776 University Avenue
Honolulu; HI 96822

**Educational Psychology**
Carfax Publishing Company
P.O. Box 25
Abingdon
Oxfordshire OX14 3UE
England

**Educational Psychology Review**
Plenum Publishing Corporation
233 Spring Street
New York
NY 10013-1578; USA

**Educational Research**
Routledge, Subscriptions:
International Thompson Publishing
Services Limited
North Way; Andover
Hampshire SP10 5 BE; England

**Educational Research Quarterly**
University of Southem Califomia
School, of Education WPH 703
Los Angeles; CA 90007; USA

**Educational Review**
Carfax Publishing Company
P.O. Box 25
Abingdon
Oxfordshire OX14 3UE
England

**Educational Studies**
Carfax Publishing Company
P.O. Box 25; Abingdon
Oxfordshire OX14 3UE
England

**Educational Theory**
Education Building
University of Illinois
Urbana; IL 61801; USA

**Elementary School Guidance and Counselling**
American Personnel & Guidance Association
1607 New Hamshire Avenue
NW, Washington
DC 20009; USA

**Elementary School Journal**
University of Chicago Press
5801 S. Ellis Avenue
Chicago; IL 60037; USA

**Enfance**
41 Rue Gay-Lussac
Paris, 5; France

**Entourage**
G. Allan Roeher Institute
Kinsmen Building
York University
4700 Keele Street
Downsview; Ontario
Canada M3J 1P3

**Epilepsy Today**
British Association
Austey House
40 Hanover Square
Leeds LS3 1BE; England

**Estudios de Psicología**
Aprendizaje, S.L.
Carretera de Canillas, 138, 2.°, 16C
28043 Madrid
España

**European Journal of Education**
Carfax Publishing Company
P.B. Box 25; Abingdon
Oxfordshire OX14 3UE
England

**European Journal of Psychology of Education**
Instituto Superior de Psicologia Aplicada Rua Jardim do Tobaco, 44
1100 – Lisboa
Portugal

**European Journal of Social Psychology**
John Wiley & Sons Ltd.
Baffins Lane
Chichester

W. Sussex PO19 1UD
England

**European Journal of Special Needs Education**
NFER-NELSON
Darville House
2 Oxford Road East
Windsor; Berkshire SL4 1DF
England

**European Journal of Teacher Education**
Carfax Publishing Company
P.B. Box 25
Abingdon
Oxfordshire OX14 3UE
England

**Evaluation & Research in Education**
Multilingual Matters Ltd.
Bank House
8a Clevedon Road
Avon BS21 7HH
England

**Exceptional Children**
Council for Exceptional Children
1920 Association Drive
Reston; VA 22091; USA

**Exceptional Parent**
Psy-Ed Corporation
605 Commonwealth Avenue
Boston; MA 02215; USA

**Families in Society**
Families in Society
P.B. Box 6649
Syracuse; NY 13217; USA

**Family Therapy**
Libra Publishers, Inc.
3089C Clairemont Drive
Suite 383; San Diego; CA 92117
USA

**First Language**
Science History Publications Ltd.
Alpha Academic
Halfpenny Furze
Mill Lane; Chalfont Street
Giles; Bucks HP8 4NR
England

**Focus**
Illinois Department of Mental Health
and Developmental Disabilities
401, Williamn Stratton Office Building
Springfield; IL 62706; USA

**Focus on Learning Problems in Mathematics**
Center for Teaching/Learning
Mathematics
P.B. Box 3149; Framingham, MA 01701

**Gender and Education**
Carfax Publishing Company
P.O. Box 25
Abingdon
Oxfordshire OX14 3UE
England

**Gender & Society**
Sage Publications Ltd
6 Bonhill Street
London EC2A 4PU; England

**Harvard Educational Review**
Longfellow Hall

13 Appian Way
Cambridge; MA 02138; USA

**Health and Social Work**
National Association
of Social Workers
7981 Eastern Avenue
Silver Spring
MD 209010; USA

**Higher Education**
Kluwer Academic Publishers
P.B. Box 322
3300 AH Dordrecht
The Netherlands

**Higher Education Research
& Development**
HERDSA, c/o TERC
P.O. Box 1; Kensington; N.S.W. 2033
Australia

**Hispanic Journal of Behavioral Sciences**
University of Califórnia
Spanish Speaking Mental Health
Research Center
Los Ángeles; CA 90024; USA

**Human Communication Research**
International Communication
Association
Balcones Research Center
10100 Burnett Road
Austin; TX 78758; USA

**Indian Journal of Adult Education**
17-b Indraprastha Marg
New Delhi-1 10002
India

**Indian Journal of Applied Psychology**
University of Madras
Department of Psychology
Chepauk
Triplicane P.O.
Madras 600005
Tamil Nadu; India

**Infancia y Aprendizaje Journal for the
Study of Education and Development**
Aprendizaje, S. L.
Carretera de Canillas, 138, 2.°, 16C
28043 Madrid; España

**Infant Behavior and Development**
Ablex Publishing Corporation
355 Chestnut Street
Norwood; NJ 07648; USA

**Interchange**
The Ontario Institute for Studies
of Education
252 Bloor Street West
Toronto; Ontario M5S 1V6; Canada

**International Education**
University of Tennessee
College of Education
212 Claxton; Knoxville
TN 37996-3400; USA

**International Journal of Adolescence
and Youth**
A.B. Academic Publishers
P.O. Box 97; Berkhamsted
Hertfordshire HP4 2Px; England

**International Journal of Disability,
Development and Education**
University of Queensland Press
St. Lucia; Queensland 4067
Australia

**International Journal of Educational Development**
Pergamon Press Ltd
Headington Hill Hall
Oxford OX3 OBW
England

**International Review of Education**
Kluwer Academic Publishers
Spivboulevard SU
P.B. Box 17
3300 AA Dordrecht
The Netherlands

**International Review of Psychiatry**
Carfax Publishing Company
P.O. Box 25
Abingdon
Oxfordshire OX14 3UE
England

**Intervención Psicosocial**
Colegio Oficial de Psicólogos de Madrid
Cuesta de San Vicente 4, 6.a Planta
28008 Madrid
915-419-999/915-419-998
915-472-284 (fax)
E-mail:dmadrid@correo.cop.es

**Intervention in School and Clinic**
PRO-ED, Inc
8700 Shoal Creek Boulevard
Austin; TX 78758-6897
USA

**Investigaciones Psicológicas**
Facultad de Psicología
Universidad Complutense
Somosaguas
Madrid; España

**Issues in Special Education and Rehabilitation**
Unipress Academic Publications
P.O. Box 22
Herzlia 46100; Israel

**Journal for Specialists in Group Work**
American Association for Counselling and Development
5999 Stevenson Avenue
Alexandria – VA 22304; USA

**Journal for the Education of the Gifted**
University of North Carolina Press
116 South Boundary Street
P.O. Box 2288
Chapel Hill
NC 27515-2288; USA

**Journal for Vocational Special Needs Education**
National Association of Vocational Education Special Needs Personnel
P.O. Box 13857
North Texas State University
Denton; TX 76203; USA

**Journal of Abnormal Child Psychology**
Plenum Publishing Co
233 Spring Street
New York; NY 10013; USA

**Journal of Abnormal Psychology**
American Psychological Association
1200 17th Street
NW; Washington; DC 20036; USA

**Journal of Applied Developmental Psychology**
Eurospan Ltd; 3 Henrietta St
London WO2E BLU; England

**Journal of Applied Psychology**
American Psychological Association
1200 17th Street
NW, Washington
DC 20036; USA

**Journal of Autism and Developmental Disorders**
Plenum Press
233 Spring Street
New York
NY 10013, USA

**Journal of Child Language**
Cambridge University Press
The Edinburgh Building
Shaftesbury Road
Cambridge CB2 2RU
England

**Journal of Child Psychology and Psychiatry and Allied Disciplines**
(Association for Child Psychology and Psychiatry)
Pergamon Press, Inc
Maxwell House
Fairview Park
Elmsford NY 10523
USA

**Journal of College Student**
*Development*
American Association for Counselling and Development
5999 Stevenson Avenue
VA 22304; USA

**Journal of College Student Psychotherapy**
Haworth Press, Inc
10 Alice Street
Binghamton
NY 13904-1580; USA

**Journal of Community and Applied Social Psychology**
John Wiley & Sons Ltd
Baffins Lane
Chichester
Sussex PO19 1UD
England

**Journal of Comparative Family Studies**
Department of Sociology
University of Calgary
2500 University Drive
NW, Calgary
Alberta T2N 1NB; Canada

**Journal of Consulting and Clinical Psychology**
American Psychological Association
1200 17th Street
NW, Washington
DC 20036; USA

**Journal of Counselling and Development**
American Association of Counselling and Development
5999 Stevenson Avenue
Alexandria
VA 22304
USA

**Journal of Counselling Psychology**
American Psychological Association
1200 17th Street

NW, Washington
DC 20036; USA

**Journal of Developmental Education**
Appalachian State University
Center for Developmental Education
Boone; NC 28608; USA

**Journal of Early Intervention**
Council for Exceptional Children
Division for Early Childhood
1920 Association Drive
Reston; VA 22901; USA

**Journal of Education**
Boston University
School of Education
605 Commonwealth Avenue
Boston; MA 02215; USA

**Journal of Education Caribbean**
University of the West Indies
Faculty of Education
Mona, St. Andrews; Jamaica

**Journal of Educational and Psychological Consultation**
Lawrence Erlbaum Associates, Inc
365 Broadway
Hillsdale – NJ 07642, USA

**Journal of Educational Psychology**
American Psychological Association
1200 17th Street
NW, Washington
DC 20036, USA

**Journal of Experimental Child Psychology**
Academic Press, Inc
1250 Sixth Avenue
San Diego; CA 92101; USA

**Journal of Fluency Disorders**
Elsevier North-Holland, Inc
52 Vanderbilt Avenue
New York; NY 10017, USA

**Journal of Genetic Psychology**
Heldref Publications
4000 Albemarle Street
NW, Washington DC 20016, USA

**Journal of Health and Social Behavior**
American Sociological Association
1722 North Street
NW, Washington DC 20036; USA

**Journal of Higher Education**
Ohio State University Press
2070 Neil Avenue
Columbus; OH 43210; USA

**Journal of Humanistic Education and Development**
American Association for Counseling
and Development
5999 Stevenson Avenue
Alexandria; VA 22304; USA

**Journal of Instructional Psychology**
P.O. Box 8826
Spring Hill Station
Mobile; AL 36608; USA

**Journal of Intellectual Disability Research**
Blackwell Scientific Publications
Osney Mead
Oxford 0X2 0EL; England

**Journal of Law & Education**
Jefferson Law Book Co
Colorado Building

1341 G Street
NW, Suite 408
Washington
DC 20005, USA

**Journal of Learning Disabilities**
Donald D. Hammill Foundation
8700 Shoal Creek Boulevard
Austin; TX 78759-6897; USA

**Journal of Moral Education**
Carfax Publishing Company
P.O. Box 25; Abingdon
Oxfordshire OX14 3UE
England

**Journal of Motor Behavior**
Heldref Publications
4000 Albermarle Street
NW, Washington
DC 20016, USA

**Journal of Multilingual and Multi-cultural Development**
Multilingual Matters Ltd
Bank House; 8a Hill Road
Clevedon; Avon BS21 7HH
England

**Journal of Non-verbal Behaviour**
Human Sciences Press, Inc
233 Spring Street; New York
NY 10013-1578; USA

**Journal of Occupational Psychology**
The British Psychological Society
The Distribution Centre
Blackhorse Road; Letchworth
Herts SG6 1HN; England

**Journal of Pediatric Psychology**
Plenum Press

233 Spring Street
New York
NY 10013; USA

**Journal of Personality and Social Psychology**
American Psychological Association
1200 17th Street
NW, Washington
DC 20036; USA

**Journal of Philosophy of Education**
Carfax Publishing Company
P.O. Box 25
Abingdon
Oxfordshire OX14 3UE
England

**Journal of Practical Approaches to Developmental Handicap**
Vocational and Rehabilitation Research Institute
33 04 33rd St
NW, Calgary
T24 2A6, Canada

**Journal of Psychopathology and Behavioral Assessment**
Plenum Press
233 Spring Street
New York; NY 10013; USA

**Journal of Psychiatric Education**
Human Sciences Press Inc
233 Spring Street
New York
NY 10013-1578; USA

**Journal of Psychotherapy & the Family**
Haworth Press, Inc
10 Alice Street

Binghamton
NY 13904-1580; USA

**Journal of Reading**
International Reading Association
800 Barksdale Road
P.O. Box 8139
Newark; DE 19714; USA

**Journal of Reading, Writing and Learning Disabilities**
Hemisphere Publishing Corp
79 Madison Avenue
New York, NY 10016

**Journal of Reading, Writing and Learning Disabilities International**
(mudou de nome em 1992 para **Reading & Writing Quarter**ly)

**Journal of School Health**
American School Health Association
P.O. Box 708
Kent; OH 44240; USA

**Journal of School Psychology**
Pergamon Press, Inc
Journals Division
Maxwell House
Fairview Park
Elmsford
NY 10523; USA

**Journal of Social and Clinical Psychology**
Guilford Press, Inc
200 Park Avenue South
New York
NY 10003; USA

**Journal of Social Work Education**
Council on Social Work Education
1600 Duke Street
Alexandria
VA 22314-3421; USA

**Journal of Special Education**
Grune & Stratton
111 Fifth Avenue
New York
NY 10003; USA

**Journal of Special Education Technology**
Association for Special Education Technology
Exceptional Child Center
Utah State University
Logan
UT 84322; USA

**Journal of Speech and Hearing Disorders**
American Speech-Language-Hearing Association
10801 Rockville Pike
Rockville
MS 20852; USA

**Journal of Speech and Hearing Research**
American Speech-Language-Hearing Association
1081 Rockville Pike
Rockville
MD 20852; USA

**Journal of Speech-Language Pathology and Audiology**
Canadian Association
of Speech-Language Pathologists
and Audiologists

25 Main Street
Suite 1215
Hamilton
Ontario L8P 1H1
Canada

**Journal of Teaching in Physical Education**
Human Kinetics Publishers, Inc
1607 N. Market Street
Champaign
IL 61820; USA

**Journal of Technical Writing and Communication**
Baywood Publishing Company, Inc
120 Marine Street
Farmingdale
NY 11735; USA

**Journal of the British Association of Teachers of the Deaf**
British Association of Teachers of the Deaf
The Rycroft Centre
Royal Schools of the Deaf
Stanley Road
Cheadle Hulme
Cheshire SK8 6RF
England

**Journal of Verbal Learning and Verbal Behavior**
Kansas University
Lawrence
Kansas 66045; USA

**Journal of Visual Impairment & Blindness**
American Foundation for the Blind, Inc
15W. 16th Street
New York
NY 10011; USA

**Journal of Youth and Adolescence**
Plenum Press
233 Spring Street
New York
NY 10013; USA

**Language in Society**
Cambridge University Press
Box 110
Cambridge CB2 3RL
England

**Learning and Instruction**
Pergamon Journals Ltd
Headington Hill Hall
Oxford OX3 0BW
England

**Learning Disabilities: A Multidisciplinary Journal**
Learning Disabilities Association (LDA) (Antes ACLD), Inc
4156 Library Road
Pittsburgh
PA 15234; USA

**Learning Disability**
Council for Learning Disabilities
5341 Industrial Oaks Blvd
Austin, TX 78735

**Learning Disability Quarterly Journal of lhe Council for Learning Desabilities**
Council for Learning Disabilities
Department of Special Education
University of Kansas
Kansas City, KS 66103; USA

**Learning Desabilities Research & Practice**
Division for Learning Disabilities (DLD)
Council for Exceptional Children
1920 Association Drive
Reston, VA 22091; USA

**Maladjustment and Therapeutic Education**
Association of Workers for Maladjusted Children
95, Lawrence Avenue
New Malden
Surrey KT3 5LZ
England

**Mathematical Cognition**
Brian Butterworth (Ed.)
Lawrence Erlbaum Associates Ltd
27 Church Road,
Hove, East Sussex,
BN3 2FA
England

**Mathematics Teacher**
National Council of Teachers
of Mathematics
1906 Association Drive
Reston, VA 22091

**McGill Journal of Education**
McGill University
3700 McTavish Street
Montreal
Quebec H3A 1Y2; Canada

**Measurement and Evaluation in Counselling and Development**
American Association for Counselling and Development
5999 Stevenson Avenue
Alexandria
VA 22304; USA

**Measurement and Evaluation in Guidance**
American Personnel & Guidance Association
Two Skyline Place
Suite 400
5203 Leesburg Pike
Falls Church
VA 22041; USA

**Media in Education and Development**
Peter Peregrinus Ltd
P.O. Box 8
Southgate House
Stevenage
Herts SG1 1HQ; England

**Mental Handicap**
BIMH Publications
Foley Industrial Park
Stourport Road
Kidderminister
Worcestershire DY11 7QG
England

**Mental Handicap Research**
BIMH Publications
Foley Industrial Park
Stourport Road
Kidderminister
Worcestershire DY11 7QG
England

**Mental Retardation**
American Association on Mental Deficiency
5101 Wisconsin Avenue
NW, Washington; DC 20016; USA

**MENTE: Autores y Obras para una Historia de la Psicología en España**
(Banco de Dados Historiográficos incluído em PSICODOC)
Colegio Oficial de Psicólogos de Madrid
Cuesta de San Vicente, 4, 6.a planta
28008 Madrid
915-419-999/915-419-998
915-472-284 (fax)
E-mail:dmadrid@correo.cop.es

**Merrill-Palmer Quarterly**
Wayne State University Press
5959 Woodward
Detroit
MI 48202; USA

**Middle School Journal**
National Middle School Association
4807 Evanswood Drive
Columbus
OH 43229; USA

**Monographs of the Society for Research in Child Development**
University of Chicago Press
5801 South Ellis Avenue
Chicago; IL 60637, USA

**New Beacon**
Royal National Institute for the Blind
P.O. Box 173
Peterborough PE2 0WS
England

**New Education**
James Nicholas Publishers
P.O. Box 244
Albert Park
Australia 3906

**New Era in Education**
54 Fontarabia Road
London SWI1 5PF; England

**New Technology, Work and Employment**
Basil Blackwell Ltd
108 Cowley Road
Oxford OX4 1JF
England

**NSW Journal of Special Education**
Australian Special Education
P.O. Box 282
Strathfield
New South Wales 2135; Australia

**Nurse Education Today**
Longman Group (UK) Ltd
Journals Division
Fourth Avenue
Harlow; Essex CM19 5AA; England

**Nursing Research**
Armerican Journal of Nursing Co
555 West. 57th Street; New York
NY 10019; USA

**Nursing Times**
Macmillan Journals Ltd
4 Little Essex Street
London WC2R 3LF; England

**Oxford Review of Education**
Carfax Publishing Company
P.O. Box 25
Abingdon
Oxfordshire OX14 3UE – England

**Papeles del Psicólogo**
Colegio Oficial de Psicólogos
Cuesta de San Vicente, 4, 6ª planta

28008 Madrid
915-419-999/915-419-998
915-472-284 (fax)
E-mail:dmadrid@correo.cop.es

**Perception**
The Canadian Council on Social
Development
55 Parkdale Avenue
Box 3505, Station C., Ottawa
Ontario K1Y 4G1, Canada

**Perception and Psychophysics**
1710 Fortview Road
Austin
TX 78704; USA

**Perceptual and Motor Skills**
Box 9229
Missoula
MT 59807; USA

**Perspectives of Dyslexia**
The Orton Dyslexia Society, Inc (ODS)
724 York Road
Baltimore; MD 21204; USA

**Physical Education Review**
Studies in Education Ltd
Nafferton
Driffield
N. Humberside YO25 0JL – England

**Pointer**
Heldref Publications, Inc
4000 Albermarle Street
NW, Washington
DC 20016; USA

**Polish Psychological Bulletin**
Stawki S/7, 00-183
Warsaw; Poland

**Primary Teaching Studies**
Polytechnic of North London Press
Department of Teaching Studies
Prince of Wales Road
London NW5 3LB; England

**Psicologemas**
Editorial Promolibro;
C/. El Bachiller, 27
46010 Valencia; España

**Psicología Educativa**
Colegio Oficial de Psicólogos de Madrid
Cuesta de San Vicente, 4, $^6$.a planta
28008 Madrid, 915-419-999/915-419-998; 915-472-284 (fax)
E-mail:dmadrid@correo.cop.es

**Psicothema**
Colégio Oficial de Psicólogos
(Tambankm patrocinada pela
Universidad de Oviedo)
Delegación Norte
Ildefonso Sánchez del Río, 4, 1.° B
33001-Oviedo (España)

**Psychological Abstracts (e em CD-ROM**
**PsycLlT)**
American Psychological Association
1200 17th Street
NW, Washington
DC 20036, USA

**Psychological Assessment**
(Órgão oficial da European
Association of Psychological Assessment)
Hogrefe & Huber Publishers
Länggass-Strasse 76
CH-Ber 9
Switzerland

**Psychological Bulletin**
American Psychological Association
1200 17th Street
NW, Washington
DC 20036; USA

**Psychological Review**
American Psychological Association
1200 17th Street; N.W., Washington
DC 20036; USA

**Psychologie in Erziehung
und Unterricht**
Ernst Reinhardt Verlag
D-8000 Munchen 19
Kemnatenstrasse 46
Federal Republic of Germany

**Psychology in the Schools**
Clinical Psychology Publishing Co
4 Conant Square
Brandon, VT 05733, USA

**Psychology of Women Quaterly**
Human Sciences Press, Inc.
233 Spring Street
New York, NY 10013-1578, USA

**Reading**
Holt, Rinehart and Winston Ltd
1 St. Anne's Road
Eastbourne, East Sussex BN21 3UN
England

**Reading and Writing**
Kluwer Academic Publishers
Postbus 17
3300 AA Dordrecht
The Netherlands

**Reading & Writing Quarterly**
Taylor & Francis Ltd.
Rankine Road, Basingstoke
Hants RG24 0PR, England

**Reading Psychology**
Hemisphere Publishing Corporation
79 Madison Avenue, #1110, New York
NY 10016, USA

**Reading Research Quarterly**
International Reading Association
800 Barksdale Road
P.O. Box 8139, Newark
DE 19711, USA

**Reading Teacher**
International Reading Association
800 Barksdale Road
P.O. Box 8139
Newark, DE 19711, USA

**Reading, Writing and Learning
Disabilities (ver Reading & Writing
Quarterly)**

**Remedial and Special Education**
ARO-ED, Inc
5341 Industrial Oaks Boulevard
Austin
TX 78735, USA

**Research & Teaching
in Developmental Education**
New York College Learning Skills Association University Learning Center
Niagara University
NY 14109, USA

**Research Papers in Education**
Routledge, Subscriptions:
International Thomson Publishing
Services Limited
North Way, Andover
Hampshire SP10 5BE, England

**Residential Treatment for Children & Youth**
Haworth Press, Inc
10 Alice Street, Binghampton
New York, NY 13904-1580, USA

**Review**
Heldref Publications
4000 Albermarle Street
NW, Washington
DC 20016, USA

**Review of Educational Research**
American Educational Research Association
1230 17th Street
NW, Washington
DC 20036; USA

**Revista de Educación**
Centro de Publicaciones del MEC
Ciudad Universitaria s/n
28040 Madrid
España

**Revista Galego-Portuguesa de Psicoloxía e Educación. Galician-Portuguese Journal for the Study of Psychology and Education**
Universidade da Coruña/Universidade do Minho
Facultade de Ciencias da Educación
Campus de Elviña
Universidade da Coruña
15071 A Coruña
Apdo. Correos 1334
15008 A Coruña

**Revista de Logopedia, Foniatría y Fonoaudiología**
(Edita DIPSA)
Asociación Española de Logopedia,
Audiología y Fonología
(AELFA)
C/. Francisco Aranda, 43
08005 Barcelona, España

**Revista de Psicología General y Aplicada**
(Edita: Prámide, Madrid)
Instituto Nacional de Psicología Aplicada y Psicotecnia
C/. Juan Huarte de San Juan, 1
Ciudad Universitaria
Madrid; España

**Revista de Psicología Social**
Aprendizaje, S. L.
Carretera de Canillas, 138, 2.°, 16C
28043 Madrid; España

**Revista de Psicología Universitas Tarraconensis**
Universitat Rovira i Virgili
Tarragona

**Revue Française de Pédagogie**
Institut National de Recherche
et de Documentation Pédagogiques
29 rue d'Ulm
75230 Paris Cedex 05
France

**Scandinavian Journal of Behaviour Therapy**
Swedish Association for Behaviour Therapy
University of Uppsala
Department of Psychiatry
Ulleraaker
5-750 17 Uppsala
Sweden

**Scandinavian Journal of Educational Research**
Carfax Publishing Company
P.O. Box 25
Abingdon
Oxfordshire OX14 3UE
England

**School Counselor**
American Association for Counseling and Development
5999 Stevenson Avenue
Alexandria
VA 22304; USA

**School Psychology International**
Sage Publications Ltd
6 Bonhill Street
London EC2A 4PU
England

**Sex Roles**
Plenum Publishing Co
233 Spring Street
New York
NY 10013; USA

**Sexuality and Disability**
Human Sciences Press, Inc
233 Spring Street
New York
NY 10013-1578; USA

**Siglo Cero**
Confederación Española de Federaciones y Asociaciones pro Personas Deficientes Mentales (FEAPS)
C/. General Perón, 32, 1º
Oficinas. Tf. 91-556 74 13   28020 Madrid

**Social Cognition**
Guilford Publications, Inc
200 Park Avenue South
New York
NY 10003; USA

**Social Service Review**
University of Chicago Press
5801 S. Ellis Avenue
Chicago
IL 60637; USA

**Social Work in Education**
49 Sheridan Avenue
Albany
NY 12210; USA

**Social Work in Health Care**
Haworth Press, Inc
10 Alice Street
Binghamton
NY 13904-1580; USA

**Social Work with Groups**
Haworth Press, Inc
10 Alice Street
Binghamton
NY 13904-1580; USA

**South African Cerebral Palsy Journal**
National Council for Physically Disabled in South Africa
Box 10173
Johannesburg 2000
South Africa

**South African Journal of Education**
Bureau for Scientific Publications
P.O. Box 1758
Pretoria 0001
South Africa

**South African Journal of Psychology**
Bureau for Scientific Publications
P.B. Box 1758
Pretoria 0001
South Africa

**Special Children**
Special Children Ltd
6/7 Hockley Hill
Hockley
Birmingham B18 5AA
England

**Special Educational Needs Abstracts**
Carfax Publishing Company
P.O. Box 25
Abingdon
Oxfordshire OX14 3UE
England

**Special Services in lhe Schools**
Haworth Press, Inc
10 Alice Street
Binghamton
NY 13904-1580; USA

**Studies in Higher Education**
Carfax Publishing Company
P.O. Box 25; Abingdon; Oxfordshire
OX14 3UE; England

**Support for Learning**
Basil Blackwell Ltd
108 Cowley road
Oxford OX4 1JF; England

**Teacher Education Quarterly**
Prakken Publications, Inc
P.O. Box 8623
Ann Arbor
MI 48107; USA

**Teaching Exceptional Children**
Council for Exceptional Children
1920 Association Drive
Reston; VA 22091; USA

**TESOL Quarterly**
TESOL Central Office
1600 Cameron Street
Suite 300; Alexandria
VA 22314; USA

**Therapeutic Care and Education**
Association of Workers for Children
with Emotional and Behavioural
Difficulties C/O Alan Fox; «Longview»;
Lodge Road
Caerlon; Gwent NP6 1QS; Wales

**Topics in Early Childhood Special Education**
PRO-ED, Inc
5341 Industrial Oaks Boulevard
Austin; TX 78735; USA

**Voces**
Confederación Española de Federaciones y Asociaciones pro Personas Deficientes Mentales (FERAS)
C/. General Perón, 32, 1.°
Oficinas: Tf. 91-556 74 13
28020- Madrid
(Por exemplo, este periódico é uma publicação mensal onde se publicam notícias recentes sobre acontecimentos relacionados às pessoas com deficiência mental. O número 258 de

janeiro de 1994, comenta-se a apresenta ção do livro **Blanco de la Rehabilitación**. Junto se comenta o seguinte: 10% da população espanhola apresenta algum tipo de incapacidade que limita o desenvolvimento das atividades da vida diária. Assim se mostrou claramente na apresentação do **Blanco de la Rehabilitación,** que analisa o presente e o futuro desta especialidade em nosso país por meio de um pormenorizado estudo realizado por iniciativa da *Sociedad Española de Rehabilitación y Medicina Física* (p. 1)]

**Westminster Studies in Education**
Carfax Publishing Company
P.O. Box 25
Abingdon
Oxfordshire OX14 3UE
England

**Zeitscheift für Pädagogik**
Verlag Julian Beltz AM
Hauptbahnhof 10
Postfach 1120
6940 Weinheim
Federal Republic of Germany

**Zeitschrift für Pädagogische**
Psychologie
Verlag Hans Huber
Langgasstrasse 76
Postfach
CH 3000 Bern 9
Switzerland

# Referências Bibliográgicas

Aaron, P. G. (1997): "The impending demise of the discrepancy formula", *Review of Educational Research*, 67 (4), 461-502.
Ackerman, P. T.; Weir, N. L.; Holloway, C. A. e Dykman, R. A. (1995): "Adolescents earlier diagnosed as dyslexic show major IQ declines on the WISC-III", *Reading and Writing: An Interdisciplinary Journal*, 7, 163-170.
Ackerman, P. T.; Weir N. L.; Meltzer D. P. e Dykman, R. A. (1996): "A study of adolescent poor readers", *Learning Disabilities Research*, 11 (2), 68-77.
Adams, M. J. e Bruck, M. (1995): "Resolving the "Great Debate"", *America Educator*, Summer, 7-20.
Alegría, J. (1985): "Por un enfoque psicolingüístico del aprendizaje de la lectura y sus dificultades", *Infancia y Aprendizaje*, 29, 79-94.
Alexander P. A.; Graham, S. e Harris, K. R. (na imprensa): "A Perspective on Strategy Research: Progress and Prospects", *Educational Psychology Review*.
Algozzine, B. (1991): "Decision making and curriculum-based assessment", em B. Y. L. Wong (ed.), 39-58.
Algozzine, B.; Ysseldyke, J. E. e Mcgue, M. (1995): "Differentiating Low-Achieving Students: Thoughts on Setting the Record Straight", *Learning Disabilities Research & Practice*, 10 (3), 140-144.
Alonso Tapia, J. (1995): "Solución de problemas", em J. Alonso Tapia, *Motivación y aprendizaje en el aula. Cómo enseñar a pensar*, Madri, Santillana, Aula XXI.
— (1997): *Motivar para el aprendizaje, Teoría y estrategias*, Barcelona, Edebé.
Alonso Tapia, J.; Cruz, Mª A. e Carriedo, N. (1995): "Evaluación del desarrollo del lenguaje", em R. Femández-Ballesteros (ed.), *Introducción a la Evaluación Psicológica*, vol. II (p. 224-283), Madri, Pirámide.
Álvarez, L. e Solen E. (1997): "¿Qué hacemos con los alumnos diferentes?" *Cómo elaborar adaptaciones curriculares*, Madri, Ediciones S. M.
Álvarez, L.; González Pienda, J. e Núñez, J. C. (1998): "Las dificultades de aprendizaje y las necesidades educativas especiales en un contexto de atención a la diversidad", em J. A. González-Pienda e J. C. Núñez (coord.), *Dificultades del Aprendizaje Escolar* (p. 67-87), Madri, Pirámide.

— (1998): "Las dificultades de aprendizaje y las necesidades educativas especiales en un contexto de atención a la diversidad", em J. A. González-Pienda e J. C. Núñez (coords.), *Dificultades del aprendizaje escolar* (pp. 67-90), Madri, Pirámide.
Álvarez, L.; González Pienda, J. A.; Núñez J. C. e Soler, E. (1999): *Intervención Psicoeducativa. Estrategias para elaborar adaptaciones de acceso*, Madri, Pirámide.
Álvarez, L.; González Pienda, J. A.; Núñez, J. C. e González-Castro, P. (1999): "La psicología de la educación: Una disciplina aplicada", *Aula Abierta* (73), 67-76.
American Federation of Teachers (1995): "Learning to Read: Schooling's First Mission", *American Educator*, Summer 3-6.
American Psychiatrich Association (1990a): DSM-III-R. Manual diagnóstico y estadístico de los trastornos mentales, Barcelona, Masson (orig. 1987).
— (1990b): *Breviario DSM-III-R, Criterios Diagnósticos*, Barcelona, Masson (orig. 1987).
— (1995a): *DSM-IV. Manual Diagnóstico y Estadístico de los Trastornos Mentales*, Barcelona, Masson (orig. 1994).
— (1995b): *Breviario DSM-IV, Criterios Diagnósticos*, Barcelona, Masson (orig. 1994).
Ammer J. J. (1998): "Peer evaluation model for enhancing writing performance of students with learning disabilities", Reading and Writing Quarterly, 14, 263-282.
Anastopoulos, A. D.; Barkley, R. A. (1992): "Attention deficit-hyperactivity disorder", em C. E. Walker e M. C. Roberts (1992), p. 413-430.
Anderman, E. M. (1998): "The Middle School Experience: Effects on the math and science achievement of adolescents with LD", Journal of Learning Disabilities, 31 (2), 128-138.
Anderson, M. (1999): "Intelligence", em D. Messer e S. Millar (eds.), Exploring Developmental Psychology. From Infancy to Adolescence (p. 149-170), Londres, Arnold.
Anderson-Inman, L. (1999): "Computer-Based Solutions for secondary students with Learning Disabilities: Emerging Issues", *Reading and Writing Quarterly*, 15, 239-249.
Apthorp, H. S. (1995): "Phonetic Coding and Reading in College Students with and without Learning Disabilities", *Journal of Learning Disabilities*, 28, 342-352.
Ashcraft, M. H. (1992): "Cognitive arithmetic: a review of data and theory", *Cognition*, 44, 75-106.
Ashcraft, M. H.; Faust, M. W (1994): "Mathematics anxiety and mental arithmetic performance: An exploratory investigation", *Cognition and Emotion*, 8, 97-125.
Ashcraft, M. H.; Donley, R. D.; Halas, M. A.; Vakali, M. (1992): "Working memory, automaticity, and problem difficulty", em J. I. D. Campbell (ed.) p. 301-329.
Aymerich, M.; Gotzens, C. (1999): "Explicaciones del proceso docente dirigidas a su pptimización", em J. Beltrán e C. Genovard (eds.), *Psicología de la Instnicción II. Áreas Curriculares* (p. 145-168), Madri, Síntesis.
Baker, S. K.; Kameenui, E. J. e Simmons, D. C. (na imprensa): "Characteristics of Students with Diverse Learning and Curricular Needs", em E. J. Kameenui e D.

W. Camine (eds.), *Effective strategies for teaching students with diverse learning and curricular needs*, Alexandria, VA: ASCD.

Bakker, D. J.; Licht R. e Strien, J. Van (1991): "Biopsychological validation of L- and P- Type dyslexia", em B. P. Rourke (ed.), p. 124-139.

Barca Lozano, A.; Marcos Malmierca, J. L.; Núñez Pérez, J. C.; Porto Rioboo, A. Mª e Santorum Paz, Mª R. (1997): Procesos de aprendizaje en ambientes educativos, Madri, Centro de Estudios Ramón Areces.

Barca, A. e G. Cabanach, R. (1991): *Dificultades de aprendizaje escolar. Líneas de intervención psicoeducativa*, La Coruña, Servicio de Publicaciones de la Universidad de La Coruña.

Barkley, R. A.; Anastopoulos, A. D.; Government, D. C. e Fletcher, K. E. (1991): "Adolescents with Attention Deficit Hyperactivity Disorder: Patterns of behavioral adjustment, academic functioning, and treatment utilization", *Journal of the American Academy of child and Adolescent Psychiatry*, 30, 752-761.

Barkley, R. A.; DuPaul, G. J. e McMurray, M. B. (1990): "A comprehensive evaluation of Attention Deficit Disorder with and without Hyperactivity: I. Developmental, educational, psychiatric, and family histories", enviado para publicação, University of Massachusetts Medical Center, Worcester, MA.

Baroody, A. J. (1988): *El pensamiento matemático de los niños. Un marco evolutivo para maestros de preescolar, ciclo inicial y educación especial*, Madri, Aprendizaje-Visor.

— (1996): "An Investigative Approach to the Mathematics Instruction of Children Classified as Learning Disabilities", em D. K. Reid, W. P. Hresko e H. L. Swanson (eds.), *Cognitive approaches to learning disabilities* (3ª ed.) (p. 545-615), Austin, TX: Pro-ED.

Bauman, E. (1991): "Stability of WISC-R scores in children with learning difficulties", *Psychology in the Schools*, 28, 95-100.

Beck, I. L, e Juel, C. (1995): "The role of Decoding in Learning to Read", American Educator, Summer 8-42.

Belinchón, M.; Rivière, A. e Igoa, J. M. (1992): Psicología del lenguaje. Investigación y teoria, Madri, Trotta.

Beltrán, J. e Genovard, C. (eds. 1996): *Psicología de la instrucción I. Variables y procesos básicos*, Madri, Síntesis.

— (eds. 1999): *Psicología de la Instrucción II. Áreas curriculiares*, Madri, Síntesis.

Beltrán, J, e Pérez, L. F. (1996): "Inteligencia, pensamiento crítico y pensamiento creativo", em J. Beltrán e C. Genovard (eds.), *Psicología de la instrucción I. Variables y procesos básicos* (p. 429-505), Madri, Síntesis.

Beltrán, J. (1993): *Procesos, Estrategias y Técnicas de Aprendizaje*, Madri, Síntesis.

— (1996a): "Concepto, desarrollo y tendencias actuales de la psicología de la instrucción", em J. Beltrán e C. Genovard (eds.), *Psicología de la instrucción I. Variables y procesos básicos* (p. 19-86), Madri, Síntesis.

— (1996b): "Estrategias de aprendizaje", em J. Beltrán e C. Genovard (eds.), *Psicología de la instrucción I. Variables y procesos básicos* (p. 383-428), Madri, Síntesis.

— (1998): "Estrategias de aprendizaje", em V. Santiuste B. e Beltrán, J. (coords.), *Dificultades de aprendizaje* (p. 201-240), Madri, Síntesis.
— (1999a): "Procesos cognitivos implicados en el aprendizaje de las ciencias", em J. Beltrán e C. Genovard (eds.), *Psicología de la Instrucción II. Áreas curriculares* (p. 43-74), Madri, Síntesis.
— (1999b): "Procesos cognitivos implicados en el aprendizaje de los valores sociales. La solución de conflictos", em J. Beltrán e C. Genovard (eds.), *Psicología de la Instrucción II. Áreas curriculares* (p. 119-144), Madri, Síntesis.
— (2000): "Prólogo", em J. N. Garcia (coord.), *De la Psicología de la Instrucción a las Necesidades curriculares*, Barcelona, Oikos-Tau.
Beltrán, J.; Bermejo, V.; Prieto, M.a D., e Vence, D. (eds.) (1993): *Intervención Psicopedagógica*, Madri, Pirâmide.
Beltrán, J.; Domínguez, P.; Bermejo, V. e Tocino, A. (eds.) (1993): *Líneas actuales en la intervención psicopedagógica II: variables personales y psicosociales*, Madri, Universidad Complutense de Madri, Dpto. de Psicología Evolutiva y de la Educación.
Beltrán, J. A.; Pérez, L.; González, E.; González, R. e Vence, D. (eds.) (1993): *Líneas actuales en la Intervención Psicopedagógica I: Aprendizaje y contenidos del curriculum*, Madri, Universidad Complutense de Madri, Dpto. de Psicología Evolutiva y de la Educación.
Bender W. N.; Vali, C. O. e Scott, K. (1995): "Teachers' Attitudes Toward Increased Mainstreaming: Implementing Effective Instruction for Students with Learning Disabilities", *Journal of Learning Disabilities*, 28, 87-94, 120.
Benton, A. L. (1987): "Mathematical disability and Gerstmann Syndrome", em G. Deloche e X. Seron (1987), p. 111-120.
Bermejo, V. (1993): "Perspectivas innovadoras en la enseñanza-aprendizaje de las matemáticas. Investigación cognitiva y práctica educativa", em J. Beltrán et al. (eds.), p. 169-185.
Bermejo, V. e Lago, Mª O. (1991): *Aprendiendo a contar. Su relevancia en la comprensión y fundamentación de los primeros conceptos matemáticos*, Madri, ODE-MEC.
Bermejo, V. e Rodríguez, P. (1993): Children understanding of the commutative law of addition», *Learning and Instruction*, 3, 35-72.
— (1994): «Competencia conceptual y de procedimiento: Comprensión de la propiedad conmutativa de la adición y estrategias de solución», *Estudios de Psicología*, 51, 3-20.
— (1994): "Desarrollo del pensamiento matemático", em V. Bermejo (ed.), *Desarrollo cognitivo*, Madri, Síntesis Psicología.
Bermejo, V.; Lago, M. O. e Rodríguez, P (1997): "Dificultades de aprendizaje de las matemáticas", em J. N. García (dir), *Instrucción, aprendizaje y dificultades* (p. 383-396), Barcelona, LUB.
— (2000): "La perspectiva constructivista en la enseñanza de las matemáticas", em J. N. García (coord.), *De la Psicología de la Instrucción a las Necesidades Curriculares*, Barcelona, Oikos-Tau.

Berninger, V. W. (1999): "Coordinating Transcription and Text Generation in Working Memory during Composing: Automatic and Constructive Processes", *Learning Disability Quarterly*, 22 (2), 99-112.

Berninger, V. W. e Abbott, R. D. (1994): "Redefining Learning Disabilities. Moving beyond Aptitude-Achievement Discrepancies to Failure to Respond to Validated Treatment Protocols", em G. R. Lyon (ed.), *Frames of reference for the assessment of learning disabilities: New views on measurement issues* (p. 163-183), Paul H. Brookes Publishing Co, Baltimore, MD, XVII + 650p.

Berninger, V. W. e Hart, T. M. (1993): "From research to clinical assessment of reading and Writing disorders: The unit of analysis problem", em R. M. Joshi e C. K Leong (eds.), *Reading Disabilities: Diagnosis and Component Process*, p. 33-61, Dordrecht, Kluwer.

Berninger, V. W. e Vaughan, K.; Abbott, R. D.; Brooks, A.; Begay, K.; Curtin, G.; Byrd, K. e Grahams, S. (2000): "Language-based spelling instruction: Teaching Children to make multiple connections between spoken and written words", *Learning Disability Quarterly*, 23, (2), 117-136.

Bideaud, J.; Meljac, C. e Fischer, J. P. (1992): *Pathways to number*, Hillsdale, NJ, LEA, Inc.

Bigler, E. D.; Lajiness-O'Neill, R. e Howes, N. L. (1998): "Technology in the assessment of learning disability", *Journal of Learning Disabilities*, 31 (1), 67-82.

Bolen, L. M.; Aichinger, K. S.; Hall, C. W. e Webster R. E. (1995): "A comparison of the performance of cognitively disabled children on the WISC-R and WISC-III", *Journal of Clinical Psychology*, 51 (1), 89-94.

Bos, C. S. e Vaughn, S. (1998): "Samuel Kirk's Legacy to Teaching Reading: The past speaks to the present, *Learning Disabilities Research & Practice*, 13 (1), 22-28.

Brainerd, C. J. (1987): "Sources of working-memory error in children's mental arithmetic", em G. Deloche X. Seron (eds.), p. 87-110.

Braten, I. e Throndsen, I. S. (1998): "Cognitive Strategies in Mathematics, Pant II: teaching a more advanced addition strategy to an eight-year-old girl with learning difficulties", *Scandinavian Journal of Educational Research*, 42 (2), 151-175.

Brissiaud, R. (1993): *El aprendizaje del cálculo. Más allá de Piaget y de la teoria de los conjuntos*, Madri, Aprendizaje-Visor (orig. francês, 1989).

Brooks, A.; Vaughan, K.; Berninger, V. (1999): "Tutorial Interventions for Writing Disabilities: Comparison of Transcription and Text Generation Processes", *Learning Disability Quarterly*, 22 (3), 183-191.

Brown, G. D. A. e Ellis, N. C. (1994): *Handbook of spelling. Theory Process and Intervention*, Chichester, John Wiley & Sons.

Brownell, M. T.; Mellard, D. F. e Deshler, D. D. (1993): "Differences in the learning and transfer performance between students with learning disabilities and other low-achieving students on problem-solving tasks", *Learning Disabilities Quarterly*, 16 (2), 138-156.

Bruer J. T. (1993): *Schools for Thought. A science of Learning in the Classroom*, Cambridge, Massachusetts, The MIT Press.

— (1994): "Classroom Problems, School Culture, and Cognitive Research", em K. McGilly (ed.), *Classroom Lessons. Integrating Cognitive Theory and Classroom Practice* (p. 273-290), Cambridge, Massachusetts, The MIT Press.

Bryant, T.; Sullivan-Burstein, K. e Mathur S. (1998): "The influence of affect on social information processing", *Journal of Learning Disabilities*, 418-426.

Bulgren, J. A.; Hock, M. F.; Schumaker, J. B. e Deshler, D. D. (1995): "The Effects of Instruction in a Paired Associates Strategy on the Information Mastery Performance of Students with Learning Disabilities", *Learning Disabilities Research & Practice*, 10, 22-37.

Burden, R. L. (1994): "Trends and Developments in Educational Psychology. An International Perspective", *School Psychology International*, 15, 293-347.

Burton, L. (ed.) (1999): *Learning Mathematics: From Hierarchies to Networks*, Londres, Falmer Press.

Butler D. L (1995): "Promoting Strategic Learning by Postsecondary Students with Learning Disabilities", *Journal of Learning Disabilities*, 28, 170-190.

— (1998a): "The strategic content learning approach to promoting self-regulated learning: a report of three studies", *Journal of Educational Psychology*, 90 (4), 682-697.

— (1998b): "A Strategic content learning approach to promoting self-regulated learning by students with learning disabilities", em D. H. Schunk y B. J. Zimmerman (eds.), *Self-regulated learning: from teaching to self-reflective practice* (p. 160-183), Nova York, Guilford Publications.

— (1999): Identifying and remediating students' inefficient approaches to tasks. *Meeting of American Educational Research Association*, Montreal, Quebec, abril.

Campbell, J. I. D. (ed.) (1992): *The Nature and Origins of Mathematical Skills*, Elsevier Science Publishers B.V.

— (1994): "Architectures for Numerical Cognition", *Cognition*, p. 1-55 (do manuscrito).

Campbell, J. I. D. e Clark, J. M. (1992): "Cognitive number processing: An encoding-complex perspective", em J. I. D: Campbell (1992), p. 457-491.

Campo Adrián, Mª E. del; Palomares, L. e Arias, T. (1997): *Casos prácticos de dificultades de aprendizaje y necesidades educativas especiales (diagnóstico e intervención psicoeducativa)*, Madri, Centro de Estudios Ramón Areces, S. A.

Cantón Mayo, I. (1999): "La intervención psicopedagógica desde la calidad y el diseño organizativo", em J. N. García (coord.), *Intervención Psicopedagógica en los Trastornos del Desarrollo* (p. 519-532), Madri, Pirámide.

Cantwell, D. e Baker, L. (1987): Developmental Speech and Language Disorders, Nova York, The Guilford Press.

Carbonero, M. A. (ed.) (1993): *Dificultades de aprendizaje. Tendencias y orientaciones actuales en la escuela*, Valladolid, ICE Universidad de Valladolid.

— (2000): "Intervención preventiva en la resolución de problemas matemáticos en Educación Secundaria", em J. N.García (coord.), *De la Psicología de la Instrucción a las Necesidades Curriculares*, Barcelona, Oikos-Tau.

Carbonero, M. A. e Crespo, M. A. (1998): "El conocimiento base: su estructura y su funcionalidad", em J. A. González-Pienda e J. C. Núñez (coord.), pp. 157-178.
Carlton, M. e Sapp, G. L. (1997): "Comparison of WISC-R and WISC-III scores of urban exceptional students", *Psychological Reports*, 80, 755-760.
Carnine, D. (1994): "Introduction to the Mini-resies: Diverse Learners and Prevailing, Emerging, and Research-based Educational Approaches and their Tools", *School Psychology Review*, 23, 341-350.
Carver R. P. e Clark, S. W. (1998): "Investigating Reading Disabilities Using the Raiding Diagnostic System", *Journal of Learning Disabiliti*es, 31 (5), 45 3-478, 481.
Castejón, J. L. (1999): "El análisis de tareas en el diseño de la instrucción", em J. Beltrán e C. Genovard (eds.), *Psicología de la Instrucción II. Áreas Curriculares* (p. 214-256), Madri, Síntesis.
Castelló, A. (1995): "Modelos de inteligencia y modelos de instrucción: relaciones teóricas y funcionales", em C. Genovard, J. Beitrán e F. Alvas (eds.), *Psicología de la Instrucción III. Nuevas perspectivas* (p. 195-220), Madri, Síntesis.
Cham, L. K. S. (1994): "Relationship of Motivation, Strategic Learning and Reading Achievement in Grades 5, 7, and 9", *Journal of Experimental Education*, 62, 319-339.
Ciborowiski, J. (1995): "Using Textbooks with Students who Cannot Read Them", *Remedial and Special Education*, 16, 90-101.
Cisero, C. A.; Royer, J. M.; Marchant III, H. G. e Jackson, S. J. (1997): "Can the Computer-Based Academic Assessment System (CAAS) be used to Diagnose Reading Disability in College Students?", *Journal of Educational Psychology*, 89 (4), 599-620.
Clariana, M. (1999): "La influencia de variables no cognitivas en la interacción instruccional: La extraversión", em J. Beltrán e C. Genovard (eds.), *Psicología de la Instrucción II. Áreas curriculares* (p. 257-278), Madri, Síntesis.
Clemente, R. A. e Linero, Mª J. (1997): "Intervención familiar temprana con niños con problemas de lenguaje", em J. N. García (dir.), *Instrucción, Aprendizaje e Dificultades* (p. 293-316), Barcelona, Librería Universitaria de Barcelona.
Corn, J.; Klein, A.; Parra, M.; Peskin, S. P.; Rangos, K. *et al*. (1989): *Teaching Remedial Mathematics of Students with Learning Disabilities*, Queensborough Community College of the City University of New York.
Corte, E. de (1993): "La mejora de las habilidades de resolución de problemas matemáticos: hacia un modelo de intervención basado en la investigación", em J. Beltrán et al. (eds.), p. 145-168.
Crespo, M. T, e Carbonero, M. A. (1998): "Habilidades y procesos cognitivos básicos", em J. A. González-Pienda e J. C. Núñez (coord.), Dificultades del aprendizaje escolar (p. 91-126), Madri, Pirámide.
Cuetos, F. (1990): *Psicología de la lectura*, Madri, Escuela Española.

— (1991): *Psicología de la escritura*, Madri, Escuela Española.
Cuetos, F.; Rodríguez, B. e Ruano, E. (1996): *Evaluación de los procesos lectores* (PROLEC), Madri, TEA Ediciones.
Cuetos, F. e Sánchez-Miguel, E. (1998): "Dificultades en la lectoescritura: evaluación e intervención", em J. A. González-Pienda e J. C. Núñez (coord.), *Dificultades del Aprendizaje Escolar* (p. 289-314), Madri, Pirámide.
Das, J. P. (1987): "Intelligence and Learning Disability: A Unified Approach", The Mental Retardation & Learning Disability Bulletin, 15 (2), 103-113.
Das, J. P. e Abbott, J. (1995): PASS: *An Alternative Approach to Intelligence, Psychology and Developing Societies*, 7 (2), 155-184.
Das, J. P.; Mishra, R. K. e Pool, J. E. (1995): "An Experiment on Cognitive Remediation of Word-Reading Difficulty", Journal of Learning Disabilities, 28 (2), 66-79.
Davis, L. B.; Fuchs, L, S.; Fuchs, D, e Whinnery, K. (1995): ""Will CBM Help Me Learn?" Students' Perception of the Benefits of Curriculum-Based Measurement", *Education and Treatment of children*, 18, 19-32.
Davis, P. J. e Hersh, R. (1989): *El sueño de Descartes. El mundo según las matemáticas*, Madri, Labor/MEC (orig. inglês, 1986).
Day, J. P.; Engelhardt, J. L.; Maxwell, S. E. e Bolig, E. E. (1997): Comparison of static and Dynamic Assessment Procedures and Their Relation to Independent Performance, *Journal of Educational Psychology*, 89 (2), 358-368.
Deaño Deaño, M. (1993): *Conocimieto lógico-matemático en la escuela infantil*, Madri, CEPE.
— (1994): "Dificultades selectivas de aprendizaje: matemáticas", em S. Molina (dir.), Bases psicopedagógicas en la educación especial, Alcoy, Marfil.
— (1998): "Discalculia", em S. Molina Gª., A. Sinuiés Longares, M. Deaño Deaño, M. Puyuelo Sanclemente e O. Bruna Rabassa, *El fracaso en el aprendizaje escolar (II). Dificultades específicas de tipo neuropsicológico. Dislexia.*
*Disgrafía. Discalculia. Disfasi*a (p, 159-258), Archidona (Málaga), Aljibe.
Defior, S. (1996): *Las Dificultades de aprendizaje: Un enfoque cognitivo*. Málaga: Aljibe.
Defries, J. C. e Alarcón, M. (1996): "Genetics of specific Reading Disability", *Mental Retardation and Developmental Disabilities Research Review*, 2, 39-47.
Defries, J. C. e Light, J. G. (1996): "Twin studies of reading disability", em J. H. Beitchman, N. J. Cohen, M. M. Konstantareas e R. Tannock (eds.), *Language, learning, and behavior disorders. Developmental, biological, and clinical perspectives* (272-292), Nova York, Cambridge University Press.
Deloche, G. e Seron, X. (eds.) (1987a): *Mathematical Disabilities. A cognitive neuropsychological perspective*, Hillsdale, NJ, LEA.
— (1987b): "Numerical transcoding: A General Production Model", em G. Deloche e X. Seron (eds.), p. 137-170.
Díaz, R. M. e Berk, L. E. (1995): "A Vygotskian critique of Self-instructional training", *Development and Psychopathology*, 7, 369-392.

Dickson, S. (1999): "Integrating reading and writing to teach compare-contrast text structure: A research-based methodology", *Reading & Writing Quarterly*, 15, 49-79.
Dimino, J. A.; Taylor R. M. e Gersten, R. M. (1995): "Synthesis of the Research on Story Grammar as a Means to Increase Comprehension", *Reading & Writing Quarterly: Overcoming Learning Difficulties*, 11, 53-72.
Donaldson, M. L. (1995)*: Children with Language Impairments. An Introduction*, Londres, Jessica Kingsley Publishers.
Dudley-Marling, C. (1995): "Whole language: It's a Matter of Principles", *Reading & Writing Quarterly: Overcoming Learning Difficulties*, 11 109-117.
Dudley-Marling, C. e Dippo, D. (1995): "What Learning Disability Does: Sustaining the Ideology of Schooling", *Journal of Learning Disabilities*, 28 408-414
Echeburúa, E. (1993): Trastornos de ansiedad en la infancia, Madri, Pirámide.
Echeburúa, E. e Espinet, A. (1990): "Tratamiento en el ambiente natural de un caso de mutismo electivo", em F. X. Méndez e D. Macià A. (eds.) p. 425-440.
Echeburúa, E.; Femández-Montalvo, J. e Guerricaechevarría, C. (1999): "Trastornos de ansiedad en la infancia: concepto y clasificación", em J. N. García (coord.), *Intervención psicopedagógica en los Trastornos del desarrollo* (capítulo 17), Madri, Pirámide.
Elbow, P. (1973, 1998)*: Writing without Teachers*, Nova York, Oxford University Press (2ª ed.).
— (2000)*: Everyone can Write. Essays toward a hopeful theory of writing and Teaching Writing*, Nova York, Oxford University Press.
Elbro, C. (1999): "Dyslexia: core difficulties, variability and causes", em J. Oakhill e R. Beard (eds.), *Reading Development and Teaching of Reading. A Psychological Perspective* (p. 131-156), Oxford, Blackwell.
Elliott, S. N. e Fuchs, L. S. (1997): "The utility of Curriculum-Based Measurement and Performance Assessment as Alternatives to Traditional Intelligence and Achievement Tests", *School Psychology Review*, 26 (2) 224-233.
Ellis, A. W. e Young, A. W. (1992)*: Neuropsicología cognitiva humana*, Barcelona, Masson (orig. 1988).
Ellis, E. S. (1998): "Watering up the curriculum for adolescents with learning disabilities-part 2. Goals of the affective dimension", *Remedial and Special Education*, 19 (2), 91-105.
Escoriza, J. (1986)*: Madurez lectora: Predicción, evaluación e implicaciones educativas*, Barcelona, Promociones y Publicaciones universitarias.
— (1991): "Niveles de conocimiento fonológico", *Revista de Psicología General y Aplicada*, 44 (3), 269-276.
— (1998): "Dificultades en el proceso de composición del discurso escrito", em V. Santiuste e J. Beltrán (coords.), *Dificultades de aprendizaje* (p 147-162) Madri, Síntesis.
Falik, L. H. (1995): "Family Patterns of Reaction to a Child with a Learning Disability: A Mediational Perspective", *Journal of Learning Disabilities*, 28, 335-341.

Feagans, L. V. e Merriwether A. (1993): "Individual Differences in Cognition Among Learning Disabled Children: Intelligence, Memory, Perception, and Language", em D. K. Detterman (ed.), *Current Topics in Human Intelligence*, vol. 3. *Individual Differences and Cognition* (121-154), Norwood, New Jersey, Ablex Publishing Corporation.

Fernández-Ballesteros, R. e León Carrión, J. (1995): "Evaluación psiconeurológica", em R. Femández-Ballesteros (ed.), *Introducción a la Evaluación Psicológica*, vol. II. (p. 371-412), Madri, Pirámide.

Femández Baroja, M. F.; Llopis-Paret, A. M. e Pablo de Riesgo, C. (1991): Matemáticas básicas: dificultades de aprendizaje y recuperación, Madri, Santillana.

Ferreiro, E. e Teberosky, A. (1979): *Los sistemas de escritura en el desarrollo del niño*, Madri, Siglo XXI (14ª ed.1993).

Field, S. (1996): "Self-Determination Instructional strategies for Youth with Learning Disabilities", *Journal of Learning Disabilities*, 29, 40-52.

Field, S. e Hoffman, A. (eds.) (1998a): *Steps to Self-Determination. A Curriculum to Help Adolescents Learn to Achieve their Goals*, Austin, Pro-ed.

— (1998b): "Promoting Self-Determination in school Reform, Individualized Planning, and Curriculum Efforts", em Field, S. e A. Hoffman (eds.), *Steps to Self-Determination. A Curriculum to Help Adolescents Learn to Achieve their Goal*s (p. 197-213), Austin, Pro-ed.

- (1998c): "Increasing the Ability of Educators to support Youth Self-Determination", em L. E. Powers, G. H. S. singer e J. A. Sowers (eds.), *Promoting Self-Competence in Children and Youth with Disabilities. On the Road to Autonomy* (p. 171-187), Baltimore, Brookes.

Fierro, A. (1997): "Dificultades de aprendizaje: de la teoría psicológica a la tecnología interdisciplinar", em J. N. García (dir.), *Instrucción, Aprendizaje y Dificultades* (p. 67-96), Barcelona, Librería Universitaria de Barcelona.

Fletcher, J. M. (1985a): "External validity of learning disability subtypes", em B. P. Rourke (ed.), p. 187-211.

— (1985b): "Memory for verbal and nonverbal stimuli in learning disability subgroups: Analysis of selective reminding", *Journal of Experimental Child Psychology*, 40, 244-259.

Fletcher J. M.; Francis, D. J.; Shaywitz, S. E.; Lyon, G. R.; Foorman, B. R.; Stuebing, K. K. e Shaywitz, B. A (1998): "Intelligent Testing and the Discrepancy Model for Children with Learning Disabilities", *Learning Disabilities Research & Practice*, 13 (4), 186-203.

Fletcher J. M.; Shaywitz, s. E.; Shankweiler D. P.; Katz, L.; Liberman, I. Y; Stuebing, K. K.; Francis, D. J.; Fowler A. E. e Shaywitz, B. A. (1994): «Cognitive profiles of reading disability: Comparisons of discrepancy and low achievement definitions", *Journal of Educational Psychology*, 86 (1), 6-23.

Foorman, B. R.; Francis, D. J.; Fletcher J. M.; Schatschneider, C. e Mehta, P. (1998): "The Role of Instruction in Learning to Read: Preventing Reading Failure in At-Risk Children", *Journal of Educational Psychology*, 90 (1), 37-5 5.

Forness, S. R.; Swanson, J. M.; Cantwell, D. P.; Guthrie, D. e Sena, R. (1992): "Response to stimulant medication across six measures of school related performance in children with ADHD and disruptive behavior", *Behavioral Disorders*, 18, 42-53.
Forness, S. R.; Swanson, J. M.; Cantwell, D. P.; Youpa, D. e Hanna, G. L. (1992): "Stimulant medication and reading performance: Follow-up on sustained dose in ADHD boys with and without conduct disorders", *Journal of Learning Disabilities*, 25, 115-123.
Frederickson, N. e Reason, R. (1995): "Discrepancy Definitions of Specific Learning Difficulties", *Educational Psychology in Practice*, 10 (4), 195-205.
— (1996): Phonology in Perspective. A reply to Manianne Whittaker, *Educational Psychology in Practice*, 12 (2), 74-79.
Frisby C. L. e Braden, J. P. (1992): "Feuerstein"s Dynamic Assessment Approach: A semantic, Logical, and Empirical Critique", *The Journal of Special Education*, 26 (3), 281-301.
Frith, U. (1995): "Dyslexia: can we have a shared theoretical framework?", em N. Frederickson e R. Reason (eds.), *Phonological Assessment of Specific Learning Difficulties. Educational and child Psychology*, 12 (1), 6-17.
Fuchs, L. S. e Fuchs, D. (1998): "Treatment Validity: A Unifying Concept for Reconceptualizing the Identification of Learning Disabilities", *Learning Disabilities Research & Practice*, 13 (4), 204-219.
Fuller M. e McLeod, P. J. (1995): "Judgments of Control over a Contingently Responsive Animation by Students with and without Learning Disabilities", *Canadian Journal of Behavioural Science*, 27, 171-186.
Fuson, K. C. e Kwon, Y. (1991): "Chinese-based regular and European irregular systems of number words: The disadvantages for English-speaking children", em K. Durkin e B. Shire (eds.), *Language in mathematical education* (p. 211-236) Milton Keynes, GB: Open University Press.
— (1992a): "Korean Children's Understanding of Multidigit Addition and Sub-traction", *Child Development*, 63, 491-506.
Fuson, K. C. e Perry, T. (1993): "Hispanic children's addition methods: Cultural diversity in children's informal solution procedures", *Biennial Meeting of the society for Research in Child Development*, New Orleans, Lousiana, março de 1993 (p. 1-12 manuscrito).
Gaffney J. S. (1998): "The prevention of Reading Failure: Teach Reading and Writing", em J. Osborn e F. Lehr *et al*. (eds.), *Literacy for all: Issues in teaching and learning* (p. 100-110), Nova York, The Guilford Press.
Gallagher J. J. (1998): "The Public Policy Legacy of Samuel A. Kirk", *Learning Disabilities Research & Practice*, 13 (1), 11-14.
García Correa, A. e Marrero R. G. (1999): "Psicología y enseñanza de la educación física", em J. Beltrán e C. Genovard (eds.), *Psicología de la Instrucción II. Áreas curriculares* (p. 97-118), Madri, Síntesis.

García Madruga, J. A. (1997): "Comprensión y aprendizaje a partir de textos: aspectos teórico-prácticos y experimentales", em J.-N. García (dir.), *Instrucción, Aprendizaje y Dificultades* (p. 171-188), Barcelona, LUB.
García Madruga, J. A.; Elosúa, M. R.; Gutiérrez, F.; Luque, J. L.; Gárate, M. (1999): *Comprensión lectora y memoria operativa. Aspectos evolutivos e instruccionales*. Barcelona, Paidós.
García S., J.-N. (1990): *Manual de psicopedagogia escolar para profesores*, Madri, Escuela Española.
— (1992): *Evaluación y desarrollo de la intención comunicativa*, Valencia, Promolibro.
— (1992c): *Autismo*, Valencia, Promolibro.
— (1993): "Simulación del déficit visual como técnica de modificación de actitudes hacia la integración escolar de alumnos deficientes visuales", *Análisis y Modificación de Conducta*, 19 (68), 819-844.
— (1994): "El enfoque psicológico en Educación Especial: Perspectivas sobre desarrollo y educación", *Infancia y Aprendizaje*, 65, 122-126.
— (1996): "Intervención en los Trastornos del Desarrollo", *Infancia y Aprendizaje. Journal for the study of Education and Development*, 73, 109-112.
— (1997) (ed.): *Instrucción, Aprendizaje y Dificultades*, Barcelona, LUB.
— (1997a): "Instrucción, aprendizaje y dificultades: introducción y Conceptualización", em J.-N. García S. (dir.), *Instrucción, Aprendizaje y Dificultades* (p. 9-18), Barcelona, Librería Universitaria de Barcelona.
— (1997b): "Alumnos con necesidades curriculares y de diversidad de aprendizajes", em J.-N. García S. (1997) (dir.), *Instrucción, Aprendizaje y Dificultades* (p. 19-36), Barcelona, Librería Universitaria de Barcelona.
— (1997c): "Instrucción y dificultades de aprendizaje", em J.-N. García S. (1997) (dir.), *Instrucción, Aprendizaje y Dificultades* (p. 37-66), Barcelona, Librería Universitaria de Barcelona.
— (1998): *Manual de Dificultades de aprendizaje. Lenguaje, Lectoescritura y matemáticas*, Madri, Narcea (3ª ed. revisada; 4ª ed. 1999) (1ª ed. em 1995).
— (1998b): "Historia y concepto de las dificultades de aprendizaje", em V. Santiuste Bermejo e J. A. Beltrán Llera (coord.), *Dificultades de aprendizaje* (p. 17-46), Madri, Síntesis.
— (1998c): "Dificultades de Aprendizaje del Lenguaje (DAL)", em J.-N. García, *Manual de Dificultades de aprendizaje. Lenguaje, lectoescritura y matemáticas* (p. 157-184), Madri, Narcea (3ª ed. revisada).
— (1998d): *Procesos cognitivos de la escritura en alumnos con y sin Dificultades de aprendizaje. Hacia la búsqueda de estrategias de compensación*, Madri, CIDE-MEC (memória final).
— (1999) (coord.): *Intervención Psicopedagógica en los Trastornos del Desarrollo*, Madri, Pirámide.
— (1999a): "Intervención psicopedagógica en los Trastornos del desarrollo: conceptualización, ámbito y modelo integral", em J.-N. García (coord.), *Inter-

*vención psicopedagógica en los Trastornos del desarrollo* (capítulo 1), Madri, Pirámide.
— (1999b): "Trastornos penetrantes del desarrollo. Historia, conceptualización y caracterización", em J.-N. García (coord.), *Intervención psicopedagógica en los Trastornos del desarrollo* (capítulo 5), Madri, Pirámide.
— (1999c): "Trastornos penetrantes del desarrollo. Diagnóstico y evaluación", em J.-N. García (coord.), *Intervención psicopedagógica en los Trastornos del desarrollo* (capítulo 6), Madri, Pirámide.
— (1999d): "Trastornos penetrantes del desarrollo. Intervención psicopedagógica", em J.-N. García (coord.), *Intervención psicopedagógica en los Trastornos del desarrollo* (capítulo 7), Madri, Pirámide.
— (1999e): "Evaluación e intervención en las funciones verbales: el lenguaje", em J.-N. Garcia (coord.), *Intervención psicopedagógica en los Trastornos del desarrollo* (capítulo 8), Madri, Pirámide.
— (2000) (coord.): *De la Psicología de la Instrucción a las Necesidades Curriculares*, Barcelona, Oikos-Tau.
— (2000a): "El marco teórico de la escritura como construcción de significado", em J.-N. García S. (coord.), *De la Psicología de la Instrucción a las Necesidades Curriculares* (p. 241-260), Barcelona, Oikos-Tau.
— (2000b)= "Estrategias de intervención en los procesos de planificación de la escritura en alumnos con dificultades de aprendizaje", em García S. (coord.), *De la psicología de la Instrucción a las Necesidades curriculares* (p. 261-282), Barcelona, Oikos-Tau.
— (2000c): "Evaluación e intervención en las funciones verbales. Lectura y escritura", em J.-N. García (coord.), *De la Psicología de la Instrucción a las Necesidades curriculares*, Barcelona, Oikos-Tau.
— (2000d); "Papel de la inteligencia en las Dificultades de Aprendizaje", *Revista de Educación*, 323, 237-262.
— (2000e); "La escritura en alumnos con dificultades de aprendizaje", *Actas del II congreso Nacional de Educación Especial. Panel de Expertos: Diversidad en el aula y Dificultades de Aprendizaje*, Universidad de Valladolid, dias 4, 5 y 6 de maio de 2000, p. 199-217.
— (2001): "Alternativas de Intervención al Modelo de Discrepancia Aptitud-Rendimiento", *Revista de Educación*, 324.
— (na imprensa): "Estrategias de Intervención en la Composición Escrita", J. A. González-Pienda e J. C. Núñez (coords.), *Estrategias de aprendizaje, estrategias de enseánza y asesoramiento psicopedagógico en la ESO*, Madri, Alianza Psicología.
García S., J.-N. e Manso, J. C. (1985): "Actitudes de los maestros hacia la integración escolar de niños con necesidades especiales", *Infancia y Aprendizaje*, 30, 51-68.
García S., J.-N.; Cantón, I. e García, M. (1990): *¿Cómo intervenir en la escuela? Guia para profesores*, Madri, Aprendizaje-Visor.
García Vega, E.; Lemos Giráldez, S.; Echeburúa, E.; Guerra, J.; Maganto, C.; Vega-Osés, A. e Neira G. D. (1998): Tres modelos de Practicum en las Universidades

Españolas: Psicología en Oviedo, Psicología Clínica en el País Vasco y Psicopedagogía en Santiago de Compostela, *Psicothema*, 11 (2), 261-278.

Garrido, C. F. e Prieto, M. D. (1997); «La mejora de los procesos de pensamiento en los alumnos con dificultades de aprendizaje», em J.-N. García (dir.) *Instrucción, Aprendizaje y Dificultades* (p. 203-230), Barcelona, LUB.

Gaskins, I, W. (1994): "Classroom Applications of Cognitive science: Teaching Poor Readers How to Learn, Think, and Problem solve", em K. McGilly (ed.), *Classroom Lessons. Integrating cognitive Theory and classroom Practice* (p. 129-154), Cambridge, Massachusetts, The MIT Press.

Gayan, J.; Smith, S. D.; Cherny, S. S.; Cardon, L. R.; Fulker, D. W.; Brower, A. M.; Olson, R. K.; Pennington, B. F. e Defries, J. C. (1999): "Quantitative-Trait Locus for specific Language and Reading Deficits on Chromosome 6p", *American Journal of Human Genetics*, 64, 157-164.

Geary, D. C. (1993): "Mathematical disabilities: Cognitive, neuropsychological, and genetic components", *Psychological Bulletin*, 114, 345-362.

Genovard, C. e Gotzens, C. (1997): *Psicología de la Instrucción*, Madri, Santillana (onginal de 1990).

Genovard, C.; Beltrán, J. e Rivas, F. (eds.) (1995): *Psicología de la Instrucción III. Nuevas Perspectivas*, Madri, Síntesis.

Genovard, C.; Castelló, A. e Gotzens, C. (1999): "La evaluación de la calidad del comportamiento docente universitario", em J. Beltrán e C. Genovard (eds.), *Psicología de la Instrucción II. Áreas curriculares* (p. 169-213) Madri, Sintesis.

Gersten, R. (1998): "Recent advances in instructional research for students with learning disabilities: An overview", *Learning Disabilities Research & Practice*, 13 (3), 161-169.

Gersten, R. e Baker, S. (1998): "Real world use of scientific concepts: Integration situated cognition with explicit instruction", *Exceptional Children*, 65 (1), 23-35.

Gersten, R. e Chard, D. (1999): "Number sense: Rethinking Arithmetic Instruction for students with Mathematical Disabilities", *The Journal of Special Education*, 33 (1), 18-28.

Ginsburg, H. P. (1997): "Mathematics Learning Disabilities: A view From Developmental Psychology", *Journal of Learning Disabilities*, 30 (1), 20-33.

Gleason, M. M. (1999): "The role of evidence in argumentative writing", *Reading & Writing Quarterly*, 15, 81-106.

Goldman, S. R.; Hasselbring, T. S. e Cognition and Technology group at Vanderbilt (1997): "Achieving Meaningful Mathematics Literacy for students with Learning Disabilities", *Journal of Learning Disabilities*, 30 (2), 198-208.

Goldstein, S. e Mather, N. (1998): *Overcoming underachieving. An action Guide to Helping your child succeed in school*, Nova York, John Wiley & Sons.

Goldstein, S. (1995a): "Learning disabilities", em s. Goldstein (ed.), *Understanding and Managing Children's Classroom Behavior* (p. 35-55), Chichester, John Wiley & Sons.

— (1995b): "Attention Deficit Hyperactivity Disorder", em s. Goldstein (ed.), *Understanding and Managing Children's Classroom Behavior* (p. 56-78), Chichesteç John Wiley & Sons.
Goleman, D. (1996): *Inteligencia emocional*, Barcelona, Kairós (orig, inglês, 1995).
Gombert, J. E. (1993): "Metacognition, Metalanguage and Metapragmatics", *International Journal of Psychology*, 28, 571-580.
Gómez G. C. (1994): "Tres propuestas útiles para mejorar la enseñanza de las matemáticas", *Infancia y Aprendizaje*, 65, 126-128.
González Cabanach, R. e Valle A. A. (1998a): "Características afectivo-motivacionales de los estudiantes con dificultades de aprendizaje", em V. Santiuste e J. Beltrán (coords.), *Dificultades de aprendizaje* (p. 261-278), Madri, Síntesis.
— (1998b): "Las atribuciones causales", em J. A. González-Pienda e J. C. Núñez (coords.), *Dificultades del aprendizaje escolar* (p. 179-196), Madri, Pirámide.
González-Pienda, J. A. (1983): *Discalculias escolares*, Madri, Editorial Universidad Complutense.
— (1996): "El estudiante: variables personales", em J. Beltrán e C. Genovard (eds.), *Psicología de la Instrucción I. Variables y procesos básicos* (p. 147-193), Madri, Síntesis.
— (1998): "Matemáticas", em V. Santiuste e J. Beltrán (coords.), *Dificultades de aprendizaje* (pp. 163-200), Madri, Síntesis.
González-Pienda, J. A, e Álvarez, L. (1998): "Dificultades específicas relacionadas con las matemáticas", em J. A. González-Pienda e J. C. Núñez (coords.), *Dificultades del aprendizaje escolar* (p. 315-340), Madri, Pirámide.
González-Pienda, J. A, e González-Pumariega, S. (1998): "Evaluación e intervención en las dificultades de aprendizaje de las matemáticas", em J. A. González-Pienda e J. C. Núñez (coords.), *Dificultades del aprendizaje escolar* (p. 341-368), Madri, Pirámide.
González-Pienda, J. A, e Martín del Buey, F. (1989): "Tratamiento de las dificultades de aprendizaje", em J. Mayor (dir.), *Manual de Educación Especial*, Madri, Anaya.
González-Pienda, J. A. e Núñez, J. C. (1997): "Determinantes personales del aprendizaje y rendimiento académico", em J. N. García (dir.), *Instrucción, aprendizaje y dificlltades* (p. 97-144), Barcelona, LUB.
— (Coords.) (1998): *Dificultades del aprendizaje escolar*, Madri, Pirâmide.
González-Pienda, J. A.; Núñez, J. C. e Garcia, M. S. (1998): "Estrategias de aprendizaje", em J. A. González-Pienda e J. C. Núñez (coords.), *Dificultades del aprendizaje escolar* (p. 127-156), Madri, Pirámide.
González-Pienda, J. A.; Núñez, J. C, e González-Pumariega, S. (2000): "Memoria y dificultades de aprendizaje", em J. N. García (coord.), *De la Psicología de la Instrucción a las Necesidades Curriculares*, Barcelona, Oikos-Tau.
González-Pienda; Núñez, J. C, e Roces, C. (2000): "Estilos de pensamiento, instrucción y evaluación", em J. N. García (coord.), *De la Psicología de la Instrucción a las Necesidades Curriculares*, Barcelona, Oikos-Tau.

González-Pienda, J. A.; Núñez, J. C.; Álvarez, L.; González-Pumariega, S. e Roces, C. (1999): "Comprensión de problemas aritméticos en alumnos con y sin éxito", *Psicothema*, 11 (3), 505-515.

González Portal, M. D. (1984): *"EDIL 1", Exploración de las Dificultades Individuales de Lectura Nível 1*, Madri, TEZ.

González-Pumariega, S. e Núñez, J. C. (1998): "Un modelo instruccional integrador y operativo. Aprendiendo a pensar trabajando estrategias", em J. A. González-Pienda e J. C. Núñez (coord.), p. 405-433.

González-Valenzuela, Mª J. (1997): *Dificultades de Aprendizaje. Una perspectiva psicoeducativa*, Málaga, Centro de Publicaciones.

González-Valenzuela, Mª J. e Romero, F. (2000): "Las dificultades en comprensión lectora", em J. N. García (coord.), *De la Psicología de la Instrucción a las Necesidades Curriculares*, Barcelona, Oikos-Tau.

Graham, S. (1997): "Executive Control in the Revising of Students with Learning and Writing Difficulties", *Journal of Educational Psychology*, 89 (2), 223-234.

— (1999a): "The role of Text Production Skills in Writing Development", *Learning Disability Quarterly*, 22 (2), 75-77.

— (1999b): "Handwriting and Spelling Instruction for Students with Learning Disabilities: A Review", *Learning Disabilities Quarterly*, 22 (2), 78-98.

Graham, S. e Harris, K. R. (1999): "Assessment and Intervention in Overcoming Writing Difficulties: An Illustration fom the Self-Regulated Strategy Development Model", *Language, speech, and Hearing services in schools*, 30, 255-264.

Graham, S.; Harris, K. R. e Troia, G. (na imprensa): "Writing and Self-Regulation: Cases From the Self-Regulated Strategy Development Model", em D. Schunk e B. Zimmerman (eds.), *Developing self-Regulated Learners: From teaching to self-reflective practices*, Nova York, Guilford.

Graham, S.; Harris, K. R.; MacArthur, C. e Schwartz, S. (1991): "Writing Instruction", em B. Wong (ed.), *Learning about Learning Disabilities* (p. 309-343), San Diego, Academic Press.

Graham, S.; MacArthur, C. e Schwartz, S. (1995): "Effects of Goal Setting and Procedural Facilitation on the Revising Behavior and Writing Performance of Students with Writing and Learning Problems", *Journal of Educational Psychology*, 87, 230-240.

Gresham, F. M, e Elliott, S. N. (1989a): "Social skills deficits as a primary learning disability", *Journal of Learning Disabilities*, 22, 120-124 (traduzido em Siglo Cero, 1989, 126, 22-41).

— (1989b): "Social skills assessment technology for LD students", *Learning Disability Quarterly*. 12, 141-152.

Gridley, B. E. e Raid, G. H. (1998): "The Use of the WISC-lllwith Achievement Tests", em A. Prifitera e D. H. Saklofske et al. (eds.), *WISC-III clinical Use and Intelpretation: scientist-Practitioner Perspectives* (249-288), San Diego, CA, Academic Press.

Griffin, C. C. e Tulbert, B. L. (1995): "The Effect of Graphic organizers on Students' Comprehension and Recall of Expository Text: A Review of the Research and Implications for Practice", *Reading & writing Quarterly: Overcoming Learning Difficulties*, 11, 73-89.

Griffin, S. A.; Case, R. e Siegler R. S. (1994): "Right start: Providing the Central Conceptual Prerequisites for First Formal Learning of Arithmetic to Students at Risk for School Failure", em K. McGilly (ed.), *Classroom Lessons. Integrating cognitive Theory and classroom Practice* (p. 25-49), Cambridge, Massachusetts, The MIT Press.

Gronna, S. S.; Jenkis, A. A. e Chin-Chance, S. A. (1998): "The Performance of Students with Disabilities in a Norm-Referenced, Statewide Standardized Testing Program", *Journal of Learning Disabilities*, 31 (5), 482-493.

Grows, D. A. (ed.) (1992): *Handbook of Research on Mathematics Teaching and Learning. A Project of the National council of Teachers of mathematics*, Nova York, MacMillan Publishing Company.

Gurganus, S. e Mastro, M. del (1998): "Mainstreaming kids with reading and writing problems: Special challenges of the mathematics classroom", *Reading & Writing Quarterly*, 14, 117-125.

Hampton, N. Z. (1998): "Sources of Academic Self-efficacy Scale: An assessment tool for rehabilitation counselors", *Rehabilitation counseling Bulletin*, 41 (4), 260-277.

Hannah, C. L. e Shore, B. M. (1995): "Metacognition and High Intellectual Ability: Insights from the Study of Learning-Disabled Gifted Students", *Gifted Child Quarterly*, 39, 95-109.

Hargis, C. H. (1995): *Curriculum Based Assessment. A Primer*, Springfield, IL, Charles C. Thomas Publisher (2.ª ed.).

Hart, B. e Risley, T. R. (1995): *Meaningful Differences in the Everyday Experience of Young American children*, Baltimore, Maryland, Paul H. Brookes Publishing.

Haywood, H. C. (1992): "Interactive Assessment: A Special Issue", *The Journal of Special Education*, 26 (3), 233-234.

Haywood, H. C.; Brown, A. C. e Wingenfeld, S. (1990): "Dynamic Approaches to Psychoeducational Assessment", *School Psychology Review*, 19 (4), 411-422.

Haywood, H. C. e Tzuriel, D. (eds.) (1992): *Interactive Assessment*, Nova York, Springer-Verlag.

Haywood, H. e Wingenfeld, S. A. (1992): "Interactive Assessment as a Research Tool", *The Journal of Special Education*, 26 (3), 253-268.

Hernández, I. e Jiménez, J. E. (2000): «Mediación fonológica y retraso lector», en J.-N. García (coord.), *De la Psicología de la Instrucción a las Necesidades curriculares*, Barcelona, Oikos-Tau.

Hillis, A. E. e Caramazza, A. (1995): "Spatially Specific Deficits in Processing graphemic Representations in Reading and Writing", *Brain and Language*, 48, 263-308.

Hishinuma, E. S. (1998): "Issues related to WAIS-R Testing Modifications for Individuals with Learning Disabilities or Attention-Deficit/Hyperactivity Disorder", *Learning Disability Quarterly*, 21, 228-240.

Hooper, S. R. (1992): "The classification of Developmental Disorders: An Overview", em S. R. Hooper, G. W. Hynd e R. E. Mattison (eds.) (1992), p. 1-22.
Hooper S. R.; Hynd, G. W. e Mattison, R. E. (eds.) (1992): *Developmental disorder: Diagnostic criteria and clinical assessment*, Hillsdale, NJ, LEA.
Hoy, C.; Gregg, N.; Wisenbaker J.; Bonham, S. S.; King, M. e Moreland, C. (1996): "Clinical Model versus Discrepancy Model in Determining Eligibility for Learning Disabilities Services at a Rehabilitation Setting", em N. Gregg, C. Hoy e A. F. Gay (eds.), *Adults with Learning Disabilities: Theoretical and practical perspectives* (p.55-67), Nova York, Guilford Press.
Huerta, E. e Matamala, A. (1984): *Programa de reeducación para dificultades en la escritura*, Madri, Aprendizaje Visor.
Hurford, D. P.; Schauf, J. D.; Bunce, L.; Blaich, T. e Moore, K. (1994a): "Early identification of children at risk for reading disabilities", *Journal of Learning Disabilities*, 27 (6), 371-382.
Hurford, D. P; Johnston, M.; Nepote, P.; Hampton, S.; Moore, S.; Neal, J.; Mueller A.; McGeorge, K.; Huff, L.; Awad, A.; Tatro, C.; Juliano, C. e Huffman, D. (1994b): "Early identification and remediation of phonological-processing deficits in first-grade children at risk for reading disabilities", *Journal of Learning Disabilities*, 27 (10), 647-659.
Huttner, M. I. S. (1994): "Neuropsychology of Language and Reading Development", em P. A. Vemon (ed.), *The Neuropsychology of Individual Differences* (p. 9-34), San Diego, Academic Press.
Inizan, A. (1976): *Cuándo enseñar a leer. Determinación del momento oportuno de la lectura y de la duración probable de este aprendizaje en el niño*, Madri, Pablo del Río Editor (prólogo de Rene Zazzo) (orig. francês 1963).
— (1980): *Método de lectura concebido, realizado y experimentado por André Inizan con la participación de un equipo de educadores. 27 frases para enseñar a leer*. Adaptado para castelhano por A. Matamala e E. Huerta (2 vols.), Madri, Pablo del Río Editor.
Isaacson, S. (1999): "Instructionally Relevant Writing Assessment", *Reading & Writing Quarterly*, 14, 29-48.
Jastak, J. F. e Jastak, S. (1984): *The Wide Range Achievement Test-Revised*, Wilmington, DE Jastak Associates.
Jiménez, J. E. (1988a): *Dificultades de aprendizaje escolar: concepto, etiología e intervención*, Universidad de la Laguna, Departamento de Psicología Educativa, Evolutiva y Psicobiología.
— (1988b): *Evaluación de modelos de intervención psicoeducativa en las dificultades de lectoescritura*, Universidad de la Laguna, Departamento de Psicología Educativa, Evolutiva y Psicobiología.
— (1999): *Psicología de las Dificultades de Aprendizaje. Una disciplina científica emergente*, Madri, Síntesis.
Jiménez, J. E. e Artiles, C. (1989): *¿Cómo prevenir y corregir las dificuitades en el aprendizaje de la lectura y escritura?*, Madri, Síntesis.

Jimémez, J. E. e Garcia Espinel, A. I. (1999): "Is IQ-Achievement discrepancy relevant in the definition of arithmetic learning disabilities?", *Learning Disability Quarterly*, 22, 291-301.
Jiménez, J. E. e Ortiz, Mª R. (1998): *Conciencia fonológica y aprendizaje de la lectura: Teoría, evaluación e intervención*, Madri, Síntesis.
— (2000): "Evaluación y mejora de la competencia social en alumnos con dificultades de aprendizaje", em J.-N. García (coord.), *De la Psicología de la Instrucción a las Necesidades Curriculares*, Barcelona, Oikos-Tau.
Jiménez, J. E. e Rodrigo, L. M. (na imprensa): "¿Es relevante el criterio de discrepancia CI-rendimiento en la definición de la dislexia?", *Revista de Psicología General y Aplicada*.
Jiménez, J. E.; Rodrigo, M.; Ortiz, M. R. e Guzmán, R. (1999): "Procedimientos de evaluación e intervención en el aprendizaje de la lectura y sus dificultades desde una perspectiva cognitiva", *Infancia y Aprendizaje*, 88, 107-122.
Jitendra, A. K.; Cole, C. L.; Hoppes, M. K. e Wildon, B. (1998): "Effects of a direct instruction main idea summarization program and self-monitoring on reading comprehension of middle school students with learning disabilities", *Reading & Writing Quarterly*, 14, 379-396.
Jitendra, A. K.; Griffin, C. C.; McGoey, K.; Gardill, M. C.; Bhat, P.; e Riley, T. (1998): "Effects of Mathematical Word Problem Solving by Students At Risk or With Mild Disabilities", *The Journal of Educational Research*, 91 (6), 345-355.
Jitendra, A. K. e Hoff, K. (1996): "The Effects of Schema-Based Instruction on the Mathematical Word-Problem-Solving Performance of Students with Learning Disabilities", *Journal of Learning Disabilities*, 29 (4), 422-431.
Jitendra, A. K. e Hoff, K. e Beck, M. M. (1999): "Teaching Middle School Students with Learning Disabilities to Solve Word Problems Using a Schema-Based Approach", *Remedial and special Education*, 20 (1), 50-64.
Jordan, N. C. (1995): "Clinical Assessment of Early Mathematics Disabilities: Adding up the Research findings", *Learning Disabilities Research & Practice*, 10 (1), 59-69.
Jordan, N. C. e Montani, O. T. (1997): "Cognitive Arithmetic and Problem Solving: A comparison of children with specific and general mathematics difficulties", *Journal of Learning Disabilities*, 30 (6), 624-634, 684.
Justicia, F (1996): "Metacognición y curriculum", em J. Beltrán e C. Genovard (eds.), *Psicología de la Instrucción I. Variables y procesos básicos* (p. 359-382), Madri, Síntesis.
Kaiser A. P; Alpert, C. L. e Warren, S. F. (1988): "Language and Communication Disorders", em P. S. Strain e M. Hersen (eds.), *Handbook of Developmental and Physical Disabilities* (p. 395-422), Nova York, Pergamon Press.
Karge, B. (1998): "Knowing what to teach: Using Authentic Assessment to improve classroom instruction", *Reading & Writing Quarterly*, 14, 319-331.
Kauffman, J. M.; Hallahan, D. P. e LLoyd, J. W. (1998): "Politics, Science, and the future of Learning Disabilities", *Learning Disability Quarterly*, 21, 276-280.

Kavale, K A. (1995): "Setting the Record Straight on Learning Disability and Low Achievement: The Tortuous Path of Ideology", *Learning Disabilities Research & Practice*, 10 (3), 145-152.

Kavale, K. A.; Fuchs, D. e Scruggs, T. E. (1994): "Setting the Record Straight on Learning Disability and Low Achievement: Implications for Policymaking", *Learning Disabilities Research & Practice*, 9 (2), 70-77.

Kay, P. J.; Fitzgerald, M.; Paradee, C. e Mellencamp, A. (1994): "Making Homework work at Home: The Parent's Perspective", *Journal of Learning Disabilities*, 27, 550-561.

Keller, C. E. e Sutton, J. P. (1991): "Specific mathematics disorders", em J. E. Obrzut e G. W. Hynd (eds.), p. 549-572.

Keogh, B. K. e Benheimer, L. P. (1995): "Etiologic Conditions as Predictors of children's Problems and Competencies in Elementary School", *Journal of Child Neurology*, 10, 100-105.

Kellogg, R. T. (1994): *The Psychology of Writing*, Nova York, Oxford University Press.

Keogh, B. K (1994): "A Matrix of Decision Points in the Measurement of Learning Disabilities", em G. R. Lyon (ed.), *Frames of reference for the assessment of Learning disabilities: New views on measurement issues* (p. 15-26), Baltimore, MD, Paul, H. Brookes Publishing.

Kirby J. R. (1991): "Rethinking Learning Disability", *Developmental Disabilities Bulletin*, 19 (2), 1-11.

Klingner J. K.; Vaughn, S.; Hughes, M. T.; Schumm, J. S, e Elbaum, B. (1998): "Outcomes for students with ad without learning disabilities in inclusive classrooms", *Learning Disabilities Research & Practice*, 13 (3), 153- 161.

Knopik, V. S.; Alarcón, M. e Defries, J. C. (1997): "Comorbidity of Mathematics and Reading Deficits: Evidence for a Genetic Etiology", *Behavior Genetics*, 27 (5), 447-453.

Kovach, K. (1999): *A collection of the best learning strategies on earth* (2ª ed.), Edmonton, University of Alberta.

Labrador, F. J.; Cruzado, J. A, e Múñoz, M. (eds.) (1993): *Manual de técnicas de modificación y terapia de conducta*, Madri, Pirámide.

Lacasa, P (1996): "¿Juicio al "lenguaje integrado"?: algunas razones para su defensa", *Cultura y Educación*, 1, 55-67.

Lago, M. O. e Rodríguez, P (1999): "Procesos psicológicos implicados en el aprendizaje de las matemáticas", em J. Beitrán e C. Genovard (eds.), *Psicología de la Instrucción II. Áreas Curriculares* (p. 75-96), Madri, Síntesis.

Lancioni, G. E. (1994): "Procedures for Promoting Independent Activity in People with Severe and Profound Learning Disability: A Brief Review", *Mental Handicap Research*, 7, 237-256.

Leal, A. (1979): "La representación gráfica de los sonidos y el paso del símbolo al signo", *Infancia y Aprendizaje*, 6, 14-44.

Lester G. e Kelman, M. (1997): "State Disparities in the Diagnosis and Placement of Pupils with Learning Disabilities", *Journal of Learning Disabilities*, 30 (6), 599-607.

Levine, P. e Edgar, E. (1995): "An Analysis by Gender of Long-Term Post school Outcomes for Youth with and Without Disabilities", *Exceptional children*, 61, 282-300.
Lewis, A. (1995): "View of Schooling Held by Children Attending Schools for Pupils with Moderate Learning Difficulties", International Journal of Disability Development and Education, 42, 57-73.
Lewis, M. e Wray D. (1993): "'…and I want it in your own words' Helping children write non-fiction texts", The Exeter Extending Literacy Project (Working Paper 4), 1-17.
Lewis, M.; Wray D. e Rospigliosi, P. (1994): "Making Reading for Information more Accessible to Children with Learning Difficulties", *Support for Learning*, 9, 155-161, Anexo (Working Paper 5).
Light, J. G. e Defries, J. C. (1995): "Comorbidity of reading and mathematical disabilities: genetic and environmental etiologies", *Journal of Learning Disabilities*, 28, 96-106.
López Puig, A. (1997): *Fracaso escolar en el aprendizaje de las matemáticas*, Cádiz, Servicio de Publicaciones de la Universidad.
López Soler, C. e García Sevilla, J. (1997): *Problemas de atención en el niño*, Madri, Pirámide.
Lucangeli, D. e Cornoldi, C. (1997): "Mathematics and Metacognition: What is the nature of the relationship?", 3 (2), 121-139.
— (1997): "Mathematics and Metacognition: What is the nature of the relationship?", *Mathematical Cognition*, 3 (2), 121-139.
Lucangeli, D.; Cornoldi, C. e Tellarini, M. (1998a): "Metacognition and Learning Disabilities in Mathematics", *Advances in Learning and Behavioral Disabilities*, 12, 219-244.
Lucangeli, D.; Galderisi, D. e Cornoldi, C. (1995): "Specific and General Transfer Effects Following Metamemory Training", *Learning Disabilities Research & Practice*, 10, 11-21.
Lucangeli, D.; Tressoldi, P. E. e Cendrom, M. (1998b): "Cognitive and Metacognitive Abilities Involved in the Solution of Mathematical Word Problems: Validation of a Comprehensive Model", *Contemporary Educational Psychology*, 23, 257-275.
Luria, A. R. (1983): *Las funciones psíquicas superiores y su organización cerebral*. Barcelona, Fontanella (orig. russo, 1969).
Lyon, G. R. (1995): "Toward a definition of dyslexia", *Annals of Dyslexia*, 45, 3-27.
— (1995b): "Researches Initiatives in Learning Disabilities: Contributions from Scientists Supported by the National Institute of Child Health and Human Development", *Journal of Child Neurology*, 10, S120-126.
Lyon, M. A. (1995): "A Comparison between WISC-III and WISC-R scores for Learning Disabilities Reevaluations", *Journal of Learning Disabilities*, 28 (4), 253-255.
Lyytinen, P.; Rasku-Puttonen, H.; Ahonen, T.; Poikkeus, A. M. e Laadso, M. L. (1995): "Task-Related Variation in Communication of Mothers and their Sons with Learning Disability", *European Journal of Psychology of Education*, 10, 3-12.

MacArthur, C. A. (1998): "Word processing with speech synthesis and word prediction: Effects on the dialogue Journal writing of students with learning disabilities", *Learning Disability Quarterly*, 21, 151-166.
— (1999a): "Word Prediction for Students with Severe Spelling Problems", Learning Disability Quarterly 22 (3), 158-172.
— (1999b): "Overcoming barriers to writing: Computer support for basic writing skills", *Reading & Writing Quarterly*, 15, 169-192.
MacArthur, C. A. e Haynes, J. B. (1995): "Student Assistant for Learning from Text (SALT): A Hypermedia Reading Aid", *Journal of Learning Disabilities*, 28, 150-159.
MacArthur C. A.; Schwartz, S. C.; Graham, S.; Molloyd, D. e Harris, K. (1996): "Integration of Strategy Instruction into Whole Language Classroom: A Case Study", *Learning Disabilities Research & Practice*, 11(3), 168-176.
Mahoney, G.; Spiker, D. e Boyce, G. (1996): "Clinical Assessment of Parent-Child Interaction: Are Professionals Ready to Implement this Practice?", *Topics in Early Childhood Special Education*, 16, 26-50.
Maldonado, A.; Sebastián, E. e Soto, P. (1992): *Retraso en lectura: Evaluación y tratamiento educativo*, Madri, Ediciones de la Universidad Autónoma de Madri.
Marchesi, A. e Martín, E. (1998): *Calidad de la enseñanza en tiempos de cambio*, Madri, Alianza Editorial.
Marchesi, A.; Coll, C. e Palacios, J. (1990; 1999): *Desarrollo psicológico y educación, III. Necesidades educativas especiales y aprendizaje escolar*, Madri, Alianza Psicología.
Margalit, M. (na imprensa): "Resilient children with learning disabilities", em G. Opp; M. Fingerle e A. Freytag (eds.), *Was kinder starkt-erziehung zwischen risiko un resilienz*, Munchen, Erns Reinhardt Verlag.
Margalit, M. e Levin-Alyagon, M. (1994): "Learning Disability Subtyping, Loneliness, and Classroom Adjustment", *Learning Disability Quarterly*, 17, 297-310.
Marks, S. U. e Gersten, R. (1998): "Engagement and disengagement between special and general educators: An application of Miles and Huberman's cross-case analysis", *Learning Disability Quarterly*, 21 (1), 34-56.
Mather N. (1993): "Critical Issues in the Diagnosis of Learning Disabilities addressed by the Woodcock-Johnson Psycho-Educational Battery-Revised", em B. A. Bracken e R. S. McCallum (eds.), *Woodcock-Johnson Psycho-Educational Battery-Revised. Journal of Psycho-Educational Assessment. Advances in psycho-educational assessment* (103-122), Brandon, VT, Clinical Psychology Publishing Co.
Mather, N. (1998): "Dr. Samuel A. Kirk: The Complete Professor", *Learning Disabilities Research & Practice*, 13 (1), 35-42.
Mather N. e Roberts, R. (1995): *Informal Assessment and Instruction in Written Language. A Practitioner's Guide for Students with Learning Disabilities*, Chichester, John Wiley & Sons.
— (1995): *Informal Assessment and Instruction in Written Language. A Practitioner's Guide for Students with Learning Disabilities*, Chichesten John Wiley & Sons.

Mayes, S. D.; Calhoun, S. L. e Crowell, E. W. (1998): "WISC-III profiles for children with and without learning disabilities", *Psychology in the Schools*, 35 (4), 309-316.
Maza, C. (1991a): *Enseñanza de la suma y de la resta*, Madri, Síntesis.
— (1991b): *Multiplicar y dividir a través de la resolución de problemas*, Madri, Visor.
— (1995): *Aritmética y representación. De la comprensión del texto al uso de materiales*, Barcelona, Paidós.
McDonald, J. L. (1997): "Language Acquisition: The Acquisition of Linguistic Structure in Normal and Special Populations", *Annual Review of Psychology*, 48, 215-241.
McGill, P. e Mansell, J. (1995): "Community placements for people with severe and profound learning disabilities and serious challenging behavior: Individual illustrations of issues and problems", *Journal of Mental Health*, 4, 183-198.
McGrew, K. S.; Keith, T. Z.; Flanagan, D. P. e Vanderwood, M. (1997): "Beyond g: The impact of Gf-Gc specific cognitive abilities research on the future use and interpretation of intelligence tests in the schools", *School Psychology Review*, 26 (2), 189-210.
McGuire, J. (1998): "Educational Accommodations: A University Administrator's View", em M. Gordon e S. Keiser (eds.), *Accommodation in higher education under the American with Disabilities Act (ADA): A no-nonsense guide for clinicians, educators, lawyers, and administrators* (pp. 20-45), Nova York: Guilford Publications.
McKinney, J. D. (1989): "Longitudinal research on the behavioral characteristics of children with learning disabilities", *Journal of Learning Disabilities*, 22, 141-150, 165.
McKinney J. D, e Speece, D. L. (1986): «Academic consequences and longitudinal stability of behavioral subtypes of learning disabled children», *Journal of Educational Psychology*, 78, 369-372.
McLane, J. B, e McNamee, G. D. (1999): *Alfabetización temprana*, Madri, Morata.
Meichenbaum, J. (1981): "Entrenar a niños impulsivos a hablarse a sí mismos: un método para desarrollar el autocontrol", em A. Ellis (ed.), *Manual de terapia racional-emotiva*, Bilbao, DDB.
Meltzer, L. J. (1994): "Assessment of Learning Disabilities. The Challenge of Evaluating the Cognitive Strategies and Processes Underlying Learning", em G. R. Lyon (ed.), *Frames of Reference for the Assessment of Learning Disabilities* (p. 571-606), Baltimore, MD, Paul H. Brookes Publishing.
Méndez, X. e Macià, D. (dir.) (1990): *Modificación de conducta con niños y adolescentes. Libro de casos*, Madri, Pirámide.
Mercer, C. D.; Jordan, L. A.; Allsopp, D. H. e Mercer, A. R. (1996): "Learning Disabilities Definitions and Criteria used by State Education Departments", *Learning Disability Quarterly*, 19, 217-232.
Mialaret, G. (1977): *Las matemáticas: cómo se enseñan, cómo se aprenden*, Madri, Pablo del Río Editor.

Milich, R. e Okazaki, M. (1991): "An examination of learned helplessness among attention deficit hyperactivity disordered boys", *Journal of Abnormal child Psychology*, 19, 607-623.

Miller K. F. (1994): "U.S.-China differences in mathematical development: Preschool origins", *Paper presented to the Annual Meeting of the American Educational Research Association*, New Orleans, LA, abril de 1994 (p. 1-17 do manuscrito).

Miller, S. P, e Mercer, C. D. (1997): «Educational aspects of mathematics disabilities», *Journal of Learning Disabilities*, 30 (1), 47-56.

Minskoff, E. H. (1998): "Sam Kirk: The man who made special education special", *Learning Disabilities Research & Practice*, 13 (1), 15-21.

Miranda Casas, A. (1988): *Dificultades en el aprendizaje de la lectura, escritura y cálculo*, Valencia, Promolibro.

— (1996): *Introducción a las dificultados en el aprendizaje*, Valencia, Promolibro (2ª ed.) (1ª ed. em 1986).

Miranda Casas, A.; Arlandis, P. e Soriano, M. (1997): "Instrucción en estrategias y entrenamiento atribucional: efectos sobre la resolución de problemas y el autoconcepto de los estudiantes con dificultades de aprendizaje", *Infancia y Aprendizaje*, 80, 37-52.

Miranda Casas, A.; Fortes, C. e Gil, Mª D. Gil (1998): *Dificultades del aprendizaje de las matemáticas. Un enfoque evolutivo*, Archidona (Málaga), Aljibe.

Miranda Casas, A. e Presentación, Mª J. (1997): "Intervención psicoeducativa con los alumnos inatentos, impulsivos e hiperactivos y dificultades de aprendizaje", em J. N. García (dir), *Instrucción, Aprendizaje y Dificultades* (p. 317-352), Barcelona, LUB.

Miranda Casas, A. e Santamaría Mari, M. (1986): *Hiperactividad y dificultades de aprendizaje. Análisis y técnicas de recuperación*, Valencia, Promolibro.

Miranda Casas, A.; Presentación Mª J. e Jarque, S. (1999): "La intervención con estudiantes con TDAH: Hacia un enfoque contextualizado y multidisciplinar", em J. N. Garcia (coord.), *Intervención psicopedagógica en los trastornos del desarrollo* (capítulo 16), Madri, Pirâmide.

Miranda Casas, A.; Vidal-Abarca Gámez, E. e Soriano Ferrer, M. (2000): *Evaluación e Intervención Psicopedagógica en Dificultades de Aprendizaje*, Madri, Pirámide.

Miras, M. (2000): "La escritura reflexiva. Aprender a escribir y aprender acerca de lo que se escribe", *Infancia y Aprendizaje. Journal for the Study of Education and Development*, 89, 65-80.

Molina, S. (1997): "Estrategias cognitivas y dificultades de aprendizaje: lineamientos básicos de un modelo de intervención psicopedagógica", em J. N. García (dir.), *Instrucción, aprendizaje y dificultades* (p. 145-171), Barcelona, LUB.

Molina Gª, S. (1997a): "Estrategias cognitivas y dificultades de aprendizaje: lineamientos básicos de un modelo de intervención psicopedagógica", em J. N. García (dir.), *Instrucción, aprendizaje y dificultados* (p. 145-171), Barcelona, LUB.

— (1997b): *El fracaso en el aprendizaje escolar (I). Dificultados globales de tipo adaptativo*, Archidona (Málaga), Aljibe.

Molina, Gª, S.; Arraiz, A. e Berenguer, M. J. (1990): *Recursos para la elaboración de adaptaciones curriculares individualizarias*, Alcoy, Marfil.
Molina, Gª, S. e García, E. (1984): *El éxito y el fracaso escolar en la E.G.B.*, Barcelona, Laia.
Molina, Gª, S.; Sinués Longares, A.; Deaño Deaño, M.; Puyuelo Sanclemente, M. e Bruna Rabassa, O. (1998): *El fracaso en el aprendizaje escolar (II). Dificultades específicas de tipo neuropsicoiógico. Dislexia. Disgrafía. Discalculia. Disfasia*, Archidona (Málaga), Aljibe.
— (1982): "Orientación y consejo en el domínio del aprendizaje del cálculo", em C. Genovard (coord.), *Consejo y Orientación Psicológica*, vol. 2 (p. 93-J10), Madri, UNED.
Monereo, C. (1984): *Dificultades de aprendizaje escolar Una perspectiva neuropsicológica*, Madri, Pirámide.
Monereo, C. e Castelló, M. (1997): *Las estrategias de aprendizaje. Como incorporarlas a la práctica educativa*, Barcelona, Edebé.
Monereo, C.; Castelló, M.; Clariana, M.; Palma, M. e Pérez, M. L. (1994): *Estrategias de enseñanza y aprendizaje. Formación del profesorado y aplicación en la escuela*, Barcelona, Graó.
Montague, M. (1997): "Cognitive strategy Instruction in Mathematics for students with Learning Disabilities", *Journal of Learning Disabilities*, 30, 2, 164-177.
Montané Capdevilla, J. (1982a): "Orientación y consejo psicopedagógico en el domínio del aprendizaje de la lectura. Aspectos explicativos", em C. Genovard (coord.), *Consejo y Orientación Psicológica*, vol. 2 (p. 147-165), Madri, UNED.
— (1982b): "Orientación y consejo psicopedagógico en el domínio del aprendizaje de la lectura. Aspectos aplicados", em C. Genovard (coord.), *Consejo y Orientación Psicológica*, vol. 2 (p. 167-194), Madri, UNED.
— (1982c): "Orientación y consejo psicopedagógico en el dominio del aprendizaje de la escritura. Aspectos aplicados", em C. Genovard (coord.), *Consejo y Orientación Psicológica*, vol. 2 (p. 195-208), Madri, UNED.
— (1982d): "Orientación y consejo psicopedagógico en el domínio del aprendizaje de la escritura. Aspectos aplicados, em C. Genovard (coord.), *Consejo y Orientación Psicológica*, vol. 2 (p. 209-248), Madri, UNED.
Montgomery, J. K. (1998): "Assessing talking and writing: Linguistic competence for students at risk", *Reading & Writing Quarterly*, 14, 243-261.
Moon, S. M. e Dillon, D. R. (1995): "Multiple Exceptionalities: A Case Study", *Journal for the Education of the Gifted*, 18, 11 1-130.
Morris, R. D. e Walter, L. W. (1991): "Subtypes of arithmetic-disabled adults: validating childhood findings", em B. P. Rourke (ed.), p. 330-346.
Morrison, S. R., e Siegel, L. S. (1991): "Learning disabilities: A critical review of definitional and assessment issues", em J. E. Obrzut e G. W. Hynd (dir.) (p. 79-98).
Munson, L. J. e Olson, S. L. (1996): "Review of Rating Scales that Measure Parent-Infant Interaction", *Topics in Early Childhood Special Education*, 16, 1-25.

Murphy, D. A.; Pelham, W. E. e Lang, A. R. (1992): "Aggression in boys with attention deficit hyperactivity disorder: Methylphenidate effects on naturalistically observed aggression, response to provocation, and social information processing", *Journal of Abnormal Child Psychology*, 20, 451-466.

Mussen, P. H.; Conger, J. J.; Kagan, J. e Houston, A. C. (1990): *Child Development and Personality*, 7ª ed., Nova York, Harper & Row.

Myles, B. S.; Simpson, R. L. e Becker, J. (1995): "An Analysis of characteristics of Students Diagnosed with Higher-Functioning Autistic Disorder", *Exceptionality*, 5, 19-30.

Naglieri, J. A. e Das, J. P. (1997): "Intelligence Revisited: The Planning. Attention, Simultaneous, Successive (PASS) Cognitive Processing Theory", em R. Dillon (ed.), *Handbook on testing* (p. 136-163), Greenwood Press.

Naglieri, J. A. e Gottling, S. H. (1997): "Mathematics Instruction and PASS Cognitive Processes: An Intervention Study", *Journal of Learning Disabilities*, 30 (5), 513-520.

Nathan, P. E. e Langenbucher, J. W. (1999): "Psychopathology: Description and classification", *Annual Review of Psychology*, 50, 79- 107.

National Joint Committee on Learning Disabilities (1988): "In-service programs in learning disabilities", *Journal of Learning Disabilities*, 21, 53-55.

— (1998a): "Learning disabilities: Preservice preparation of general and special education teachers", *Learning Disability Quarterly*, 21, 182- 186.

— (1998b): "Operationalizing the NJCLD definition of learning disabilities for ongoing assessment in schools. In memory of Samuel A. Kirk, one of the fathers of special education to whom we all owe so much", *Learning Disability Quarterly* 21, 186-193.

Niemi, P. e Tiuraniemi, J. (1995): "Tests Guide the School Psychologist, not the Learning Problem?", *Scandinavian Journal of Educational Research*, 39 (2), 99-106.

Nisbet, J. e Shucksmith, J. (1987): *Estrategias de aprendizaje*, Madri, Santillana.

Njiokiktjien, C. (1993): "Neurological Arguments for a Joint Developmental Dysphasia-Dyslexia Syndrome", em A. M. Galaburda (ed.) *Dyslexia and Development. Neurological Aspects of Extra-Ordinary Brains* (p. 205-236, 344-350), Cambridge, Massachusetts, Harvard University Press.

— (1994). "Dyslexia: a neuroscientific puzzle", *Acta Paedopsychiatrica*, 56, 157-167.

Núñez, J. C. e González-Pumariega, S. (1998): "Intervención sobre los déficits afectivos y motivacionales en alumnos con dificultades de aprendizaje", em V. Santiuste e J. Beltrán (coord.), *Dificultades de aprendizaje* (p. 279 308), Madri, Síntesis.

— (1998): "Modelos generales de intervención en las dificultades de aprendizaje", em J. A. González-Pienda e J. C. Núñez (coord.), p. 369-404.

Núñez, J. C. e González-Pienda, J. A. (1994): *Determinantes del rendimiento académico. Variables cognitivo-motivacionales, atribucionales, uso de estrategias y autoconcepto*, Oviedo, Centro de Publicaciones de la Universidad.

Núñez, J. C.; González-Pienda, J. A. e Álvarez, L. (2000): "Motivación, metacognición y dificultades de aprendizaje", em J. N. García (coord.), *De la Psicologia de la Instrucción a las Necesidades Curriculares*, Barcelona, Oikos-Tau.
Núñez, J. C.; González-Pienda, J. A.; García, M.; González-Pumariega, S. e Garcia, S. I. (1998a): "Estrategias de aprendizaje en estudiantes de 10 a 14 años y su relación con los procesos de atribución causal el autoconcepto y las metas de estudio", *Estudios de Psicología* (59), 65-85.
Núñez, J. C.; González-Pienda, J. A.; García, M.; González-Pumariega, S.; Roces, C.; Álvarez, L. González Tomes, A. C. (1998b): "Estrategias de aprendizaje, autoconcepto y rendimiento académico", *Psicothema*, 10 (1), 97-109.
Núñez, J. C.; González-Pienda, J. A.; García, M.; González-Pumariega, S. e García, G. A. (1998): "Autoconcepto y dificultades de aprendizaje", em J. A. Gonzáiez-Pienda e J. C. Núñez (coord.) *Dificultades del aprendizaje escolar* (p. 215-238), Madri, Pirámide.
Núñez, J. C.; González-Pienda, J. A. e González-Pumariega, S. (1995): "Autoconcepto en niños con y sin dificultades de aprendizaje", *Psicothema*, 7 (3), 587-604.
O'Hara, J. e Sperling, A. (1997): *Adults with Learning Disabilities. A practical approach for health professionals*, Chichester, John Wiley & Sons.
Obrzut, J. E. e Hynd, G. W (eds.) (1991): *Neuropsychological foundations of learning disabilities: A handbook of issues, methods, and practice*, San Diego, CA, Academic Press.
Orrantia, R. J. (1997): "Les dificultats de l'aprenentatge de les matemàtiques", em E. Sánchez (coord.), *Dificultats de l'aprenentatge*, Barcelona, Universitat Oberta de Catalunya.
Palomo, M. P. (1997): "Ajuste psicológico de niños y adolescentes con una condición crónica de salud en el contexto escolar", em J. N. García (dir.), *Instrucción, Aprendizaje y Dificultades* (p. 411-440), Barcelona, Librería Universitaria de Barcelona.
Paz, S. de la (1999): Composing via Dictation and Speech Recognition Systems: Compensatory Technology for Students with Learning Disabilities, *Learning Disability Quarterly*, 22 (3), 173-182.
Pennington, B. F. (1995): "Genetics of learning disabilities", *Journal of Child Neurology*, 10, s69-s77.
Pérez, L.; Bados, A. e Beltrán, J. (1998): *La aventura de aprender a pensar y a resolver problemas*, 2 vols., Madri, Síntesis.
Perfetti, C. A. (1995): "Cognitive research can inform reading education", *Journal of Research in Reading*, 18 (2), 106-115.
Peverly, S. T. e Kitzen, K. R. (1998): "Curriculum-Based Assessment of Reading Skills: Considerations and Caveats for School Psychologists", *Psychology in the schools*, 35 (1), 29-47.
Phelps, L. A. (1996): "Discriminative validity of the WRAML with ADHD and LD children", *Psychology in the schools*, 33, 5-12.

Philips, W. A. e Goddall, W. C. (1995): "Lexical Writing can be Non-semantic and it can be Fluent without Practice", *Cognitive Neuropsychology*, 12, 149-174.
Piaget, J. e Inhelder, B. (1941): *Le dévelopmet des quantities chez l'enfat*, Neuchâtel, Delachaux & Niestlé.
Piaget, J. e Szeminska, A. (1941): *La genése du nombre chez l'enfat*, Paris, P.U.F.
Pomplum, M. (1996): "Cooperative groups: Alternative Assessment for students with disabilities?", *The Journal of Special Education*, 30 (1), 1-17.
Portellano Pérez, J. A. (1983): *La disgrafía. Concepto, diagnóstico y tratamiento de los trastornos de escritura*, Madri, CEPE.
Presentación, Mª J. (1996): "Efectos del entrenamiento en autocontrol en escolares con trastornos por déficit de atención con hiperactividad, agresivos y no agresivos", tese de doutorado inédita, Universidad de Valencia.
Presentación, Mª J.; Miranda, A. e Amado, L. (1999): "Trastorno por déficit de atención con hiperactividad: avances en torno a su conceptualización", em J. N. García (coord.), *Intervención Psicopedagógica en los Trastornos del Desarrollo* (p. 287-302), Madri, Pirámide.
Prieto S, Mª D. (1993): "La enseñanza de las matemáticas como solución de problemas", em J. Beltrán et al. (eds.), p. 186-208.
— (1995): "Hacia una escuela centrada en el desarrollo del pensamiento", em C. Genovard, J. Beltrán e F. Rivas (eds.), p. 173-194.
— (1998): "Procesos de razonamiento y dificultades de aprendizaje", em V. Santiuste e J. Beltrán (coord.), *Dificultades de aprendizaje* (p. 241-260), Madri, Síntesis.
Prieto, S., Mª D, e Pérez, S. L. (1993): *Programas para la mejora de la inteligencia. Teoria, aplicación y evaluación*, Madri, Síntesis.
Prifitera, A. e Dersh, J. (1993): "Base rates of WISC-III diagnostic subtest patterns among normal, Learning disabled, and ADHD samples", em B. A. Bracken e R. S. McCalum (eds.), *Wechsler Intelligence Scale for Children: Third edition. Journal of Psychoeducational Assessment. Advances in psychoeducational assessment* (p. 43-55), Brandon, VT, Clinical Psychology Publishing Co, Inc.
Räsänen, P, e Ahonen, T. (1995): "Arithmetic disabilities with and without reading difficulties: A comparison of arithmetic errors", *Developmental Neuropsychology*, 11 (3), 275-295.
Raskind, M. H.; Goldberg, R. J.; Higgins, E. L. e Herman, K. L. (1999): "Patterns of change and predictors of success in individuals with learning disabilities: Results from twenty-year longitudinal study", *Learning Disabilities Research & Practice*, 14 (1), 35-49.
Reid, G. (1998): *Dyslexia. A Practitioner's Handbook*, Chichester John Wiley & Sons.
Reid, K. D.; Helwick, G.; Fahey, K. R.; Leamon, M. M. (1999): "La colaboración en el aula como medio de ayuda a los alumnos con problemas de lenguaje", em J. N. García (dir.), *Intervención Psicopedagógica en los Trastornos del Desarrollo* (p. 208-240), Madri, Pirâmide.
Renau Mª D. (1998): *¿Otra psicología en la escuela? Un enfoque institucional y comunitario*, Barcelona, Paidós.

Rivas M. F. (1984): "Las deficiencias en el aprendizaje", em J. Beltrán (clir.), *Psicología educacional*, vol. 2 (p. 541-553), Madri, UNED.
Rivas, F e Descals, A. (2000): "Modelos de instrucción universitaria: Revisión y aportaciones", em J. N. García (clir.), *De la Psicoiogía de la Instrucción a las Necesidades Curriculares*, Barcelona, Oikos-Tau.
Rivera, A. (1999): "Procesos cognitivos implicados en las ciencias sociales", em J. Beltrán e C. Genovarcl (ecls.), *Psicología de la Instrucción II. Áreas Curriculares* (p. 25-42), Madri, Síntesis.
Rivera, D. P. (1997): "Mathematics education and students with learning disabilities: Introduction to the special series", *Journal of Learning Disabilities*, 30 (1), 2-19, 68.
Rivera, D. P.; Smith, G.; Goodwin, M. W. e Bryant, B. R. (1998): "Mathematical word problem solving: A synthesis of intervention research for students with learning disabilities", *Advances in Learning and Behavior of Disabilities*, 12, 245-285.
Rivière, A. (1990): "Problemas y dificultades en el aprenclizaje de las matemáticas: Una perspectiva cognitiva", em A. Marchesi, C. Coll e J. Palacios (1990), p. 155-182.
Roces, M. C. e González, T., M. C. (1998): "Capacidad de autorregulación del proceso de aprendizaje", em J. A. González-Pienda e J. C. Núñez (coorcl.), *Dificultades del aprendizaje escolar*, (p. 239-262), Madri, Pirámide.
Romero, F. (1993): *Dificultades en el aprendizaje: Desarrollo histórico, modelos, teorias y definiciones*, Valencia, Promolibro (2ª ed.).
Romero, J. F. e González, Mª J. (2000): "Dificultades en el aprendizaje de la lectura", em J. N. Garcia (coorcl.), *De la Psicología de la Instrucción a las Necesidades Curriculares*, Barcelona, Oikos-Tau.
Rose, J. C.; Linclon, A. L. e Allen, M. H. (1992): "Ability Profiles of Developmental Language Disordered and Learning Disabled Children: A Comparative Analysis", *Developmental Neuropsychology*, 8 (4), 413-426.
Ross, R. P (1995): "Impact on Psychologists of State Guidelines for Evaluating Underachievement", *Learning Disability Quarterly*, 18, 43-56.
— (ed.) (1985): Neuropsychology of learning disabilities: Essentials of subtype analysis, Nova York, Guilford Press.
Rourke, B. P (1988): "The syndrome of nonverbal learning disabilities: Developmental manifestations in neurological disease, disorder and dysfunction", American Pshychological Association Division 40: Presidential Address (1988, Atlanta, Georgia), *Clinical Neuropsychologist*, 2, 293-330.
— (1989): Nonverbal learning disabilities: The syndrome and the model, Nova York, Guilford Press.
— (1993): "Arithmetic disabilities, specific and otherwise: A neuropsychological Perspective", *Journal of Learning Disabilities*, 26, 214-226.
— (ed.) (1996): Syndrome of nonverbal learning disabilities: Neurodevelopmental manifestations, Nova York, Guilford.
Rourke, B. P. e Fuerst, D. E. (1996): "Psychosocial dimensions of learning disability subtypes", *Assessment*, 3, 277-290.

Rourke, B. P. e Tsatsanis, K. D. (1996): "Syndrome of nonverbal learning disabilities: Psycholinguistic assets and deficits", *Topics in Language Disorders*, 16, 30-44.
Royer, J. M. e Tronsky, L. N. (1998): "Addition practice with math disabled students improves subtraction and multiplication performance", *Advances in Learning and Behavioral Disabilities*, 12, 185-217.
Rueda, M. (1995): *La lectura: Adquisición, Dificultades e Intervención*, Salamanca, Amarú.
— (1998): *Método interactivo de enseñanza de la lectura* (CD-Rom e Disquete), Badajoz: Fundación para el desarrollo de la Ciencia y la Tecnología de Extremadura (Fundecyt).
Rustin, L. e Kuhr, A. (1989): *Social skills and the speech impaired*, Londres, Taylor & Francis.
Saap, G. L.; Abbott, G. e Hinckley, R. (1997): "Examination of the validity of the WISC-III with urban exceptional students", *Psychological Reports*, 81, 1163-1168.
Salaberría, K.; Echeburúa, E. e Amor, P. (1999): "Evaluación y tratamiento de los trastornos de ansiedad en la infancia", em J. N. García (coord.), *Intervención psicopedagógica en los trastornos del desarrollo* (cap. 18), Madri, Pirámide.
Sánchez-Miguel, E. (1996): "El todo y las partes: una crítica a las propuestas del lenguaje integrado", *Cultura y Educación*, 1, 39-54.
— (1997): "Las dificultades en el aprendizaje de la lectura: un enfoque cognitivo", em García S., J. N. (dir), *Instrucción, Aprendizaje y Dificultades* (p. 353-382), Barcelona, Librería Universitaria de Barcelona.
— (coord.) (1997): Dificultats de l'aprenentatge, Barcelona, Universitat Oberta de Catalunya.
— (1998): *Comprensión y redacción de textos. Dificultades y ayudas*, Barcelona, Edebé.
Sánchez-Miguel, E. e Cuetos, F. (1998): "Dificultades en la lectoescritura: naturaleza del problema", em J. A. González-Pienda e J. C. Núñez (coord.), *Dificultades del Aprendizaje Escolar* (p. 263-287), Madri, Pirámide.
Santacreu, J. (1990): "Tratamiento de la tartamudez en la infancia", em F. x. Méndez e D. Maciá A. (eds.), pp. 404-424.
Santacreu, J. e Froján, M. X. (1993): *La tartamudez. Guía de prevención y tratamiento infantil*, Madri, Pirámide.
Santiuste, V. (1998): "Lenguaje y dificultades de aprendizaje", em V. Santiuste e J. Beltrán (coords.), *Dificultades de aprendizaje* (p. 99-120), Madri, Síntesis.
Santiuste, V. e Beltrán, J. (dir 1998): *Dificultades de aprendizaje*, Madri, Síntesis.
Schoenfeld, A. H. (eds.) (1994): *Mathematical thinking and problem solving*, Hillsdale, NJ, LEA.
Schopler, E. e G. B. Mesibov (1995): *Learning and Cognition in Autism*, Nova York, Plenum Publishing.
Sschuerholz, L. J.; Harris, E. L.; Baumgardner, T. L.; Reiss, A. L.; Freund, L. S.; Church, R. P.; Mohr J. e Denckla, M. B. (1995): "An analysis of two discrepan-

cy-based models and processing-deficit approach in identifying learning disabilities", *Journal of Learning Disabilities*, 28 (1), 18-29.
Schunk, D. H. (1998): "Teaching elementary students to self-regulate practice of mathematical skills with modeling", em D. H. Schunk e B. J. Zimmerman (eds.), *Self-regulated learning: From teaching lo self-reflective practice* (p. 137-159), Nova York, The Guilford Press.
Schwartz, S. (1993): "Phonological processing in Learning Disabled Adolescents", em R. M. Joshi e C. K. Leong (eds.), *Reading Disabilities: Diagnosis and Component Processes* (p. 213-223), Dordrecht, Kluwer Academic Publishers.
Schunk, D. H. e Zimmerman, B. J. (1998): "Conclusions and future directions for academic interventions", em D. H. Schunk e B. J. Zimmerman (eds.), *Self-regulated learning: From teaching lo self-reflective practice* (p. 225-235), Nova York, The Guilford Press.
Scott, M. S.; Deuel, L.-L. S.; Urbano, R. C.; Fletcher, K. L, e Torres, C. (1998c): "Evaluating the initial version of a new Cognitive Screening Test", *Education and Training in Mental Retardation and Developmental Disabilities*, 33 (3)280-289.
Scott, M. S.; Fletcher, K. L. e Deuel, L.-L. S. (1998a): "The effects of intelligence on the identification of young children with learning disabilities", *Learning Disabilities Research & Practice*, 13 (2), 81-88.
Scott, M. S.; Fletcher, K. L. e Jean-François, B.; Urbano, R. C. e Sánchez, M. (1998b): "New screening tests to identify young children of risk for mild learning problems", *Journal of Psychoeducational Assessment*, 16, 302-314.
Segal, N. L, e Topoloski, T. D. (1995): "A Twin Research Perspective on Reading and Spelling Disabilities", *Reading & Writing Quarterly: Overcoming Learning Difficulties*, 11, 209-227.
Semrud-Clikeman, M. e Hynd, G. W (1992): "Developmental arithmetic disorder", em S. R. Hooper G. W. Hynd e R. E. Mattison (eds.), p. 97-125.
Sexton, M.; Harris, K. R. e Graham, S. (na imprensa): "The Effects of Self-Regulated Strategy Development on Essay Writing and Attributions of Students with LD in a Process Writing Setting", *Exceptional Children*.
Shapiro, S. K.; Buckhalt, J. A. e Herod, L. A. (1995): "Evaluation of Learning-Disabled Students with the Differential Ability Scales (DAS)", *Journal of School Psychology*, 33 (3), 247-263.
Shaw, S. F.; Cullen, J. P.; McGuire, J. M. e Brinckerhoff, L. C. (1995): "Operationalizing a definition of Learning Disabilities", *Journal of Learning Disabilities*, 28 (9), 586-597.
Siegel, L. S. (1988): "De rerum novarum, Agatha Christie's learning disability", *Canadian Psychology*, 29, 213-216.
— (1989): "I.Q. is irrelevant to the definition of learning disabilities", *Journal of Learning Disabilities*, 22, 469-478.
— (1993): "Alice in IQ land or why IQ is still irrelevant to learning disabilities", em R. M. Joshi r C. K. Leong (eds.), p. 71-84.

— (1999): "Issues in the Definition and Diagnosis of Learning Disabilities. A Perspective on Guckenberger v", Boston University, *Journal of Learning Disabilities*, 32 (4), 304-319.
Siegel, L. S. e Ryan, E. B. (1988): "Development of grammatical sensitivity phonological, and short term memory skills in normally achieving and learning disabled children", *Developmental Psychology*, 24, 28-37.
— (1989): "The development of working memory in normally achieving and subtypes of learning disabled children", *Child Development*, 60, 973-980.
Silver, C. H.; Pennett, H. D. L.; Black, J. L.; Fair, G. W e Balise, R. R. (1999): "Stability of arithmetic disability subtypes", *Journal of Learning Disabilities*, 32 (2), 108-119.
Simmons, D. C.; Kameenui, E. J. e Chard, D. J. (1998): "General education teachers' assumptions about learning and students with learning disabilities: Design-of-instruction analysis", *Learning Disability Quarterly*, 21, 6-21.
Simmons, D. C.; Kameenui, E. J.; Dickson, S.; Chard, D.; Gunn, B. e Baker, S. (1994): "Integrating narrative reading comprehension and writing instruction for all learners", em C. K. Kinzer; D. J. Leu; J. A. Peter; L. M. Ayre e D. Frooman (eds.): *Multidimensional aspects of literacy research, theory, and practice: Forty-third yearbook of The National Reading conference* (p. 572-582), Chicago, IL, National Reading Conference.
Simón, C. (1994): *El desarrollo de los procesos básicos en la lectura braille*, Madri, Organización Nacional de Ciegos.
Simón, C.; Ochaíta, E. e Huertas, J. A. (1996): "Los procesos de reconocimiento de palabras en la lectura táctil del Braille", *Infancia y Aprendizaje*, 76, 49-58.
Siperstein, G. N. e Leffert, J. S. (1999): "Managing limited resources: Do children with learning problem share?", *Exceptional Children*, 65 (2), 187-199.
Slate, J. R. (1994): "WISC-III correlations with the WIAT", *Psychology in the Schools*, 31, 278-285.
— (1995a): "Discrepancies between IQ and Intex scores for a clinical sample of students: Useful diagnostic indicators?", *Psychology in the Schools*, 32, 103-108.
— (1995b): "Relationship of the WISC-III to the WRAT-R and the PPVT-R for students with academic difficulties", *Relationships of Tests Used in Special Education*, 251-255.
— (1995c): "Two investigations of the validity of the WISC-III", *Psychological Reports*, 76, 299-306.
— (1996): "Interrelations of frequently administered achievement measures in the determination of specific learning disabilities", *Learning Disabilities Research & Practice*, 11 (2), 86-89.
— (1997): "Differences in WISC-III scores for boys and girls with specific learning disabilities", *Diagnostique*, 22 (3), 133-146.
Slate, J. R. e Jones, C. H. (1995): "Preliminary evidence of the validity of the WISC-III for African American students undergoing special education evaluation", *Educational and Psychological Measurement*, 55 (6), 1067-1074.

Slate, J. R.; Jones, C. H. e Saar,io, D. A. (1997): "WISC-III IQ scores and special education diagnosis", *The Journal of Psychology*, 13 (1), 119-120.
Sleeter, C. E. (1998): "Yes, Learning Disabilities is political; what isn't?", *Learning Disability Quarterly*, 21, 289-296.
Smith, D. D. e Rivera, D. P. (1991): "Mathematics", em B. Y. L. Wong (ed.), pp. 346-375.
Smith, T. D. e Smith, B. L. (1998): "Relationship between the Wide Range Achievement Test 3 and the Wechsler Individual Achievement Test", *Psychological Reports*, 83, 963-967.
Sorenson, S. (1997): *Student writing handbook*, Nova York, Macmillan (3ª ed.).
Sovik, N.; Frostad, P. e Lie, A. (1994): "Can discrepancies between IQ and basic skills be explained by Learning strategies?", *British Journal of Educational Psychology*, 64, 389-405.
Sovik, N.; Heggberget, M. e Samuelstuen, M. (1996): "Strategy-training related to children's text production", *British Journal of Educational Psychology*, 66, 169-180.
Spear-Swerling, L. e Stemberg, R. J. (na imprensa): "Curing our "epidemic" of Learning Disabilities", Phi Delta Kappan.
— (1994): "The road not taken: An Integrative Theoretical Model of reading disability", *Journal of Learning Disabilities*, 27 (2), 91-122.
Spivey, N. N. (1997): *The Constructivist Metaphor Reading, Writing and the Making of Meaning*, San Diego, Academic Press.
Stanovich, K. E. e Siegel, L. (1994): "Phenotypic performance profile of children with reading disabilities: A regression-based test of the Phonological-Core variable-Difference Model", *Journal of Educational Psychology*, 86 (1), 24-53.
Stanovich, K. E. e Stanovich, P. J. (1996). "Rethinking the concept of learning disabilities: the demise of aptitude/achievement discrepancy", em D. R. Olson e N. Torrance (eds.), *Tire handbook of educational and human development* (p,117-147), Oxford, Blackwell.
– (1996): "Rethinking the concept of Learning Disabilities: The demise of Aptitude/Achievement Discrepancy", em D. R. Olson e N. Torrance (eds.), *The handbook of educational and human development* (p. 117-147), Oxford, Blackwell.
Stemberger, J. P. (1990): "Un modelo de activación interactivo de la producción del lenguaje", em Valle, F., Cuetos, F., Igoa, J. M. e Viso, S. (comp.) (1990a), *Lecturas de Psicolingüística. 1. Comprensión y producción del lenguaje* (p. 353-392), Madri, Alianza Psicología.
Sternberb, R. J. (1997): *Inteligencia exitosa. Cómo una inteligencia práctica y creativa determina el êxito en la vida*, Barcelona, Paidós (orig. inglês: 1996).
Stone, C. A. (1998): "Moving validated instructional practices into the classroom: Learning from examples about the rough road to success", *Learning Disabilities Research & Practice*, 13 (3), 121-125.
Stringer, S. J.; Morton, R. C. e Bonikowski, M. H. (1999): "Learning disabled students: Using process writing to build autonomy and self esteem", *Journal of Instructional Psychology*, 26 (3), 196-200.

Suárez-Yáñez, A. (1996): *Dificultades en el aprendizaje. un modelo de diagnóstico e intervención*, Madri, Santillana.
Swanson, H. L. (1993): "Learning Disabilities from the perspective of Cognitive Psychology", em G. R. Lyon; D. B. Gray; J. F. Kavanagh e N. A. Krasnegor (eds.), *Better understanding Learning Disabilities. New views from research and their implications for education and public policies* (p. 199-228), Baltimore, Paul Brookes Publishing.
Swanson, H. L. e Alexander, J. E. (1997): "Cognitive processes as predictors of word recognition and reading comprehension in learning-disabled and skilled readers: Revisiting the specificity hypothesis", *Journal of Educational Psychology*, 89 (1), 128-158.
Szatmari, P.; Offord, D. R. e Boyle, M. H. (1989): "Correlates, associated impairments, and patterns of service utilization of children with attention deficit disorders: Findings from the Ontario child health study", *Journal of Child Psychology and Psychiatry*, 30, 205-217.
Teberosky, A. (2000): "Dossier temático: La escritura: producto histórico, aspectoS lingüísticos y procesos psicológicos", *Infancia y Aprendizaje. Journal for the Study of Education and Development*, 89, 5-80.
Tetzchner, S. e Martinsen, H. von (1993): *Introducción a la enseñanza de signos y al uso de ayudas técnicas para la comunicación*, Madri, Aprendizaje-Visor (orig. norueguês: *Spräg og funksjons-kemming*. Gyldendal Norsk Forlag A/S, 1991. Adaptação e edição espanhola de C. Basil).
Thornton, C. A.; Langrall, C. W. e Jones, G. A. (1997): "Mathematics instruction for elementary students with learning disabilities", *Journal of Learning Disabilities*, 30 (2), 142-150.
Tulviste, P (1978): "On the origins of theoretic syllogistic reasoning in culture and in the child", *Problems of communication*, Tartu, URSS, Tartu University Press.
— (1986): "L. Levy-Bruhl and problems of the historical development of thought", *Soviet Psychology*, 25, 3-21.
Tur-Kaspa, H.; Weisel, A. e Segev, L. (1998): "Attributions for feelings of loneliness of students with learning disabilities", *Learning Disabilities Research & Practice*, 13 (2), 89-94.
Valle, A. A, e González Cabanach, R. (1998): "Orientaciones motivacionales: las metas académicas", em J. A. González-Pienda e J. C. Núñez (coord.), *Dificultades del aprendizaje escolar* (197-214), Madri, Pirámide.
Valle Arroyo, F. (1992): *Psicolingüística*, Madri, Morata.
Valle, F.; Cuetos, F; Igoa, J. M. e Viso, S. (comp.) (1990a): *Lecturas de Psicolingüística. I. Comprensión y producción del lenguaje*, Madri, Alianza Psicología.
— (comp.) (1990b): *Lecturas de Psicolingüística. 2. Neuropsicoiogía cognitiva del Lenguaje*, Madri, Alianza Psicología.
Van den Bos, K. P.; Siegel, L. S.; Bakker D. J, e Share, D. L. (eds.) (1994): *Current directions in Dyslexia Research*, Lisse, Swets & Zeitlinger.

Vaughn, S.; Elbaum, B. E.; Schumm, J. S. e Hughes, M. T. (1998): "Social outcomes for students with and without learning disabilities in inclusive classrooms", *Journal of Learning Disabilities*, 31, (5), 428-436.
Vega, J. L. (1986a): "Introducción», em J. L. Vega, *Psicología de la Educación* (p. 9-24), Madri, Anaya.
— (1986b): "Psicología de la instrucción", em J. L. Vega, *Psicoiogía de la Educación*, Madri, Anaya.
Velasco, F. R. (1976): *El niño hiperquinético. Los síndromes de disfunción cerebral*, Mexico, Trillas.
Vidal-Abarca, E. (2000a): "Las dificultades de comprensión I: Diferencias en procesos de comprensión entre lectores normales y con dificultades de comprensión", em A. Miranda; E. Vidal-Abarca e M. Soriano (coords.), *Evaluación e Intervención Psicoeducativa en Dificultades de Aprendizaje* (p. 129-156), Madri, Pirámide.
— (2000b): "Las dificultades de comprensión II: Diagnóstico y tratamiento", em A. Miranda, E. Vidal-Abarca e M. Soriano (coords.), *Evaluación e Intervención Psicoeducativa en Dificultades de Aprendizaje* (p. 129-156), Madri, Pirámide.
Vila, I. (1998): *Família, Escuela y comunidad*, Barcelona, ICE de la Universidad de Barcelona.
— (1999): "Aspectos cognitivos implicados en la adquisición del lenguaje", em J. Beltrán e C. Genovard (eds.), *Psicoiogía de la Instrucción II. Áreas curriculares* (p. 15-24), Madri, Síntesis.
Vogel, S. A. e Reder, s. (1998): "Educational Attainment of Adults with Learning Disabilities", em S. A. Vogel e S. Reder (eds.), *Learning Disabilities, Literacy, and Adult Education* (p. 43-68), Baltimore, Paul H. Brookes Publishing.
Vygotski, L. S. (1991): *Obras Escogidas, vol. I*, Madri, Aprendizaje-Visor.
Walker, C. E. e Roberts, M. C. (1992): *Handbook of Clinical Child Psychology*, Nova York, John Wiley.
Warnock M. (1987): "Encuentro sobre Necesidades de Educación Especial", *Revista de Educación*, núm. especial, 45-73.
Warren, S. F. e Reichle, J. (eds.) (1992): *Causes and effects in communication and language intervention, vol. l*, Baltimore, Paul H. Brookes Publishing.
Watkins, M. W.; Kush, J. C. e Glutting, J. J. (1997): "Prevalence and diagnostic utility of the WISC-III SCAD profile among children with disabilities", *School Psychology Quarterly*, 12 (3), 235-248.
Wertsch, J. V (1993): *Voces de la Mente: Un enfoque sociocultural para el estudio de la Acción Mediada*, Madri, Aprendizaje-Visor (orig. inglês, 1991).
Wertsch, J. V.; del Río, P. e Álvarez, A. (eds.) (1994): *Sociocultural Studies of Mind*, Cambridge, MA, Cambridge University Press.
Wong, B. Y. L. (ed.) (1991): *Learning about Learning Disabilities*, San Diego, CA, Academic Press.
— (1996): *The ABCS of Learning Disabilities*, San Diego, CA, Academic Press.
— (1996): "Arithmetic and Mathematics and Students with Learning Disabilities", em B. e L. Wong, *The ABCS of Learning Disabilities* (p. 169-194), San Diego, Academic Press.

— (1996): "Assessment and Instruction of Writing Skills", em B. Y. L. Wong, *The ABCS of Learning Disabilities* (p. 195-215), San Diego, Academic Press.
— (1997): "Research on Genre-Specific Strategies in Enhancing Writing in Adolescents with Learning Disabilities", *Learning Disability Quarterly*, 20 (2), 140-159.
— (1998): "Reflections on Current Attainments and Future Directions in Writing Intervention Research in Learning Disabilitie", *Advances in Learning and Behavioral Disabilities*, 12, 127-149.
— (1999): "Mecatognition in Writing", em R. Gallimore; C. Bernheimer; D. MacMillan; D. Speece e S. Vaughn (eds.), *Developmental perspectives on children with high incidence disabilities* (p. 183-198), Papers in honor of Barbara K. Keogh. Mahwah, NJ, Erlbaum.
Wong, B. Y. L.; Butler, D. L.; Ficzere, S. A. e Kuperis, S. (1996): "Teaching Students with Learning Disabilities and Low Achievers to Plan, Write and Revise opinion Essays", *Journal of Learning Disabilities*, 29 (2), 197-212.
— (1997): "Teaching Adolescents with Learning Disabilities and Low Achievers to Plan, Write and Revise Contrast Essays", *Learning Disabilities Research and Practice*, 12 (1), 2-15.
Wood, D. K.; Frank, A. R. e Wacker, D. P. (1998): "Teaching multiplication facts to students with learning disabilities", *Journal of Applied Behavior Analysis*, 31 (3), 323-338.
Woodcock, R. W. e Muñoz-Sandoval, A. F. (1993a): "An IRT approach to cross-language test equating and interpretation", *European Journal of Psychological Assessment*, 9, 233-241.
— (1993b): *Woodcock-Muñoz Language Survey. Battery in English. Battery in Spanish* (Ages 4-Adult), Chicago, IL, Riverside Publishing.
Woodward, D. J.; Baxter, J. e Robinson, R. (1999): "Rules and Reasons: Decimal Instruction for Academically Low Achieving Students", *Learning Disabilities Research & Practice*, 14 (1), 15-24.
World Health Organization (1993): *ICD-10 Classification of Mental and Behavioral Disorders. Diagnostic Criteria for Research*, Geneva, WHO.
Wright, P.; Lockorish, A.; Hull, A. e Ummelen, N. (1995): "Graphics in written directions: Appreciated by readers but not writers", *Applied Cognitive Psychology*, 9, 41-59.
Yoder, P. J. e Davies, B. (1994): "Do children with developmental delays use more frequent and diverse language in verbal routines", *American Journal of Mental Retardation*, na imprensa, 1-34 (do manuscrito).
Zigler, E. e Hodapp, R. M. (1991): "Behavioral functioning in individuals in with mental retardation", *Annual Review of Psychology*, 42, 29-50.